督導倫理規範與
案例分析

洪莉竹　著

目錄

作者簡介

學歷

臺灣師範大學教育心理與輔導研究所博士
具諮商心理師證照

現任

臺北教育大學心理與諮商學系教授

重要經歷

臺北教育大學心理與諮商學系系主任、心理諮商中心主任
台灣輔導與諮商學會理事、監事、諮商師教育與督導委員會委員、專業
　倫理委員會委員
臺灣諮商心理學會倫理與法規委員會主任委員、督導專業委員會委員
臺北市、新北市諮商心理師公會倫理與法規委員會主任委員
諮商心理師專業督導及督導訓練師（大專院校心理師／中小學諮商心理
　師、輔導教師／社福機構、醫療機構、企業組織諮商心理師）

學術與實務專長

諮商專業倫理，諮商心理師教育、督導與專業成長
後現代取向心理治療，認知行為治療，學校輔導與諮商

著作

出版《學生輔導工作倫理守則暨案例分析》、《稻草變黃金：焦點解決
諮商訓練手冊》、《希望鍊金術：焦點解決取向在校園輔導的應用》、
《助人工作倫理》（譯著）等專書十餘冊；發表期刊論文與研討會論文
近百篇

獲獎

教育部資深優良教師表揚（2020 年）
台灣輔導與諮商學會傑出研究獎（木鐸獎）（2018 年）
台灣輔導與諮商學會傑出服務獎（2017 年）

作者序

　　筆者在多年個人專業發展的經驗，和擔任心理師培育工作者的經驗，都深深感受督導者在心理師專業發展歷程扮演的重要角色。督導經驗會影響心理師對待專業的態度與作為，亦會影響他們對自我及人我關係的觀點與方式；換言之，受督者在督導過程被如何對待，會影響他們看待自己的方式，也會影響他們對待當事人的方式。因此筆者一直重視督導者的態度與作為對受督者產生的影響。

　　透過實務工作的觀察，與在專業組織倫理委員會的實際接觸，發現有些督導者出現違反專業倫理的行為，對於受督者造成明顯的影響或傷害。出現違反專業倫理行為的督導者，有些情況是被個人議題牽動，濫用了身為督導者的權力，因而侵犯受督者權益，甚至影響到案主福祉；但大部分情況是：督導者的行為初始帶著一些善意，但思考不夠審慎周延，不慎逐步跨越倫理界限而產生滑坡現象，因而出現有倫理疑慮的行為或結果。筆者思考：如果督導者對於督導過程涉及的倫理議題有比較充分的認識，增加倫理敏感度，對於涉及倫理議題的決策做比較仔細、審慎的思考，採行必要的預防措施，可以明顯提升督導者的倫理意識與作為。這是筆者想要制訂「督導倫理守則」的動機之一。

　　台灣輔導與諮商學會和臺灣諮商心理學會都制定了《督導認證辦法》，兩個專業學會的《督導認證辦法》都規範督導者必須遵守專業倫理守則；專業學會和專業組織舉辦的督導訓練課程亦都將「督導倫理」列為必修課程，足見督導者具備督導倫理專業知能的重要性。但是目前臺灣諮商心理學會和諮商心理師公會全國聯合會的專業倫理守則，只用一條條文對督導者需遵守的倫理規範做原則性的敘述，《台灣輔導與諮商學會諮商專業倫理守則》中與督導倫理相關的內容稍多，仍是無法涵蓋所有與督導倫理有關的重要議題。基於專業社群發展的需要，是筆者想要制訂「督導倫理守則」的動機之二。

　　《督導倫理守則》（草案）制訂過程得到科技部研究經費的支持（計

畫編號：「NSC 102-2410-H-152-003」與「MOST 103-2410-H-152-003」）；
《督導倫理守則》（草案）制訂過程歷時三年，分成九個階段進行，經過
嚴謹的步驟而完成，具體制訂過程請見第三章。

　　本書內容包括五章。第一章：從提升督導品質的層面和督導認證的層
面來論述制訂督導倫理守則的重要性。第二章：從督導關係看督導倫理的
意義與重要性，探討督導過程的重要倫理議題，彙整督導倫理守則的內
涵；本章內容有助於豐富讀者對於督導倫理規範內涵的認識與理解，增加
倫理敏感度。第三章：說明《督導倫理守則》（草案）的制訂過程，闡述
《督導倫理守則》（草案）制訂理念，揭示《督導倫理守則》（草案）的
內涵。第四章：討論實務工作者面對專業倫理議題時如何進行倫理思考與
倫理決策，並說明本書督導倫理案例分析的思考邏輯。第五章：包含十五
個督導倫理案例與分析，每個督導倫理案例分析的內容包括：案例內容、
實務問題、案例思考（包括：澄清問題或困境、思考案例涉及的潛在議
題）、案例分析（包括：彙整與本案例有關之督導倫理守則、綜合討
論）、可能的行動策略（包括：案例發生當下可能之行動策略、未來遇到
類似情境可以多注意的事項）、延伸思考等部分。

　　督導倫理案例與分析為本書重要內容，以下簡要說明案例內容的撰寫
規劃及案例分析的思考理念。

1. 督導倫理案例內容撰寫規劃

　　督導倫理案例涵蓋不同的督導倫理議題，包括：「督導者的能力」、
「督導者的責任」、「督導關係的建立與終止」、「評量」、「維護案主
福祉」。撰寫督導倫理案例時審慎考量督導實務情境的不同狀況，包含不
同實務場域，如：中小學校園、大專校院、醫療單位、社區機構；包含不
同督導方式，如：團體督導、個別督導；考量督導者和受督者於不同場域
出現之不同角色，如：督導者受聘於機構或由受督者自行付費聘請，受督
者身分為學校輔導教師、實習生或有證照的心理師等。

　　《督導倫理守則》（草案）制訂過程，撰寫十二則督導倫理案例；考量近年有許多對中國大陸諮詢師進行督導的實務情境，於是補充蒐集相關資料，新增撰寫三個督導倫理案例，合計十五個督導倫理案例。督導倫理案例的內容來源，包括：《督導倫理守則》（草案）制訂過程的訪談資料，筆者蒐集督導工作者的實務經驗，筆者在專業倫理工作中的觀察與接觸等，每一個案例都是從前述資料整合編寫而成，案例中的人名、情境、機構均為虛擬。

2. 督導倫理案例分析的思考理念

　　本書的督導倫理案例分析是希望透過有條理的思考，審慎評估案例情境對相關人士的影響和涉及的倫理議題，瞭解與研讀專業組織與督導相關的倫理守則，以「督導倫理守則」作為依據來對案例相關角色的行為進行分析，並思考與提出可能的行動策略。本書撰寫督導倫理案例情境之著眼點不在責備哪一個角色做錯了，而是假設每一個角色的行為出發點可能都有善意或各自的處境，只是在決策或行動過程需要有更多思考。

　　督導倫理案例分析，筆者想要表達的重點不在於評斷案例中主要角色的行為是否違反「督導倫理」，而是希望將「督導倫理守則」視為指引，對倫理案例情境的各個面向進行審慎的、細緻的考量，拓展關注與思考的向度（例如：從不同角色的立場思考，從情境脈絡思考，從時間發展角度思考……），並開展多元的行動策略，讓實務工作者面對倫理案例情境的處理，可以更加周延、有彈性，並考量相關人士的權益與感受。

　　「督導倫理守則」不合適只作為評論督導者行為對錯的判準，更重要的意義是作為督導工作者行為的指引，透過本書呈現的思考歷程，督導工作者可以培養倫理敏感度、建立倫理思考習慣，進而逐漸體會與重視專業倫理規範的精神內涵，發展兼顧理性思考與人心移動的倫理實踐行動。

　　本書第一章到第三章內容奠基於《督導倫理守則》（草案）制訂過程蒐集的資料，經過文獻補正、內容修改過程而撰寫；第四章為新撰寫的內

容，筆者彙整多年來進行倫理議題研究的思考與實踐而撰寫；第五章的督導倫理案例與分析，其中十二個案例以《督導倫理守則》（草案）制訂過程的撰寫作為思考基礎，大幅修改後重新撰寫，另外的三個案例為新增。

本書得以完成與出版，我心中有許多感謝：感謝科技部提供的經費支持；感謝在《督導倫理守則》（草案）制訂過程的所有研究參與者（包括許多專家學者、心理師、實習心理師等），提供了重要的實務經驗與寶貴意見；研究團隊成員陳維均心理師和魏凡涓心理師，在《督導倫理守則》（草案）制訂過程投入許多時間與心力，為本書奠定重要基礎；寫作過程中，感謝洪欣怡協助蒐集與補正資料，提供文稿修改意見，是推動本書順利完成的重要助手。非常感謝心理出版社總編輯林敬堯先生，玉成本書出版事宜並提供寶貴修改意見。

作為專業倫理議題的研究者、教學者與實踐者，深刻體會：專業倫理議題的思考沒有止境，專業倫理問題的解決沒有簡單答案。筆者心中期望：本書可以鼓勵與促進專業工作者開啟倫理思考與倫理對話的意願與習慣——面對人心真實、傾聽與理解、覺察與拓展、敦厚對待自己及服務對象。

本書撰寫過程，筆者抱持著嚴謹和審慎的態度，反覆檢視修改，但想來還是會有不少需要再斟酌與修改之處，尚請讀者不吝指正。

洪莉竹

2021 年 1 月

制訂督導倫理守則
的重要性

督導的意義與重要性

　　Bernard 與 Goodyear（2018）指出：臨床督導是指在某一專業領域中較為資深、有經驗的成員，為該專業領域較資淺成員提供協助，督導關係具有評量的性質，促進資淺成員提升專業效能、監督其提供給案主的專業服務品質、擔任資淺成員進入某一專業領域的把關者。督導提供一個正式情境，讓諮商師可以定期與資深人員討論其接案狀況，其目的在增進諮商師的諮商效能（Bond, 2015），保障案主福祉（Remley & Herlihy, 2019），提供諮商介入的建議，讓諮商師提供給當事人的服務是專業、有效能、符合倫理規範且無傷害性（do not harm）（Bernard & Goodyear, 2018）。

　　督導提供一個情境脈絡來檢視諮商師對當事人和治療的信念與態度，是諮商師發展成為有能力的實務工作者過程中非常重要的要件；督導過程中，督導者監督受督者的專業工作以期達到四個目標：(1) 促進受督者成長與發展；(2) 保護當事人福祉；(3) 監督受督者表現，擔任專業的守門員；(4) 使受督者能夠自我督導，成為獨立的專業工作者（Corey, Corey, & Corey, 2019）。許韶玲與蔡秀玲（2007）亦指出：「受督經驗」在諮商師的養成過程扮演了重要角色，多數諮商師回顧其受訓過程後均肯定受督經驗在其專業成長的重要性。許多文獻都強調在專業發展與維持專業能力過程，接受督導非常重要（Bernard & Goodyear, 2018; Bradley & Ladany, 2001; Falender & Shafranske, 2004），在英國也愈來愈強調諮商師在提供服務的過程需要持續接受定期的督導（Bond, 2015）。

 督導者的專業訓練與專業認證

　　有能力的諮商師，不表示就會成為有能力的督導者，督導者需要接受訓練。美國許多州都要求督導者需要擁有證照（Remley & Herlihy,

2019）。台灣輔導與諮商學會及臺灣諮商心理學會為提升諮商心理師的專業訓練與督導品質，都制訂《督導認證辦法》。

　　臺灣諮商心理學會《心理諮商督導認證辦法》於 2009 年通過，申請督導認證資格的基本條件為從事心理諮商實務工作五年以上，其他條件為從事諮商督導或諮商實習課程三年以上，或督導課程講師或訓練師 180 小時以上，或具有充分之諮商督導實務經驗，或接受過國內外諮商相關研究所博士班正式修習諮商督導課程三學分以上，或曾接受諮商專業團體或諮商心理相關機構辦理之督導職前訓練（包括理論課程和個別督導實習）。臺灣諮商心理學會為提升國內諮商督導的專業能力，2011 年開辦為期一年半的督導培訓課程，課程內容包括：理論四十二小時、實務七十六小時。理論課程包括督導概論與模式、督導倫理、督導關係與督導危機處理、督導哲學與督導評量、督導歷程與特殊族群議題等；實務課程包括學員要進行對他人的個別督導三十二小時、接受團體督導三十六小時、個別督導八小時，為國內首創系列督導訓練課程。

　　台灣輔導與諮商學會《專業督導認證辦法》於 2005 年通過，依據 2019 年最新修訂辦法之規範，欲申請「諮商心理專業督導」認證者須同時符合以下條件：(1) 須為現職之專業諮商實務工作者，持有諮商心理師證書；或為公私立大學校院諮商心理教育工作者，持有工作單位所出具之在職證明書；(2) 須具備三年以上之諮商實務工作經驗，持有資歷證明者；(3) 無重大違反心理師相關法律及專業倫理守則之記錄；(4) 須接受過「諮商心理專業督導課程」訓練或已有充分之諮商心理督導實務經驗者。所參與的督導訓練課程必須為本會或諮商專業學術團體或諮商心理師訓練機構所開設系列諮商督導理論與實務課程，並完成個別督導實習。台灣輔導與諮商學會近年來持續開設系列督導訓練課程，以及督導換證的繼續教育課程。

　　在台灣輔導與諮商學會與臺灣諮商心理學會的努力之下，督導者的專業訓練與專業認證已經具有良好基礎。

制訂督導倫理守則的重要性與必要性

　　督導者的服務品質與效能，同時影響受督者與接受諮商服務當事人的福祉，也會影響諮商專業社群的發展。但並非所有的督導經驗都會帶來正向的學習經驗（許韶玲、蔡秀玲，2007），卓紋君與黃進南（2003）的研究發現：實習生在督導過程中，曾感受到壓力與督導者對其自尊的傷害或專業表現的批判。王文秀、徐西森與連廷嘉（2006）針對大學院校或社會輔導機構諮商督導工作現況進行調查，指出行政人員認可督導證照制度的落實，但對國內或機構內督導現況均不滿意。

　　督導關係中，督導者不當使用其權力、督導關係與「治療性關係」未能區分、未告知督導過程，是督導關係中容易受到質疑的倫理問題（蔡秀玲，1999；Sherry, 1991）。部分學者針對督導者的行為進行研究，研究結果指出有一些督導者出現剝削其受督者、忽視自身對於案主的責任，以及不關心受督者的權益等不合乎倫理的行為（Allen, Szollos, & Williams, 1986; Anderson, Schlossberg, & Rigazio-Digilio, 2000; Greer, 2002）。Ladany、Legrman-Waterman、Molinaro 與 Wolgast（1999）針對臨床督導的倫理指引進行文獻探討，並進行研究探討督導實務中的倫理議題，該研究 151 位受督者樣本中的 51%表示：仔細思考，他們的督導至少出現過一次違反倫理的行為，最常違背倫理規範的議題包括：能力評量、督導過程的保密、與不同觀點者工作的能力等，從這項研究結果引發的思考是：部分督導者的行為對受督者提供了什麼樣的示範。聘用機構若沒有監督督導者的行為，督導者不合倫理的行為時常沒有被注意。

　　國內學者姜淑卿與陳慶福（2009）整理許韶玲與蔡秀玲（2006，2007），Magnuson、Wilcoxon 與 Norem（2000）的文獻發現不良督導者的特徵和行為表現，包含缺乏督導相關訓練、督導者對專業冷漠及缺乏熱誠與投入、無法瞭解及反應受督者需求、無法與受督者建立工作同盟、無法

接納與受督者的差異及不給予改進機會、督導者不良的專業示範（如缺乏倫理）、無法兼顧受督者能力發展及督導焦點狹隘等。鄭如安與廖鳳池（2005）以重要事件報導法，蒐集受督者在督導中重要事件內涵，發現督導者質疑受督者介入、督導疏忽為典型負向事件。要提升服務品質，督導者需要接受專業訓練（Remley & Herlihy, 2019），也需要遵守督導倫理指引（Ladany et al., 1999）。

　　台灣輔導與諮商學會《專業督導認證辦法》第 10 條規範：「本會認證之諮商心理專業督導或學校輔導專業督導應遵守本會諮商專業倫理守則與學生輔導工作倫理守則。若有違反督導倫理情事，經本會專業倫理委員會審理調查決議成立時，諮商心理專業督導或學校輔導專業督導資格即予撤銷，並公告於本會網頁。」（台灣輔導與諮商學會，2019）。臺灣諮商心理學會《心理諮商督導認證辦法》。第 6 條規範：「本會認證之心理諮商督導應遵守本會倫理守則。若有違反督導倫理情事，經本會專業倫理委員會審理調查決議成立時，即撤銷督導資格，並公告於本會網頁。」（臺灣諮商心理學會，2020）。兩個專業學會都強調督導者必須重視與遵守督導倫理。

　　臺灣目前與督導倫理有關的規範包含：(1)《台灣輔導與諮商學會諮商專業倫理守則》（簡稱《輔諮學會倫理守則》）（台灣輔導與諮商學會，2001）的「7. 教學與督導」針對督導的專業倫理知能、告知督導過程、雙重關係、督導實習、連帶責任、人格陶冶、專業倫理訓練、理論與實務相結合和注意個別差異等議題，做了原則性的說明；(2)《臺灣諮商心理學會諮商心理專業倫理守則》（臺灣諮商心理學會，2014）只有第 17 條提及督導倫理：「本會會員從事教育、訓練或督導時，應秉持專業倫理規範，提醒受督導者應負之專業倫理責任。從事督導時，應遵守督導專業倫理，確實瞭解並評估受督導者之專業知能，是否能勝任諮商專業工作，提供必要之提醒、教育與要求」；(3)《社團法人中華民國諮商心理師公會全國聯合會諮商心理師專業倫理守則》（社團法人中華民國諮商心理師公會全國聯

合會，2012）亦只有第 19 條提及督導倫理：「諮商心理師從事教育、訓練或督導時，應遵守督導專業倫理，並提醒受督導者應負的專業倫理責任。從事督導時，應確實瞭解並評估受督導者的專業知能，是否能勝任諮商專業工作。」

　　臺灣諮商心理學會和諮商心理師公會全國聯合會的專業倫理守則，都只有用一條條文做非常原則性的敘述，《台灣輔導與諮商學會諮商專業倫理守則》的內容較多些，但未能涵蓋與督導倫理有關的重要議題，從提升督導品質的層面和督導認證的實務層面來看，制訂「督導倫理守則」均有其重要性與必要性。

督導倫理規範
的內涵

本章探討督導倫理規範的內涵，分成三個主題進行討論：(1) 從督導關係看督導倫理的意義與重要性；(2) 督導過程的重要倫理議題；(3) 督導倫理守則的內涵。

 從督導關係看督導倫理的意義與重要性

本段落彙整討論督導關係的相關文獻，理解督導者或受督者對於督導關係的經驗與觀點，並探討寓含於其間的督導倫理議題。

（一）正向督導經驗與負向督導經驗

1. 正向督導經驗

從受督者的角度來看，督導者具有以下態度或作為，會增加正向督導經驗：督導者在信任與尊重受督者的態度下給予受督者學習的彈性與空間，容許受督者表現自己，有益於提升督導品質（王子欣，2011；吳秀碧，2012；辛淑萍，2008）；督導者態度開放與接納、公私分明、鼓勵受督者嘗試錯誤與冒險，受督者認為督導者值得信賴（吳秀碧，2012；呂宛珊，2013；許韶玲，2007）；督導者真誠、溫和親切、同理的態度有助於創造安全的督導環境（王子欣，2011；吳秀碧，2012；呂宛珊，2013；許韶玲，2007）；督導者能夠創造具有安定感與被信任的督導環境，創造出有益學習的關係，使受督者認為督導者值得信賴並具有吸引力（吳秀碧，2012；張淑芬、廖鳳池，2011）；督導者具有促進受督者自我成長與專業認同的態度，使受督者認為督導者具有專業素養（吳秀碧，2012）。

黃進南（2006）提出除了尊重與接納受督者，督導者能夠在回饋時態度明確、具體、有彈性，可使受督者在不被批評的狀況下瞭解自己諮商能力的表現。呂宛珊（2013）指出與督導內容相關的問題，督導者能夠詳細討論，會使受督者產生被重視的感覺；不僅受督者認為信任感對於督導關係有正向的影響，督導者也有同樣的感受，督導者認為受督者願意表露遇

到的困難，將使其感到被信任，關係評價升高（張淑芬、廖鳳池，2011）。

王子欣（2011）彙整相關文獻探討高品質督導的內涵，指出：(1)高品質的督導是基於支持性的督導關係；(2)高品質的督導是工作同盟的關係；(3)高品質的督導是進入實務工作前為受督者進行定向與角色導入；(4)高品質的督導是奠基在清晰且必要的督導回饋。

2. 負向督導經驗

受督者認為督導者出現以下態度有可能影響督導效能：督導者態度不開放，不易接納不同意見，會使受督者有忍耐配合的情緒（沈慶鴻，2012）；若督導者對於自己曾指導過的內容不承認，會使受督者感到憤怒與不被保護（沈慶鴻，2012）。除了督導者的態度之外，受督者的態度也會影響督導關係：受督者對於督導者的建議有所質疑，不能仔細聽建議內容（張淑芬、廖鳳池，2011），或是受督者自身的精神狀況不佳、欠缺對督導者的認識以及對督導有錯誤期待，將會影響受督者的學習（許韶玲，2004a），此外受督者也因對於督導者可能的批評與評價感到害怕，而不願表達接案所產生的個人情緒（沈慶鴻，2012）。

督導者的以下行為會影響督導進行與督導效能：督導者中斷督導時間，如不斷電話或旁人找（王文秀，2000）；督導者常因個人事務調動督導時間，無法即時與受督者討論，時間常更動（卓紋君、黃進南，2003）；督導者要求受督者順從自己的諮商／治療取向或觀念（辛淑萍，2008），督導者以強勢作風造成受督者的害怕、生氣，甚至造成衝突（施香如，2003）。藍菊梅（2011）針對受督者實習中途轉換督導者的經驗進行探究，發現受督者主動轉換督導者的原因，包括：負向情緒的累積、被否定、機構與督導要求的衝突、期待與想法上的落差、溝通不良致被誤解、不想讓不好的關係持續及回歸自己的督導需求。

許韶玲與蔡秀玲（2007）彙整相關文獻，整理出「差勁督導者的特

徵」，包含：(1) 缺乏相關督導訓練；(2) 缺乏專業熱誠與投入；(3) 無法在受督者發展層級的特徵與需求上進行督導；(4) 無法與督導者建立良好的工作同盟；(5) 無法接納差異，更沒有能力在差異的基礎上與受督者一起工作；(6) 無法抓取並聚焦於受督者的需求或關切；(7) 無法兼顧受督者在各項能力上的發展，督導焦點狹隘；(8) 缺乏倫理的督導行為或表現。

（二）督導關係中的隱而未說現象

Callis（1997）指出，督導關係的品質與受督者不自我揭露的數量有負相關存在。換言之，督導關係愈差，受督者隱而未說的情況就愈多。相關文獻對督導關係的論述指出督導關係的本質以及受督者擔心被評價的焦慮（Berger & Buchholz, 1993; Dodge, 1982; Schauer, Seymour, & Geen, 1985）是影響受督導者揭露與否的重要關鍵。

許韶玲（1999，2004a）的研究結果發現：受督者普遍指出他們在督導過程中存在焦慮情緒，其中又以被評價的焦慮最為普遍；他們很擔心督導者對他們的評價。為了避免督導者對他們產生負面的評價或降低自己的焦慮，只有少數人在認知上作調整以降低被評價的擔心，並保持基本的開放，很多人則本能的動用防衛機轉（掩蓋缺點），透過選擇性開放、掩飾、說謊或防衛來避免可能的負面評價，避免威脅感，因此有許多隱藏或保留的現象。許韶玲（2004b）的研究結果則指出：受督者表示他們在督導過程中有未說出來的情緒，其中負向情緒遠多於正向情緒。

但是有些情況下，受督者不是不願意揭露，而是因為不知道應該揭露什麼，或可以揭露什麼。許韶玲（2005）指出受督者隱而未說的問題或困難有：不知道應該在督導前作怎樣的準備、不瞭解自己的專業需求、無法具體說出自己的問題、不知道自己可以有什麼期待、彼此諮商風格迥異時該如何。研究結果指出受督者隱而未說的原因包括：隱而未說反映出時間架構下訊息之間的競爭與取捨、隱而未說反映出督導者對督導架構與關係的認定或缺乏瞭解、隱而未說反映出權力差異下，下對上的順從底蘊（許

韶玲，2007）。

　　受督者有權利選擇在督導過程揭露多少訊息，有些訊息沒有揭露未必就一定會有負面結果。但是何以需要關注督導過程的隱而未說現象呢？沈慶鴻（2012）彙整相關文獻（李正源，2008；Miehls, 2009; Yourman, 2003），發現「隱而未說現象」會阻斷督導者和受督者的情感交流，限制督導關係中的親密及同理；降低受督者在督導過程中的參與，而督導者也會因為無法掌握受督者助人過程中所發生的相關事件，而無法及時地協助受督者修正工作上的錯誤；甚至可能在訊息不充分的狀況下，出現誤判、損及服務品質和專業倫理的現象。藍菊梅（2011）的研究也發現督導過程中的隱而未說，加劇了結束原有督導關係的決定。

（三）督導關係的權力議題

　　許韶玲（2003）指出督導關係絕對是一種上對下的關係，督導者與受督者彼此在能力（知識）與實質權力上是存在差異的。若受督者不清楚督導者將如何使用資料來進行評鑑，容易引發受督者被評價的焦慮、挫折與抗拒（曹中瑋，2003；連廷嘉、徐西森，2003）。蔡素琴（2005）也認為由於督導關係在本質上具有評價與權力位階的色彩，因此受督者容易因感受到焦慮、威脅而產生抗拒行為。

　　督導者的權力根基於三個因素：督導者專業權力、角色權力及評估者的權力（Bernard & Goodyear, 2018）。Murphy 與 Wright（2005）發現督導者有權力誤用的情形，如違反督導保密原則、偏袒而給予某位受督者特別待遇、強加理論或取向在受督者身上，或者施予不合理的要求。

　　辛淑萍（2008）的研究指出督導者對權力的誤用，有以下幾種情形：

1. 專業權力的誤用：包括督導者未能善盡教導的責任；督導者在未經受督者同意之下，即主動去探索受督者個人的議題，且探索的議題和個案問題沒有關聯。

2. 合法權力的誤用：督導者未與受督者討論或未經受督者同意，即獨自更

改督導架構，常見是更改督導時間或是在督導時間不督導，督導前未說明清楚督導規則。此外不當使用評分權力，如：評分缺乏客觀標準、評分內容書寫未根據事實、有目的的隱匿性評分。

3. 參照權力的誤用：督導者在督導時不當投射個人議題或情緒；做出不適切的諮商／治療示範；在行政事務上做出不合倫理的行為或決定。

辛淑萍（2008）並指出督導過程中發生督導者權力誤用情況，可能是普遍性的存在。權力的運用不容易被察覺，可能是一種習慣或潛在性行為（Murphy & Wright, 2005）。

（四）面對督導者權力的態度

從前述的討論來看，似乎暗示著進行督導時要避免權力誤用、降低受督者焦慮，才能打造正向的督導經驗，不過 Contrastano（2020）在博士班時期的督導經驗，卻很難界定是正向還是負向，因為他與督導發展出了積極跨越界線、自我揭露、大力分享彼此的友誼關係，讓他可以自在地與督導分享許多想法，但同時仍感受到權力落差會影響到他得小心避免跟督導說出傷害彼此關係的話；當督導者在被同事提醒這樣的督導關係不妥後，督導者突然想拉起專業界線，這讓他感到不舒服，可是也因為過往建立起的濃厚信任，讓他願意向督導者誠實說出自己的感受與想法，督導者也大方坦承自己「犯錯」，才能開啟後續能夠重新審視彼此關係以及調整互動的對話。這也意味著，比起追求「對」的督導模式，能以開放的態度面對，雖不見得可避免犯錯，但總是有機會在督導過程中找到對彼此都舒適的方法。

以上針對督導關係相關文獻的探討結果指出，發現受督者擔心被評價的焦慮，以及督導者權力誤用的情況是最值得關注的議題。研究者依據上述文獻探討，提出與督導關係有關的督導倫理議題：

1. 尊重受督者的尊嚴：督導者要尊重與維護受督者的尊嚴，尊重受督者面對個人議題的方式，及發展個人的工作取向與工作觀點，不強迫受督者

接受心理治療或心理諮商。

2. 明確告知督導過程：督導者應讓受督者瞭解督導過程的相關訊息，例如：督導目的、督導原則、督導過程與參與方式、督導者的理論取向、評鑑方式及標準、相關責任與義務等，甚至應該告知受督者終止督導關係的處理程序。這個告知過程需要在督導關係開始之前進行，讓受督者對於督導將要如何進行有所瞭解，知道自己可以如何參與，瞭解自己的權利與義務，可以對督導者與督導過程有合理期待。

3. 督導者需定期評估受督者表現並給予回饋：督導者需在教育訓練方案開始之前，清楚的讓受督者瞭解：他們的臨床表現需要達到怎麼樣的能力標準，會用哪些方式評估，以及在哪些時間點進行評估。督導者對受督者的評估結果要詳細記錄，進行受督者專業能力評估時，應採取實事求是的態度，誠實、公平而公正的給出評估意見。評估結果必須定期回饋給受督者，如：定期舉行評估會議，進行面對面的討論，提供書面回饋。

4. 覺察受督者影響專業表現的限制並採取必要行動：督導者若覺察到受督者可能會影響其專業表現的限制，必要時需提供改進建議、提供發展或改進的機會，讓受督者可以得到補救的機會或協助。受督者的限制若與其個人有關，可以與受督者討論：會影響與案主工作的議題、影響督導關係和專業功能的人際能力，但是不合適為受督者進行心理諮商或心理治療。當受督者的行為表現一直沒有改善，無法提供合乎專業的服務，督導者可能面臨是否讓受督者通過評量的決定；做此重大決定之前，督導者最好先諮詢相關人員，並將考量與處理過程作詳細記錄，經由正式會議或程序來執行。做最後決定之前，督導者要確保受督者有被充分告知，同時有表達意見，或其他選擇權。

5. 督導者需具備督導專業知能與多元文化視野：督導者需接受過督導訓練，有效協助受督者提升專業效能；督導者必須尊重差異性，重視多元文化角色在督導關係的影響，尊重受督者的理論取向，依據其專業發展

階段的需要與其一起工作。

此外，督導者對督導架構的尊重與維持、督導者的敬業態度與個人成長都是必須關注的倫理議題。

 督導過程的重要倫理議題

筆者彙整諮商專業倫理相關文獻（Bond, 2015; Corey et al., 2019; Cottone & Tarvydas, 2016; Jacob, Decker, & Hartshorne, 2016; Knapp, VandeCreek, & Fingerhut, 2017; Remley & Herlihy, 2019; Sommers-Flanagan & Sommers-Flanagan, 2007; Sperry, 2007; Welfel, 2015），以及心理諮商與治療重要專業學會倫理守則中與督導有關的倫理規範〔中國心理學會，2018；台灣心理學會，2013；台灣輔導與諮商學會，2001；臺灣諮商心理學會，2014；American Association for Marriage and Family Therapy (AAMFT), 2015; American Counseling Association (ACA), 2014; American Psychiatric Association, 2013; American Psychological Association (APA), 2017; American School Counselor Association (ASCA), 2016; Association for Counselor Education and Supervision (ACES), 2011; Commission on Rehabilitation Counselor Certification (CRCC), 2017; National Association of Social Workers (NASW), 2017〕，從以下幾個面向來探討與督導有關之倫理議題：督導者的能力、督導關係與界限、保密議題、知情同意與合約、督導評量與申訴程序、法律責任、多元文化議題。

（一）督導者的能力

Welfel（2015）指出督導者有責任擔任專業的守門員，確保受督者具備進入專業所需的能力，或防止不合格者進入該專業。未受過訓練的督導者無法達成這樣的要求，當督導者無法善盡此倫理責任，會損害該專業及公眾的權益。督導的技能和諮商治療不完全相同，督導有其獨特的理論和

實 務（Bernard & Goodyear, 2018; Corey, Haynes, Moulton, & Muratori, 2014）。從保障案主福祉的角度來看，確保督導者和受督者的專業能力，是最核心的倫理責任（Sherry, 1991）。

1. 督導者應具備的能力

許多文獻均探討督導者應具備之能力（ACES, 2011; Corey et al., 2014; Fehr, Hazen, & Nielsen, 2017; Storm, Todd, Sprenkle, & Morgan, 2001; Supervision Interest Network, Association for Counselor Education and Supervision, 1990），彙整相關文獻之觀點，督導應具備之能力包括：(1) 具備心理師該有的能力（包括評量和處遇技巧、案主概念化、案主管理、記錄保管、評估諮商成效）；(2) 接受過督導訓練，瞭解督導的方法和技術，而且參與繼續教育，讓其知識跟得上時代；(3) 熟悉與督導有關的倫理、法律和規範，且知識跟得上時代，並考慮執業場所特性，提醒受督者潛在的倫理議題；(4) 正確評估心理師發展的進展及其在督導中的表現；公平評量受督者專業表現的能力，及提供適切的、有建設性的回饋；(5) 對於其督導的領域，接受過技能、理論、處遇的專業訓練；(6) 具備與督導者角色有關的態度與特質（敏感於個別差異，增進自己的文化理解力，對督導工作的承諾與投入，可自在看待伴隨角色而來的權力）；具備有效的人際技能，有能力傾聽、挑戰、面質、提供回饋，與受督者設定合於倫理的界線；(7) 依據心理師的發展過程進行督導，欣賞心理師成長的歷程，讓受督者覺得自己是有能力的；用問題解決觀點來協助受督者，提供方法幫助受督者成長和發展其技能與專業自主性；(8) 擁有口頭和書面報告與記錄的知識；(9) 瞭解督導具有互動和彈性的要素，包括督導者、受督者、案主和機構，有經驗的督導者會視實際需要做調整或修改；(10) 對於專業督導的最新理論和研究能有瞭解；瞭解督導關係中專業特質與個人特質的概念知識，以及瞭解其對受督者的影響。

倫理規範不只提到督導者的知識與技能，同時亦強調督導者的態度與

價值觀（Welfel, 2015）。Lowery（2001）發現，從受督者的觀點，最有效能的督導者具備：實務技能（如：良好的臨床技巧和提供有助益回饋的廣博知識），人際技能（如：接納、自信、溫暖支持的作風）。受督者表示，他們希望督導者正視督導這件事，有幽默感，聚焦在受督者的長處；好的督導者能理解案主的問題，並在必要時提供不同的處遇方式；他們欣賞受督者的成長（Knapp et al., 2017）。Corey 等人（2014）認為良好督導的整體形象為有能力的專業工作者，同時具有良好人際關係技巧和有效的組織、管理技巧。

2. 督導者應接受繼續教育

值得注意的是：督導的能力並非一個穩定狀態，督導者必須持續接受專業訓練（Sperry, 2007）。受督者的案主類型及接案情境非常複雜，為了提升督導品質，ACES（2011）建議督導者參與同儕討論和同儕督導，Knapp 等人（2017）亦主張督導者可透過閱讀、諮詢和參與繼續教育等方法來提升自己擔任督導者的能力。《美國諮商學會倫理守則》（簡稱《ACA 倫理守則》）（ACA, 2014）規範心理師和督導者都必須參與繼續教育，以維持其能力。

Cottone 與 Tarvydas（2016）指出督導者只能在其有能力、有經驗的領域進行教學與督導。除了督導方法的專門訓練，督導者對他們提供督導的專業領域，亦必須具備全面深入的知識。督導者提供的督導若超過其實務範圍，是不合乎倫理的。當受督者的工作在督導者能力範圍之外，督導者有責任向有能力處理這案例的督導請教（Cobia & Boes, 2000），許多督導者並未接受過正式訓練，而是依據過去接受督導的經驗和他們的臨床知識來從事督導工作（Bernard & Goodyear, 2018），督導者若不能展現臨床督導該有的能力，在目前這個常有訴訟的環境中很容易有風險（Corey et al., 2019）。

（二）督導關係與界限

1. 督導情境存在多重關係與潛在風險

　　督導者在督導關係之外，與受督者同時具有或持續具有其他專業關係或非專業關係，便會產生督導中多重關係的問題。在督導者和受督者之間時常會有多重關係存在（Remley & Herlihy, 2019），這些關係有時對受督者有幫助，也可能會造成傷害（Gottlieb, Robinson, & Younggren, 2007）。

　　督導關係的倫理議題，包括督導者與受督者有性方面的關係、無親密關係的多重關係（如：與受督者有社交和朋友關係、對親友進行督導、同時展開治療和督導關係、同時存在其他督導關係等），Borders（2001）指出多重關係會是督導關係中具有挑戰性的議題。儘管 Barnett 與 Johnson（2014）提到若過於避免所有非專業關係，可能會減少與受督者、學生建立合作關係的機會，《ACA 倫理守則》（ACA, 2014）仍是強調督導者要澄清與受督者之間附加的其他角色之特質與限制。

　　造成多重關係不合倫理的要素主要在於會影響督導者的評量、讓受督者有被剝削的風險（Cottone & Tarvydas, 2016）。Burian 與 O'Connor Slimp（2000）指出有些多重角色關係剛開始可能是有益的，但對受訓者和訓練人員仍可能具有潛在風險，他們針對受訓者和訓練者間的社交多重角色關係提出一個決策模式，作為促進對這些關係議題的覺察及評估潛在傷害的思考基礎，作者建議，若傷害超過最低容忍程度，這些社交關係就必須終止或延後，在關係中有較大權力的人要負最後的倫理責任。

2. 與性有關的關係

　　絕大多數的研究結果均指出督導者與受督者發生愛情或性關係是不適切的行為（Caldwell, 2003）。許多受督者表示在其生涯中，曾與督導者發生性關係，這樣的關係削弱或消除了督導效能（Knapp et al., 2017）；Miller 與 Larrabee（1995）針對心理師教育和督導中的性親密關係，進行全國

調查，他們發現：在訓練期間與督導者或教育者有過性關係的專業工作者，表示這樣的經驗對後來工作關係的影響和傷害，比發生性關係的當時來得大。

　　心理諮商和心理治療專業人員一致認為督導者和受督者之間的性關係是不恰當的，專業組織的倫理守則都指出督導者不可以與受督者有性關係（Sperry, 2007），例如 AAMFT（2015）、ACA（2014）、ACES（2011）、CRCC（2017）都認為督導者和受督者之間的性關係是不合倫理的行為，督導者不應與受督者有任何形式的性接觸，這樣的關係會損害督導者的客觀性和專業判斷。性騷擾在督導情境是違反倫理的行為。《ACA 倫理守則》（ACA, 2014）很清楚載明了督導者不可以和學生或受督者發展性的關係，也不可以對他們性騷擾。

　　有時督導者和受督者之間會產生性的吸引力，Bernard 與 Goodyear（2018）強調督導者不必要否認存在於他和受督者之間的性吸引力。當督導者和受督者之間產生性吸引力時，督導者有責任採取合適且符合倫理的方式來處理，因為督導者在督導關係中權力較大。督導者必須創造一個符合倫理的氛圍，讓受督者可以探討自己的感受（Bartell & Rubin, 1990），督導者對性吸引力的處理方式對受督者而言是個示範（Remley & Herlihy, 2019）。

3. 無親密關係的多重關係

　　Nevin、Beamish 與 Johanson（1995）的研究指出 25%接受訪談的專業督導，覺察到督導者與受督者之間的社交關係，與督導責任不相容。多數文獻都提醒督導者要避免與受督者發展非專業的關係，因為可能會影響訓練的品質及評量角色（Cottone & Tarvydas, 2016），也可能影響對於維護受督者之案主的福祉及維護受督者福祉的權衡（Sommers-Flanagan & Sommers-Flanagan, 2007）。

　　此外，學者指出督導者和受督者之間的商業關係是有害的（Remley &

Herlihy, 2019），《ACA 倫理守則》（ACA, 2014）明確規範心理師教育者不應接受學生或受督者任何形式的服務、費用、委託、補償或報酬。

4. 在督導關係之外同時開展諮商或治療關係

督導關係混合了專業、教育、治療各個向度，當督導者與受督者涉入多重角色，會增加這個過程的複雜性。督導者的責任在協助受督者發現其個人動力可能如何影響他與案主的工作，督導者不適合擔任受督者的心理師。多位學者都指出督導關係與諮商／治療關係的性質不同。諮商／治療關係不具評價性，督導關係則常有評量的性質，兼具督導與諮商／治療角色常會出現角色衝突（Corey & Herlihy, 2014; Goodyear, Arcinue, & Getzelman, 2001; Pope & Vasquez, 2016; Sperry, 2007）。

Herlihy 與 Corey（2014）亦提醒如果督導者過度的避免諮商／治療角色，也可能對受督者造成傷害。受督者的個人議題仍是需要被關注，但不要超過適當的界線，變成諮商／治療關係。受督者出現明顯的個人問題與限制時，訓練者具有倫理責任去鼓勵和挑戰受督者面對與處理會妨礙與案主工作的障礙（Herlihy & Corey, 2014），不過這些討論必須和受督者與案主的工作有關。《ACA 倫理守則》（ACA, 2014）指出：「如果受督者要求諮商，督導者可以提供轉介。督導者不提供受督者諮商服務，督導者應該處理會影響與案主互動的人際能力、督導關係和專業功能。」

5. 督導者的責任

在督導關係中權力並不均等，受督者通常是較弱勢的一方（Sperry, 2007），督導者必須監督自己的行為以免誤用督導關係中擁有的權力，督導有責任確認臨床實務遵守了法律、倫理和專業的規範（Corey et al., 2019）。

不包含性的多重關係無法完全避免，甚至被認為可能有益。Gottlieb 等人（2007）還是認為進入這樣的多重關係可能讓關係變複雜，引起維持關

係界限的挑戰。督導者有倫理責任去謹慎維持關係界限，不要對受督者造成傷害或讓他們被剝削，他們提出督導中三個關鍵議題，並提供有效處理多重關係的建議：(1) 督導者應提供充分訊息給受督者，並示範適切的倫理行為；(2) 受督者被充分告知有關督導過程的訊息，讓他們可以維護自己和同儕的權益；(3) 最好的方法是預見多重關係的問題並預防其發生。Westefeld（2009）指出，訓練課程中必須教育學生與多重關係有關的倫理向度，必須示範適切的關係，倫理課程必須討論多重關係議題，督導者必須在督導關係中直接處理這個議題。督導者須澄清自己的角色，覺察當界限模糊後可能產生的問題。

（三）保密議題

心理師和督導者都有以下倫理責任：保護他人免於受傷害、保密責任、提供有效的治療以促進案主福祉、保護自身及自己的家人免於涉入訴訟事件（Sperry, 2007），因此督導者在督導過程必須關注保密議題。在督導過程的保密議題，督導者有雙重責任：一方面要確認受督者尊重與保護案主的隱私權，一方面要對與受督者有關的私人訊息加以保密。

督導者應該讓受督者瞭解案主的權利，包括保護案主的隱私權和對諮商／治療關係所獲得的訊息保密（Cottone & Tarvydas, 2016），有責任確認受督者對溝通特權的意涵充分瞭解，並且維護案主的溝通特權（Sperry, 2007）。除了受督者瞭解之外，督導者必須確保心理師已經告知案主關於其保密與溝通特權的權利，以及錄音帶、錄影帶、案主紀錄等素材會應用在與諮商或督導有關的情境，並徵求案主同意（Cottone & Tarvydas, 2016）。《ACA 倫理守則》（ACA, 2014）指出心理師需讓案主瞭解督導過程對保密限制的可能影響，以及哪些人會看到他的記錄。

在督導過程中，督導者有責任對在督導過程所獲得的訊息保密，以保護受督者的隱私權（Cottone & Tarvydas, 2016）。督導者有評量的角色，機構同事有時需要瞭解受督者的表現和進展，Corey 等人（2019）提醒督

導者要對受督者在督導中分享的個人訊息保密，至少受督者需被告知哪些訊息會讓其他人員知道、哪些訊息不會。還有一種情況是督導者可能需要與同儕討論督導過程中的評量或困難，受督者亦必須事先瞭解督導中的哪些訊息會被揭露（Sherry, 1991）。

（四）知情同意與合約

知情同意程序背後的價值觀是考量到個體自我決定與自主的權利（Behnke, Winick, & Perez, 2000）。案主和受督者都有權利在事先就瞭解與同意諮商和督導的程序（ACA, 2014; Cottone & Tarvydas, 2016; Remley & Herlihy, 2019）。Sperry（2007）認為督導者在知情同意的執行上有以下責任：(1) 確保受督者對他的所有案主都進行了詳細的知情同意說明；(2) 確保在知情同意文件中，已清楚描述督導過程及案主的治療訊息會被如何運用；(3) 讓受督者清楚瞭解督導的過程與程序。

1. 受督者的知情同意權

Welfel（2015）強調督導者必須尊重受督者的自主權，因此在進行督導前必須讓受督者清楚瞭解與督導過程、評量相關的各種訊息。筆者參考多位學者（Borders & Brown, 2005; Cohen, 1979; Cottone & Tarvydas, 2016; Knapp et al., 2017; McCarthy, Kulakowski, & Kenfield, 1994; Sommers-Flanagan & Sommers-Flanagan, 2007; Sperry, 2007; Welfel, 2015）對於督導之知情同意的敘述，將進入正式督導關係之前，督導者應該與受督者討論或說明的事項，彙整說明如下：(1) 督導目的或目標，包括討論督導者和受督者的期望；(2) 督導關係，包括督導關係的性質、督導過程的潛在風險、受督者選擇督導者的可能性、受督者終止督導關係的權利等；(3) 督導過程，包括督導的結構（督導的時間和期間）、督導進行的形式、督導過程與程序，及其他與督導進行相關的事項（例如：要準備哪些素材、督導需準備的文件形式）；(4) 督導者的背景，包括督導者的教育背景、資格、風格和理論

取向；(5) 彼此的角色責任，包括雙方在督導過程的責任、對受督者的期望、雙方對紀錄保管的責任等；(6) 評量程序，包括具體說明評量標準（受督者被期待要有哪些表現、如何評定受督者是否達到標準或是否進步）、評量的進行和方式、如何提供回饋等；(7) 倫理和法律議題，包括督導過程涉及哪些倫理和法律議題，雙方須遵守哪些法律與倫理規範，例如保密與保密限制議題；(8) 緊急情況的處理，包括與督導者的聯繫方式、緊急情況的處理方式、當督導者不在時可以聯繫誰等；(9) 付費的說明。

2. 案主的知情同意權

督導者同時有責任確認受督者在諮商／治療關係一開始，便對案主進行知情同意的程序（Barnett & Johnson, 2014）。筆者綜合學者（Cottone & Tarvydas, 2016; Sperry, 2007）對於諮商／治療之知情同意的觀點，受督者（心理師）必須讓其案主瞭解：他所接受的服務形式、諮商／治療過程以及諮商／治療的助益和潛在風險；會談期間的長度、費用，及是否可進行電話諮詢等；心理師的能力與身分（心理師是學生、實習生、正在接受訓練或是有證照）；保密與限制（包括通報及預警責任）等。

案主有權利知道他的心理師正在接受督導，以及瞭解心理師提供諮商／治療服務的能力（ACA, 2014），案主應瞭解他的訊息會在督導過程如何使用，及在諮商／治療過程及督導過程的保密情況與限制（Cottone & Tarvydas, 2016; Sperry, 2007）。Cottone 與 Tarvydas（2016）認為督導者應要求受督者告訴案主他們正在接受督導，以及說明督導的狀況。Knapp 等人（2017）主張受督者必須告知案主督導關係的性質及督導者的姓名。Remley 與 Herlihy（2019）進一步提出假如案主對於要讓第三者知悉其私人訊息有異議，可考慮安排案主與督導者見面來討論案主的擔心與顧慮。

3. 建立督導合約

Corey 等人（2014）主張督導者有責任與每一位受督者，及受督者諮

商的每一位案主，維持專業的督導關係。必須有正式的說明與契約，概述督導模式、督導目標、評量和評量方法。實務準則主張同時運用口頭和文字來提供清楚的資訊給受督者（Corey et al., 2019），McCarthy 等人（1994）則建議將知情同意內容以書面文件的方式呈現。

Thomas（2007）建議督導合約包括下列項目：督導背景、督導方法、督導的責任要求，受督者的責任，與保密和隱私有關的方針、督導文件、風險和獲益、工作表現的評量、申訴程序和正當過程、專業發展目標、督導合約期間和終止。Knapp 等人（2017）指出必須在督導一開始就讓受督者瞭解：評量的標準，同時必須定期的給予具體回饋；在合約中須清楚載明督導關係的性質、提供服務的形式、督導關係何時終止、雙方對紀錄保管的責任、評量的方法，以及雙方須遵守法律與倫理規範。合約要保持彈性，在必要時做適當調整。

督導合約若經過督導者與受督者詳細討論達成協議後訂定，可以預防問題發生（Westefeld, 2009）。Remley 與 Herlihy（2019）認為書面合約對督導關係是重要的，可避免誤解，同時也示範給受督者看，要如何與案主進行知情同意程序。

（五）督導評量與申訴程序

公平公正的評量和合法申訴程序在督導過程是一件重要的事情。何謂公平公正的評量？Sperry（2007）認為公平公正的評量包括：督導者願意花時間在諮商／治療專業上以促進專業表現；督導者不受偏見影響，且盡可能考量實務工作中的情境脈絡和多元文化因素；依據事先訂定的標準進行評量，受督者事先已經瞭解並同意這些標準。某些倫理模式認為督導者應事先決定評量能力的標準，依據這些標準來評量受督者；某些倫理模式則認為督導者要和受督者一起探討事先訂定的評量標準對其專業工作的影響（Sperry, 2007）。

進行評量時須維護受督者的權益（Remley & Herlihy, 2019）。Corey 等

人（2019）指出督導者在倫理和法律上都有義務提供受督者即時的回饋，監督受督者的行為和決定，教導受督者應有的權益，引導與臨床能力有關的個人發展。督導者的責任在於促進受督者的專業發展，減少受督者面對案主時的自我懷疑與害怕（Sperry, 2007），因此 Knapp 等人（2017）亦主張督導者要依據受督者的實際表現進行評量，必須經常給予口頭回饋，定期給予所有受督者書面回饋，對於那些有困難的受督者則要更常給予回饋。Sperry（2007）強調要確保擁有權力的督導者不能獨斷的、任性的運用其權力，沒有給受督者機會去矯正其問題和不合格的技能。Remley 與 Herlihy（2019）發現部分督導者因為不喜歡擔任評量角色，迴避給予受督者清楚的回饋，因而引發爭議，《ACA 倫理守則》（ACA, 2014）便指出督導者必須持續提供口頭回饋和書面回饋給受督者。

受督者面對組織或機構不公平的行動，和其他人一樣擁有合法申訴的權利，合法申訴的權利是為了保障受督者，避免受督者接受到缺乏完整證明、武斷的處理（Welfel, 2015）。Bernard 與 Goodyear（2018）指出下列情況是對受督者申訴權利最嚴重的侵犯：受督者得到負面評量，以至於不能通過實習或得不到工作，但卻未在事先得到預警，以及給予合理的機會去改進。Borders（2001）指出受督者應該有合法申訴的權利，收到定期的回饋，以及有機會去矯正不公平的督導報告。督導者在督導過程必須避免獨斷的、任性的行為（Cottone & Tarvydas, 2016）。

（六）法律責任

Cottone 與 Tarvydas（2016）指出當不良實務（malpractice）的問題出現時，違反倫理的狀況可能變成法律議題。而心理健康專業中不良實務的案例，多與疏忽和惡意的侵權有關（Swenson, 1997）。Ogloff 與 Olley（1998）認為要形成不良實務的訴訟，必須有以下四個要素：(1) 有一個委託的關係存在；(2) 專業人員的表現低於該專業的標準；(3) 案主受到傷害；(4) 傷害和諮商／治療的行為具有關聯性。

1. **督導者的法律責任**

　　督導關係中有三個與法律有關的議題，包括知情同意、保密及限制、責任義務（Corey et al., 2019）。知情同意程序的行使要同時關注受督者和案主的權益，詳細內容如前所述。督導者有法律和倫理義務尊重案主談話內容的保密性，督導過程討論的案主議題和檢閱的案主資料，受督者不可以在督導情境之外談論這些內容，督導者有責任藉由自身行為做示範，只在督導情境討論，以保護案主的隱私（Bernard & Goodyear, 2018），同時督導者必須確認受督者和他們的案主被充分告知保密的限制（Corey et al., 2019）。

　　督導者對受督者所諮商之案主的福祉具有法律上的責任（Corey et al., 2019）。Harrar、WandeCreek 與 Knapp（1990）提出告誡：當案主同意進入諮商／治療，表示他有權接受完整的服務，若其接受的服務不適切，他有權要求改正或補償。Remley 與 Herlihy（2019）指出資深者（或雇主）有責任不讓受僱者傷害其服務對象。因此督導者對自己的行動，和受督者的疏忽行為都有責任。

　　督導者對於受督者的行為，具有倫理和法律上的責任，所以督導者必須謹慎，不可以督導超過其能負荷量的受督者，督導者亦必須檢查受督者的進展及瞭解其案主負荷量；就像實務工作者對於當事人的進展需要予以記錄，督導者也要記錄與受督者工作的過程（Corey et al., 2019）。Remley 與 Herlihy（2019）認為受督者有權要求督導者：(1) 幫助受督者瞭解專業倫理規範和法律責任；(2) 提供固定的、面對面的督導；(3) 在約定好的督導時間內，專注的與受督者討論；(4) 督導會談在合理範圍內，應不受干擾；(5) 督導者不應該同時督導太多受督者；(6) 讓受督者知道，有緊急事件時可以如何聯繫；(7) 督導者進行了知情同意程序，讓受督者瞭解督導過程；(8) 督導者有能力處理督導關係界線；(9) 針對受督者的表現持續提供回饋；(10) 保密。

2. 直接責任與替代責任

督導者對許多人都有直接和間接的責任，包括受督者、受督者現在和未來的案主、機構、諮商專業。Bernard 與 Goodyear（2018）指出督導者要承擔直接責任（direct liability）和替代責任（vicarious liability）。當督導者因為自己行為的疏忽或錯誤而造成案主的傷害時，需承擔直接責任；督導者因為受督者的行為而負的責任是替代責任。

當案主的傷害和督導者的行動有直接關聯時，督導者有直接責任。例如：未定期與受督者討論，疏忽掉受督者提出有關案主的重要訊息，讓受督者去服務超過其訓練背景的案主（Harrar et al., 1990），缺少足夠的監督（Sperry, 2007），督導者給予受督者不適合的治療建議，或是超出受督者的能力範圍（Bernard & Goodyear, 2018）。專業人員從事的服務超出其專業訓練範圍，會引發法律責任（Ogloff & Olley, 1998; Remley & Herlihy, 2019），因此 Remley 與 Herlihy（2019）指出督導者像是諮商專業的守門員，如果受督者未能提供有效的諮商服務，督導者就不該為受督者簽署或背書。

儘管督導者在督導過程已盡其責任，仍可能因為受督者的行為而有責任（Welfel, 2015）。不過發生在督導關係過程及範圍內的事件（Disney & Stephens, 1994），以及督導者有權力可以影響受督者的行為時，才會涉及替代責任（Harrar et al., 1990）。Falvey（2002）提出會引發替代責任的情況，包括：(1) 受督者在督導者的指導下工作，且其行為讓督導者受惠；(2) 受督者在督導者認可範圍內工作；(3) 督導者有權力支配和指示受督者工作。

督導者的責任大小端視督導者對實際情況的瞭解程度，以及督導者是否應該知悉受督者的疏忽行為來判定（Remley & Herlihy, 2019）。Sperry（2007）指出認定督導者有責任的要素包括：(1) 具有雇主—受僱者的關係。督導者選擇和僱用受督者，而且有權力解僱受督者或支配其行為；(2)

對案主的傷害屬於受督者的工作範圍。法院的判準包括：受督者是否有責任執行該行動；時間、地點、行動目的；受督者的行為動機；讓受督者採取該行動是否合理；(3) 受督者的案主必須證明他們受傷。督導者對於受督者的行為，具有倫理和法律上的責任，所以督導者必須謹慎，不可以督導超過其能負荷量的受督者，督導者亦必須檢查受督者的進展及瞭解其案主負荷量；就像實務工作者對於當事人的進展需要予以記錄，督導者也要記錄與受督者工作的過程（Corey et al., 2019）。Sperry（2007）認為適當的監督可以減少或排除督導者的替代責任的可能性。

3. 危機管理

治療者可能會因為治療不當遭到案主提起的訴訟，督導者也可能會面對受督者的案主提出治療不當的訴訟。Guest 與 Dooley（1999）指出這種情形已經使得部分專業人員不願意擔任督導者，他們建議督導者需要做督導工作的危機管理，就如面對案主時所做的一樣。Snider（1985）曾經提出一些建議給督導者，降低被告的可能性：(1) 與受督者建立信任的關係，讓受督者可以安心討論其困惑或困難；(2) 督導者要瞭解與督導和心理健康實務有關的法律議題，並不斷更新；(3) 督導者要認清尋求法律建議的必要性，並要有可以提供諮詢的律師；(4) 督導者和受督者都要投保責任險。Falvey、Caldwell 與 Chen（2002），Woodworth（2002）都提出的危機管理策略，內容包括：危機管理檢核清單、完善的紀錄、在能力範圍內工作、必要時尋求諮詢、瞭解最新的倫理規範與法律等。

多位學者強調督導紀錄的重要性（Bridge & Bascue, 1990; Cottone & Tarvydas, 2016; Welfel, 2015），督導紀錄的內容需包括：(1) 會談日期與時間；(2) 案例討論的清單；(3) 與案主進展有關的紀錄；(4) 提供給受督者的建議；(5) 下一次會談追蹤討論的議題；(6) 若受督者的表現不符合規定，進行矯正的計畫（Harrar et al., 1990; Welfel, 2015）。Cottone 與 Tarvydas（2016）強調督導紀錄要加上日期及簽名。

　　Corey 等人（2014）提出一個管理督導過程多重任務的系統方法，他們提出以下建議：不要擔任超過自己能力的督導工作，評量和監督受督者的能力，提供前後一致的督導，建立清楚合理的督導契約、採用書面契約，記錄所有的督導活動以茲證明，向適當專業人員諮詢，瞭解與工作有關的倫理守則、法律條文、證照規定，運用多元方法進行督導工作，要有回饋和評量的方案，確認你的專業責任保險包含督導工作，要對受督者諮商的所有案主進行評估及審閱，要有確保保密的政策，在實務工作中要進行知情同意程序。

（七）多元文化議題

　　督導者有倫理責任去覺察多元文化社會的複雜性，符合倫理和令人滿意的督導，要瞭解並提出多元文化及考量個別差異的重要議題（Corey et al., 2019）。

　　督導者要避免對性別、種族、年齡、宗教、性取向等議題存有偏見，而採取不適切的行動（Welfel, 2015），同時督導者須確保所有評量、診斷、諮商介入及督導過程本身都能敏感到受督者可能遇到的各種不同差異（Barnett & Johnson, 2014）。Allen 等人（1986；引自 Welfel, 2015）的研究指出，缺乏對多元文化敏感度是讓受督者評量督導者為「最差勁督導者」的一個重要因素。

　　ACA（2014）與督導有關的倫理守則指出：「督導者要能覺察和指出在督導關係中出現的差異性所扮演的角色。」除了一般工作程序，督導者需有一套架構來理解受督者所服務的不同文化、種族、性別、社經地位、宗教和具有其他差異的案主（Falender & Shafranske, 2004）。關於覺察多元文化和差異性議題，Bernard 與 Goodyear（2018）提供建議如下：(1) 督導者須去除「所有個體都一樣」的迷思，瞭解文化差異的事實與貢獻；(2) 督導者必須瞭解其與受督者不同的世界觀；(3) 督導者要去欣賞督導中的文化差異，如同瞭解文化差異如何影響治療關係。

Barnett（引自 Barnett, Cornish, Goodyear, & Lichtenberg, 2007）亦強調重視個別差異議題的重要性，他提出三個重要觀點：(1) 注意到督導過程的個別差異議題非常重要；(2) 有效能的督導者可以覺察他們對受督者之態度和信念的影響；他們運用督導關係來促進受督者對其服務對象差異性的注意、尊重；(3) 督導者努力促進受督者覺察案主之間的差異；在督導會談中，看重個別差異的討論。此外督導者有責任尊重不同的理論取向，亦必須覺察其他會影響督導過程的個人信念和價值觀（Welfel, 2015）。

（八）線上督導

線上督導（online supervision; cybersupervision）又稱為遠距督導（distance supervision），指的是運用電子郵件、即時通訊、視訊、電話等通訊科技，進行督導（林家興、趙舒禾、方格正、黎欣怡、李露芳、葉安華，2011），線上督導具有便利又能夠克服時空限制的好處，同時也存在著風險。

線上督導的好處有：督導者與受督者在時間安排上較有彈性；可以提供在偏遠地區提供諮商／治療服務的受督者接受督導的機會；能為受督者提供較充裕的督導人力（林家興等，2011）。線上督導的限制有：主要透過語言訊息溝通，缺少足夠的非語言訊息，容易產生溝通、評量與危機評估誤差；較難對危機情境作即時介入；線上傳輸資料有未能保密的風險；通訊設備可能臨時出現故障或故障後需要維修，影響督導進行；督導者或受督者對於線上通訊缺乏足夠知能等（林士傑、劉祉吟、葉致寬、吳佩瑾、吳芝儀，2015；林家興等，2011；McAdams & Wyatt, 2010）。

為了因應科技帶來的便利與潛在風險，《ACA 倫理守則》（ACA, 2014）新增一個章節專門談論「遠距諮商、科技與社群媒體」的倫理議題，關於保密及知後同意的處理，除了在電子傳輸時加密防護，也須考量執業的實際地點及聯絡方式；使用線上諮商、科技及社群媒體的優點與風險；無法使用科技工具時的替代方案；時差、文化、語言等因素是否有影

響（蔡美香，2015）。此外也要留意是否有案主冒名頂替，以及思考如何維持線上諮商的專業界線，還有確認案主是在身心狀況良好的情形下接受線上諮商服務，如果評估線上諮商的效能不佳，要想如何調整提供服務的方式或予以轉介（蔡美香，2015）。

《ACA 倫理守則》（ACA, 2014）「遠距諮商、科技與社群媒體」章節討論進行線上諮商時要注意的倫理議題，這些內容同樣對於做線上督導有所提醒，例如進行線上督導時也需要考量進行討論時的地點是否安全；當網路或設備出現狀況時的處理或替代方案；是否有時差因素；如何處理加密；如何維持專業關係與界線；如何評估受督者是否在良好狀態下接受督導等議題。另外，ACA（2014）與督導有關的倫理守則裡也要求督導者在進行線上督導時，必須具備使用這些科技工具的能力，採取必要措施以保護所有傳送訊息的隱私。

筆者參酌林士傑等人（2015）的論述，提出進行線上督導還要注意：(1) 最好不要只依賴文字溝通，如果只能使用文字溝通要留意此時的資訊缺乏非語言訊息，而且文字表達可能無法完全呈現原意容易造成誤解，也可能有文字使用及文化上的差異；(2) 使用電腦科技可能發生傳輸速度影響溝通順暢度，還有網路中斷、設備故障等問題需要處理；(3) 沒有實際面對面互動，可能會影響督導關係的建立。林家興等人（2011）也建議若是受限空間距離的問題無法固定面對面進行督導（面授）時，可考慮合併面授與線上督導，例如每月四次的督導，其中一次安排面授。

三　督導倫理守則的內涵

筆者檢視國內外重要助人專業學會的倫理守則，包括：AAMFT（2015）、ACA（2014）、APA（2017）、ASCA（2016）、ACES（2011）、Australian Psychological Society（APS）（2018）、Canadian Psychological Association（CPA）（2017）、CRCC（2017）、The Hong

Kong Psychological Society（HKPS）（2012）、NASW（2017）、The Singapore Psychological Society（SPS）（2019）、The British Psychological Society（BPS）（2018）、中國心理學會（2018）、台灣心理學會（2013）、台灣輔導與諮商學會（2001）、臺灣諮商心理學會（2014）。將倫理守則中與督導倫理有關的內涵進行彙整，包括：案主福祉、督導者的能力、督導關係與界限、督導者的責任、督導者的評估與簽署、訓練課程管理、學生權益、線上督導等幾個部分。

（一）案主福祉

討論案主福祉的倫理守則內容包括：為維護案主福祉，督導者要確保受督者（心理師）具備提供諮商服務的能力與資格，教導受督者維護案主權益、審慎處理與運用諮商紀錄，提升受督者的專業倫理知能，並注意人格陶冶。

部分專業學會強調心理師的行為表現會影響社會對此專業社群的觀感，當心理師傷害到案主，會影響到這個社群或專業領域的聲譽，因此督導者需讓受督者瞭解自己的社會責任，並維護專業社群的聲譽（HKPS, 2012; SPS, 2019）

（二）督導者的能力

討論督導者的能力的倫理守則內容包括：督導者須接受專業訓練，在能力範圍內進行督導，並且需要持續進修以提升自身專業能力。

在督導者的專業能力部分，部分專業學會特別強調督導者必須具備多元文化的視野，重視多元文化角色在督導關係的影響，透過知識與技術的傳遞、督導者本身的行為示範，協助受督者發展與不同文化族群工作的能力（台灣輔導與諮商學會，2001；ACA, 2014; CRCC, 2017）。

（三）督導關係與界限

討論督導關係與界限的倫理守則內容包括：督導者應該清楚界定與受督者／學生的專業及倫理關係，不可發展性關係或出現性騷擾行為，不適合發展成為諮商或治療關係，避免可能傷害專業關係的多重關係，注意與避免雙重關係中的利益衝突或剝削，採取預防措施來面對無法避免的多重關係或角色，謹慎處理與先前受督者之間的關係。

美國心理師教育與督導學會（Association for Counselor Education and Supervision, ACES）特別說明受督者的條件：「督導者只能接受具有下列條件者作為受督者：具有進入諮商訓練方案或進入諮商機構工作的資格。因為要取得證照而尋求私人督導的情況下，受督者也必須完成要申請證照所需的訓練。」

（四）督導者的責任

討論督導者的責任的倫理守則內容包括：確保受督者的服務品質，維護與尊重受督者的權益和福祉，提供合宜的專業指導等。

（五）督導者的評估與簽署

討論督導者的評估與簽署的倫理守則內容包括：督導者需定期評估受督者表現並給予回饋，覺察受督者影響專業表現的限制並採取必要行動，依據評估結果進行簽署。

（六）訓練課程管理

討論訓練課程管理的倫理守則內容包括：訓練課程設計要符合專業要求，正確清楚的描述課程，依據目標提供評估與回饋，監督實習表現，處理實習爭議等。

（七）學生權益

討論學生權益的倫理守則內容包括：審慎處理學生的自我揭露，重視所有學生的權益，協助學生個人成長等。

（八）線上督導

部分專業組織倫理守則揭示線上督導的倫理議題（AAMFT, 2015; ACA, 2014; ACS, 2016; ASCA, 2016; CPA, 2017; CRCC, 2017）。主要內容有：督導者與受督者運用電子通訊、科技工具的相關能力；對資料傳輸的保密性採取預防措施；避免使用個人社交媒體帳號與受督者或其案主交流（如「加好友」等）及和受督者發生多重關係，以免影響督導者的專業判斷；若受督者與案主進行線上諮商，督導者需熟悉線上諮商的相關倫理議題，確保受督者有制定適當程序保護案主權益。

從以上倫理守則內涵的彙整來看，督導者對案主和受督者都負有責任：(1)對案主的責任：督導者要確保受督者做到維護案主權益，提供給案主合於專業、合於倫理的服務，並且要協助受督者瞭解個人的社會責任；(2)對受督者的責任：督導者要確保受督者得到有助於提升其服務品質的專業指導，要維護受督者在督導關係中的尊嚴與權益，不可以讓受督者在督導關係中受到剝削與傷害。

為完成上述責任，督導者必須具備督導的專業能力，並在能力範圍內進行督導；必須審慎處理關係界限議題，並且採取預防措施以避免傷害受督者，及督導關係的專業性與客觀性；必須審慎評估受督者表現與負起把關責任。部分專業學會將課程督導議題納入規範，說明心理師教育者或課程督導的責任，及學生權益。

《督導倫理守則》（草案）的制訂

　　《督導倫理守則》（草案）制訂過程得到科技部研究經費的支持：
「心理諮商督導倫理守則建置之研究」（計畫編號：NSC 102-2410-
H-152-003）與「心理諮商督導倫理守則適切性與應用性之研究」（計畫編
號：MOST 103-2410-H-152-003）。本章分成三個部分分別敘述：《督導
倫理守則》（草案）制訂過程、《督導倫理守則》（草案）制訂理念和
《督導倫理守則》（草案）的內涵。

 《督導倫理守則》（草案）制訂過程

　　《督導倫理守則》（草案）經過嚴謹的過程，制訂而成。

　　「督導倫理守則建置之研究」分成四個階段進行，包括：(1) 透過文獻
探討彙整督導倫理之議題與內涵；(2) 進行焦點團體探討督導實務現場出現
的倫理爭議、處理現況及涉及之倫理議題；(3) 進行問卷調查蒐集心理諮商
／心理治療學習者與專業人員對督導倫理守則內涵的意見；(4) 制訂「督導
倫理守則（草案初稿）」。

　　「督導倫理守則適切性與應用性之研究」分成五個階段進行，包括：
(1) 進行專家諮詢會議檢閱「督導倫理守則（草案初稿）」；(2) 邀請專家
和實務工作者填寫「督導倫理守則（草案修改稿 1）適切性評估問卷」；
(3) 撰寫督導倫理案例；(4) 進行焦點團體訪談，探討應用「督導倫理守則
（草案修改稿 2）」來面對與處理「督導倫理案例」，可以應用的程度與
應用上的困難；(5) 依據焦點團體訪談結果修改完成《督導倫理守則》（草
案）。

（一）督導倫理守則之建置

　　「督導倫理守則之建置」分成四個階段進行：

1. 透過文獻探討彙整督導倫理之議題與內涵

第一階段，筆者帶領研究團隊成員透過文獻探討，檢視與彙整督導倫理之議題與內涵。從督導關係、督導過程、受督者經驗相關的文獻，探討督導倫理的意義；研讀諮商專業倫理、督導理論與實務相關文獻，整理出督導過程的重要倫理議題；蒐集與檢視國內外重要專業學會倫理守則，彙整「督導倫理守則」的內涵。

2. 進行焦點團體探討督導實務現場出現的倫理爭議、處理現況及涉及之倫理議題

第二階段，透過焦點團體訪談探討在督導情境出現的倫理爭議、處理現況及涉及之倫理議題。共進行五場次焦點團體訪談（受督者焦點團體三場次，督導者焦點團體二場次），每場焦點團體進行 120 分鐘，督導者焦點團體的主持人由筆者本人擔任，受督者焦點團體由受過訓練的研究人員與筆者共同擔任。

焦點團體訪談結束，將所有訪談資料謄寫成逐字稿，運用紮根理論開放譯碼、主軸譯碼的分析程序進行資料分析。

3. 進行問卷調查蒐集心理諮商／心理治療學習者與專業人員對督導倫理守則內涵的意見

(1) 編擬「督導倫理守則內涵問卷」

筆者帶領研究團隊先以 ACA（2014）、ACES（2011）、台灣輔導與諮商學會（2001）之倫理守則條文為主要依據進行彙整，並統整焦點團體訪談資料分析結果，初擬「督導倫理守則內涵（初稿）」，內涵包括：「督導者的能力與資格」、「督導者的責任」、「危機處理與連帶責任」、「案主福祉」、「督導關係的建立與終止」、「知情同意與受督者權利」、「評量」、「整體內容：包含受督者的責任、行政督導與課程督導等議題」。

每一項「督導倫理守則」規範條文都有兩個評估向度：「納入督導倫理守則的必要程度」及「在實務上的可實踐程度」，以五點量表的方式讓研究參與者填答；每個項目後方亦提供「語句修正意見」的欄位，讓研究參與者表達修改意見。問卷編寫過程持續反覆檢查問卷內容是否有遺漏之議題。

問卷最後增列「受督者責任、行政督導、課程督導是否需納入督導倫理守則規範中」，以及「你認為還有哪些議題或事項需要納入督導倫理守則中？」的提問，瞭解研究參與者的意見，作為制訂督導倫理守則的參考。

(2) 進行「督導倫理守則內涵問卷」調查

第三階段的問卷調查，邀請下列人員填寫「督導倫理守則內涵問卷」：(1) 從事諮商督導或諮商倫理相關議題研究的學者；(2) 臺灣北、中、南、東各區取得心理師證照，從事心理諮商工作之人員；(3) 就讀心理諮商相關研究所，正在進行駐地實習並接受諮商督導之研究生。本研究共邀請298 位研究參與者填寫問卷。

「督導倫理守則內涵問卷」回收之後，筆者帶領研究團隊成員設計次數統計表，將研究參與者在每一個題項的填答情形，逐題統計至次數統計表中，並將各條文之修改意見及整體意見進行彙整，進行進一步的分析。

4. 制訂「督導倫理守則（草案初稿）」

第四階段，研究團隊以「督導倫理守則內涵問卷」為基礎，納入焦點團體訪談與問卷調查的資料分析結果，將督導倫理守則內容分為「基本原則」與「最佳實務」兩部分，並逐條評估條文內容以及其與所屬類別標題之適切性、修改條文內涵或調整條文所屬類別，進而形成「督導倫理守則（草案初稿）」。

「督導倫理守則（草案初稿）」的基本原則包含五大類別，分別為督

導者的能力與資格、督導者的責任（含危機處理與連帶責任、知情同意與受督者的權利）、案主福祉、督導關係的建立與終止，以及評量；最佳實務則包含六大類別，分別為督導者的能力與資格、督導者的責任、危機處理與連帶責任、知情同意與受督者的權利、督導關係的建立與終止，以及評量。

（二）探討督導倫理守則之適切性與應用性

「督導倫理守則之適切性與應用性」探討，分成五個階段進行：

1. 進行專家諮詢會議檢閱「督導倫理守則（草案初稿）」

第一階段邀請三位學者檢閱「督導倫理守則（草案初稿）」內容，進行專家諮詢會議。研究參與者背景如下：國內心理相關研究所教授專業倫理之任課教師或進行專業倫理研究之學者。

專家諮詢會議結束，撰寫訪談札記，整理已探討之議題以及仍需補充討論或調整的議題觀點。研究團隊依據專家諮詢會議意見修改完成「督導倫理守則（草案修改稿 1）」。

2. 「督導倫理守則（草案修改稿 1）適切性評估問卷」調查

首先，編寫「督導倫理守則（草案修改稿 1）適切性評估問卷」。問卷包含八十三項規範條文，每一條規範後面，都有「適用」、「修改後適用」、「不適用」、「修改建議」四個欄位。並於問卷最後提問：「督導倫理守則分為基本原則與實務指引是否適切？」「是否還有其他議題需要納入督導倫理守則內涵？」請研究參與者表達意見。「督導倫理守則（草案修改稿 1）適切性評估問卷」分為「專家學者版本」與「心理師版本」。

其次，形成研究參與者邀請名單。邀請對象包括：(1)北、中、南、東各區從事督導或專業倫理相關議題研究的專家學者，並請其協助推薦心理師名單；(2)諮商輔導專業學會、諮商心理師之倫理法規倫理委員會委員；

(3) 各大專院校教授專業倫理及督導課程之老師；(4) 撰寫與臨床督導及專業倫理相關文章之學者專家；(5) 專家學者推薦之心理師人選。第一批預計邀請之研究參與者名單，包含專家學者十名、心理師四十名。

最後，邀請到 36 位專家和實務工作者填寫「督導倫理守則（草案修改稿 1）適切性評估問卷」，針對每一項規範內容進行逐條評估，並提供修改意見。

問卷回收後，研究團隊針對每一項規範條文進行「不適用」、「修改後適用」、「適用」之填答次數彙整，並針對每一項條文進行百分比統計，除此之外，也針對修改意見進行彙整，研究團隊詳細閱讀，將可納入之建議畫線並經過多次討論後進行條文修改，完成「督導倫理守則（草案修改稿 2）」。

3. 撰寫督導倫理案例

撰寫督導倫理案例共計十二則。督導倫理案例的內容，參酌焦點團體訪談過程蒐集到的資料：「實務工作者在督導情境出現的倫理爭議、處理現況及涉及之倫理議題」，彙編而成。

為促進對每一案例可能涉及之實務困境與潛在議題的深入思考，每則督導倫理案例均提出三個實務問題供討論。研究團隊多次討論與核對督導過程可能出現的各種狀況進行案例編寫，並於初稿完成後邀請四位專業同儕針對案例內容與實務問題提出修改建議。

4. 進行焦點團體訪談，探討「督導倫理守則（草案修改稿 2）」的可應用性

(1) 編寫「督導倫理守則可應用程度評估表」

每則督導倫理案例後皆附有「督導倫理守則可應用程度評估表」，邀請研究參與者依據該案例之實務問題，思考其所涉及之倫理議題，在「督導倫理守則（草案修改稿 2）」中挑選出「與解決該案例有關之倫理守則

條文」，且依據每一條文對解決該案例之適用程度進行分數評估：5 分為「非常適用」、4 分為「適用」、3 分為「部分適用」、2 分為「不適用」、1 分為「非常不適用」，最後請研究參與者針對可應用性不高之條文提出修改意見。

為了讓研究參與者可以聚焦、深入思考，「督導倫理守則可應用程度評估表」分為 A、B、C、D 四個版本，每個版本有三則「督導倫理案例」，A 版本為案例 1 至 3，B 版本為案例 4 至 6，C 版本為案例 7 至 9，D 版本為案例 10 至 12。同時考量研究參與者可以出席焦點團體的狀況，將評估表分為「焦點團體訪談」、「紙本意見提供」兩種版本。

(2) 進行焦點團體訪談

進行四場次焦點團體訪談，共十五位研究參與者參與，每場焦點團體進行 120 分鐘，四場焦點團體的主持人皆由筆者擔任；未能出席焦點團體訪談之五位研究參與者，同意提供書面意見，另外發出紙本意見調查表。

5. 依據焦點團體訪談結果修改完成《督導倫理守則》（草案）

研究團隊成員在焦點團體訪談過程記錄每位研究參與者針對督導倫理案例內容修改、倫理實務問題因應方式及「督導倫理守則（草案修改稿 2）」的修改建議；紙本意見調查全數收回後，研究團隊成員也針對紙本意見進行資料彙整。

最後依據訪談意見，修改完成《督導倫理守則》（草案）。

二　《督導倫理守則》（草案）制訂理念

《督導倫理守則》（草案）的制訂，考量：(1)將實務上的可實踐程度納入考量；(2)「督導倫理守則」規範對象聚焦在專業督導；(3) 關注受督者為實習生的脈絡；(4) 強調督導倫理守則的基本精神。

（一）將實務上的可實踐程度納入考量

從焦點團體訪談蒐集的資料發現：研究參與者認同督導者對督導關係、受督者的學習具有很大的影響力，期許「督導倫理守則」協助督導者發展合乎倫理的行為；部分研究參與者認為「督導倫理守則」需要納入宣示性的條文。

「督導倫理守則內涵問卷」調查結果顯示：倫理守則條文在「納入督導倫理守則的必要程度」的填答，較多反映「應然」的思考；「在實務上的可實踐程度」的填答，較多反映原則性倫理的考量，亦即是否可以遵守、不違反規範。許多在「必要程度」填答分數高的倫理守則條文，在「可實踐程度」的填答出現分數低的狀況，或是出現相當分歧的意見，反映了實務工作者對於督導倫理規範有理想上的期待，但是對於實務上是否能夠落實這些理想，存在疑慮或擔憂。

從焦點團體訪談與問卷調查資料分析，均發現「督導倫理守則」的可實踐程度會因督導脈絡或督導情境的不同出現差異。例如：督導者本身為「機構內督導」或「機構外督導」，受督者的身分是「實習生」或是「有證照心理師」，督導者的「督導年資」，受督者接受之「督導頻率」，以及督導形式為「個別督導」或「團體督導」等差異，皆為影響「督導倫理守則」實務上之可實踐程度的重要因素。

筆者與研究團隊深思熟慮後，決定參考美國心理師教育與督導學會（ACES, 2011）的作法，將《督導倫理守則》（草案）之組織架構分為「督導倫理基本原則」與「督導倫理實務指引」兩個部分。「督導倫理基本原則」揭示督導者必須遵守之最基本倫理原則，亦作為督導者遵守或違反督導專業倫理與否的判斷基準；「督導倫理實務指引」提供執行督導倫理基本原則的具體努力方向，但考量督導實務情況的各種差異性，這些方向作為參考，讓諮商專業社群人員依據自己的情形有彈性的空間，並不作為判斷遵守或違反督導專業倫理的標準。

（二）督導倫理守則規範對象聚焦在專業督導

實務場域會引發督導倫理議題的情境，除了涉及專業督導角色，也可能涉及課程督導、行政督導、受督者、機構等角色，這些角色是否都要納入《督導倫理守則》的規範範圍？經過問卷調查與焦點團體訪談的意見蒐集，及考量督導倫理守則內涵的清晰與一致，研究團隊將《督導倫理守則》（草案）規範對象聚焦在專業督導，「課程督導」、「行政督導」、「受督者」、「機構」暫不納入《督導倫理守則》（草案）規範範圍，並於序言中清楚說明督導者、受督者與案主等名詞之定義。

（三）關注受督者為實習生的脈絡

《督導倫理守則》（草案）制訂過程發現，受督者為實習生的脈絡在許多議題上都有其特殊性，需特別關注，如：受督者的知情同意權、受督者的學習權益、督導關係的建立、督導關係界定、督導關係終止、評量等，督導者在評量過程的權力與行使扮演了重要的影響力。因此在「評量」項目下，特別針對屬於「實習生脈絡」的情境，加註「若受督者為實習生……」來作為提醒。

（四）強調督導倫理守則的基本精神

焦點團體訪談過程，許多研究參與者都提及《輔諮學會倫理守則》（台灣輔導與諮商學會，2001）有「連帶責任」的規範，不確定要如何區辨督導者的責任範圍。筆者與研究團隊參考十五個國內外專業團體的專業倫理守則，發現少有強調連帶責任的敘述；因此《督導倫理守則》（草案）強調督導者需有哪些作為以善盡職責，維護受督者和案主的權益。

《督導倫理守則》（草案）的基本精神為：提升專業服務品質、實踐專業關係中的責任與義務、維護案主福祉與受督者權益、避免造成傷害性行為。

　　《督導倫理守則》（草案）目前未揭示倫理申訴流程與管道。《督導倫理守則》（草案）為學術研究的成果，待研究完成並與諮商專業學會或團體合作推動訂定組織版督導倫理守則，再依據該組織的倫理申訴辦法詳細訂定倫理申訴相關規定。

 《督導倫理守則》（草案）的內涵

　　　　　　　　　《督導倫理守則》（草案）

　　　　　　　　　　　　序言

　　《督導倫理守則》（以下簡稱「本守則」）的制訂目的在建立督導角色須遵循的專業倫理規範，善盡倫理責任，維護受督者權益，提升受督者的服務品質，維護案主福祉。

　　本守則所稱之督導者，係指受聘於機構或由受督者自行付費，經雙方確認進入督導關係，針對受督者的專業服務內容進行討論，擔任督導角色者。本守則所稱之受督者，係指前項所述督導關係中，接受督導之助人工作專業人員。本守則所稱之案主和個案，係指接受受督者服務之當事人。

　　本守則之組織架構分為「督導倫理基本原則」與「督導倫理實務指引」兩個部分。「督導倫理基本原則」揭示督導者必須遵守之最基本倫理原則，亦作為督導者遵守或違反督導專業倫理與否的判斷基準。「督導倫理實務指引」提供執行督導倫理基本原則的努力方向，考量督導實務情況的各種差異性，這些方向作為參考，保留助人工作專業人員依據實務情境彈性調整的空間，不作為判斷遵守或違反督導專業倫理的標準。「督導倫理基本原則」在書寫規範內容時多用「應」，表示這些規範是督導者必須遵守的基本原則；「督導倫理實務指引」書寫規範內容，考量實務上可實踐程度的差異，用「需」、「宜」、「可」來敘述。

　　本守則的基本精神有：提升專業服務品質、實踐專業關係中的責任與義務、維護案主福祉與受督者權益、避免造成傷害。本守則的內涵包括：

1. 督導者的能力：包括接受專業訓練、專業知能、多元文化能力、使用電子科技的倫理意識、專業倫理與法律、覺察與反思。

2. 督導者的責任：包括提升受督者服務品質、評估受督者專業準備度、維護受督者權益、協助受督者學習、提升受督者倫理意識、給予受督者回饋、危機處理、維護案主福祉。

3. 督導關係的建立與終止：包括進行知情同意程序、界定督導關係、審慎處理多重關係、避免心理諮商／心理治療關係、覺察與審慎權力運用、終止督導關係。

4. 評量：包括說明評量標準與方式、記錄與定期回饋、提供改進意見、專業把關。

5. 維護案主福祉：包括受督者說明專業資格、知情同意與保密、評量與把關。

1. 督導者的能力	
督導倫理基本原則	督導倫理實務指引
1.1 接受專業訓練：擔任督導者應參與督導相關訓練、進修督導相關知能。	1.1 接受專業訓練： 1.1.1 督導訓練內容包括：督導理論與模式、督導方法與技巧、督導關係與過程、專業倫理與督導實習等。 1.1.2 督導者需於擔任督導前接受督導相關訓練，若因職責所需，未能在擔任督導前接受訓練，則在擔任督導者的過程中需參與督導相關訓練，進修督導相關知能。 1.1.3 除了督導相關知能，督導者亦需要持續進修心理諮商／心理治療相關的知能與技巧。

1. 督導者的能力	
督導倫理基本原則	督導倫理實務指引
1.2 專業知能：督導者對於所督導的議題應具備相關知能。	1.2 專業知能： 1.2.1 督導者督導的議題／內容與方式不宜超過督導者本身所受的訓練及能勝任的程度。 1.2.2 督導者所提供的知識與技巧需要能夠反映當前研究發現、實務需要或社會文化現況。
1.3 多元文化能力：督導者應具備多元文化的思維與意識，瞭解文化因素對心理諮商／心理治療或督導的影響，以服務不同文化背景的案主及受督者。	1.3 多元文化能力： 1.3.1 督導者需瞭解不同背景因素對心理諮商／心理治療或督導的影響，包含種族、性別、性取向、宗教信仰、社經背景、年紀／世代、……等。 1.3.2 督導者需尊重受督者的多元文化經驗，並引導受督者尊重案主的多元文化經驗。
1.4 使用電子科技的能力與倫理意識： 1.4.1 督導者在督導過程中，若選擇以線上督導作為督導進行的方式時，督導者應瞭解使用電子科技涉及的倫理議題，並具有處理緊急狀況／危機狀況的能力。 1.4.2 使用電子相關設備存取督導資料時，督導者應注意所涉及的倫理議題，並提醒受督者。	1.4 使用電子科技的能力與倫理意識： 1.4.1 督導者需要瞭解電子科技與社群媒體的發展、使用範圍及相關倫理議題。 1.4.2 若受督者在必要的情形下需要使用電子科技進行心理諮商／心理治療服務，督導者需提醒與確認受督者注意相關的倫理議題。 1.4.3 若督導者需運用電子科技進行督導，則督導者需瞭解相關的倫理議題保護受督者與案主。
1.5 專業倫理與法律：督導者應熟悉與心理諮商／心理治療、督導相關的專業倫理及法律責任。	1.5 專業倫理與法律： 1.5.1 督導者需持續關注督導相關專業倫理守則的修訂內容與更新概念。 1.5.2 督導者需持續關注在提供心理諮商／心理治療服務時會涉及的相關法律與規定。

1. 督導者的能力	
督導倫理基本原則	督導倫理實務指引
1.6 覺察與反思： 1.6.1 督導者在督導過程中應具備自我覺察與反思的能力。 1.6.2 督導者應該覺察自身能力與經驗的限制，督導過程遇到不熟悉的議題，督導者必須尋求專業諮詢。	1.6 覺察與反思： 1.6.1 督導者需對督導角色的責任義務、自身能力的限制、督導關係的內涵與變化、督導介入的成效與品質，以及評量受督者之態度與歷程等具備覺察與反思能力。 1.6.2 督導者若發現個人議題會影響督導工作，需尋求專業諮詢，審慎反思與處理個人議題，必要的時候宜進行個人心理諮商或心理治療。 1.6.3 督導者若發現個人議題影響督導工作，經過處理仍無法改善，影響督導工作進行，督導者需評估與考量暫停督導工作。

2. 督導者的責任	
督導倫理基本原則	督導倫理實務指引
2.1 提升受督者服務品質：督導者負有維護案主福祉與權益之責，應協助受督者提升其專業服務表現。	2.1 提升受督者服務品質：督導者需同時兼顧案主福祉與受督者權益，若兩者無法同時兼顧時，則以案主福祉為優先考量。
2.2 評估受督者專業準備度：督導者應瞭解受督者的知能與經驗，評估受督者提供的專業服務與其專業訓練與專業能力是否相符。	2.2 評估受督者專業準備度： 2.2.1 督導者宜協助受督者獲得其實務工作所需的專業訓練，提升其專業準備度。 2.2.2 督導者宜提醒機構，讓受督者提供與其專業能力相符的專業服務，或是給予受督者必要的專業訓練。
2.3 維護受督者權益： 2.3.1 督導者應維護受督者的知情同意權、受益權及隱私權，並告知受督者保密的範圍與限制。	2.3 維護受督者權益： 2.3.1 督導者維護受督者的知情同意權（內容請見基本原則 3.1 與實務指引 3.1）。 2.3.2 督導者需理解受督者狀態與專業發展需求，與受督者共同建立安全、信任的督導關係。 2.3.3 督導者需覺察自己與受督者在文化背景、理論取向、價值觀等各方面的差異，並尊重彼此之間的差異。

2. 督導者的責任	
督導倫理基本原則	督導倫理實務指引
	2.3.4 督導者需理解受督者從事心理諮商／心理治療工作的場域文化與情境脈絡，進行督導時需尊重與貼近受督者的經驗。 2.3.5 為維護督導品質，使受督者可以得到合理的協助與回饋，督導者宜考量個人的時間、心力及能夠投入的程度，評估督導者所能負荷之合宜督導時數及人數。 2.3.6 督導者需維護受督者的隱私權，若涉及評量、危機處理及案主福祉等情況，需透露督導過程討論的訊息，需向受督者說明保密的範圍與限制。
2.4 協助受督者學習： 2.4.1 討論督導進行方式：督導者應與受督者一起討論學習目標和督導進行方式，並讓受督者有機會表達對評量方式的意見。 2.4.2 協助學習與評估進展：督導者應依據與受督者共同訂定的學習目標，協助受督者朝向其目標前進，並持續評估他們的進展。	2.4 協助受督者學習： 2.4.1 督導者需提供討論空間，讓受督者表達對評量標準與方式的意見。若評量標準與方式無法改變，需讓受督者瞭解各項要求背後的原因；若評量標準與方式可以改變，宜經充分討論進行適度的調整。 2.4.2 督導者需定期與受督者討論其學習目標達成的程度。 2.4.3 督導者需依據受督者的學習目標適時提供受督者多元化的理論知識與實務技巧。
2.5 提升受督者倫理意識：督導者應協助提升受督者的倫理意識、倫理敏感度、責任感及增強其倫理判斷的能力。	2.5 提升受督者倫理意識： 2.5.1 督導者協助受督者提升其專業知能與倫理意識外，需示範並培養受督者面對心理諮商／心理治療工作應有的態度、堅持與敬業精神等。 2.5.2 督導者宜示範面對倫理困境時如何拓展思考面向與發展多元處理策略。
2.6 給予受督者回饋：督導者應在督導過程針對受督者的專業表現給予適切的回饋。	2.6 給予受督者回饋： 2.6.1 督導者的回饋內容需包含受督者在專業表現的進展及不足。 2.6.2 督導者回饋受督者在專業表現的進展，協助受督者持續建立專業信心。 2.6.3 督導者回饋受督者在專業表現的不足，提醒受督者改進的方向。

2. 督導者的責任	
督導倫理基本原則	督導倫理實務指引
2.7 危機處理：當案主出現危機或觸法情事，督導者應提醒受督者進行必要的預警、通報或處遇。	2.7 危機處理： 2.7.1 受督者在危機評估與處理過程，督導者需提醒受督者瞭解機構的資源跟政策，將案主情況與機構內人員討論。 2.7.2 若受督者為實習生時，在危機處理的過程，督導者可視實際需要提供受督者聯繫方式或提供另一位可及時協助的督導者之聯繫資訊，協助受督者處理危機事件。 2.7.3 若受督者為實習生，機構督導及實習課程授課教師之間宜建立合作交流的機制。

3. 督導關係的建立與終止	
督導倫理基本原則	督導倫理實務指引
3.1 進行知情同意程序：在督導關係開始前，督導者應讓受督者清楚瞭解督導者的專業背景、期待、評量標準與方式，以及受督者的權利與義務。	3.1 進行知情同意程序： 3.1.1 需要告知受督者的內容：督導者的專業背景與經驗、督導者的理論取向與督導模式，對受督者專業能力、修習課程以及所需經驗的要求，對受督者參與督導的期待、評量標準及方式，受督者在督導過程的權利與義務及保密範圍和限制等。 3.1.2 督導者需要瞭解的內容：若督導者與受督者不在同一個機構服務，督導者需與受督者討論服務機構對個案資料攜出、個案資訊揭露之相關規定，並提醒受督者遵守。 3.1.3 建立與終止督導關係的權利：督導者讓受督者瞭解督導者與受督者皆可以針對督導關係的建立、維持與終止議題提出討論。 3.1.4 瞭解受督者的期待：機構進行督導關係配對時，宜先瞭解受督者的期待，在機構條件允許的範圍內，讓受督者有表達意見或選擇督導者的空間。

3. 督導關係的建立與終止	
督導倫理基本原則	督導倫理實務指引
	3.1.5 知情同意的形式：告知受督者的內容，督導者需當面向受督者說明並一起討論；關於督導結構、雙方權利與義務、評量標準與方式等重要說明，最好能夠以書面形式呈現。
3.2 界定督導關係：督導者應清楚地界定其與受督者的專業關係。	3.2 界定督導關係： 3.2.1 督導者需盡量避免與正在進行督導之受督者發展非專業關係（例如：商業關係、僱傭關係、會影響督導進行的社交關係……等）。 3.2.2 督導者需避免與近親、伴侶、正在進行心理諮商／心理治療的案主或有密切利害關係者發展督導關係。
3.3 審慎處理多重關係： 3.3.1 面對無法避免的多重關係，督導者與受督者應審慎評估這些關係是否會損及受督者和案主權益與福祉，並採取必要的預防措施。 3.3.2 當督導者知悉受督者同時接受其他心理師督導時，應與受督者一起審慎評估與討論彼此的關係和權責，並採取必要的措施維護案主及受督者的權益與福祉。	3.3 審慎處理多重關係： 3.3.1 面對無法避免的多重關係（如師生、行政督導、同事、雙重督導等），督導者需審慎的與受督者討論不同關係的性質、責任與期待，在督導時間、督導場地上做出區分，以降低潛在的角色衝突。 3.3.2 如果督導者與受督者可能有督導關係之外的非專業關係，雙方皆需仔細澄清關係發展的意圖，討論可能的利益與風險，經過審慎評估後才建立關係，並採取適當的預防措施。
3.4 避免心理諮商／心理治療關係：督導者應避免與受督者同時建立督導關係和心理諮商／心理治療關係。	3.4 避免心理諮商／心理治療關係： 3.4.1 督導者若發現受督者的個人議題對心理諮商／心理治療工作造成影響，需與受督者討論如何減少個人議題對助人專業工作的影響；可視實際需要建議受督者去接受個人心理諮商或心理治療。

3. 督導關係的建立與終止	
督導倫理基本原則	**督導倫理實務指引**
3.5 覺察與審慎權力運用：督導者不可濫用權力，不可剝削受督者，例如：督導者運用權力要求受督者提供金錢借貸或財務利益，要求受督者提供對督導者的個人服務，提出與督導進行無關的要求；督導者不可與正在進行督導的受督者發展戀情、發生性騷擾或性關係等。	3.5 覺察與審慎權力運用： 3.5.1 督導者需覺察在督導過程，自己如何使用權力及使用權力的方式是否恰當。 3.5.2 督導者需敏感督導關係的變化，適時與受督者討論彼此關係的變化及採取必要的調整。
3.6 終止督導關係：督導者與受督者均有權利針對督導關係的建立、維持與終止議題提出討論。	3.6 終止督導關係： 3.6.1 督導者與受督者在文化與專業議題出現重大差異，難以繼續一起工作時，得經過討論而終止督導關係。 3.6.2 督導者或受督者某一方希望結束督導關係時，在決定終止督導關係前，督導者與受督者宜先共同努力解決因差異而引發的問題。 3.6.3 督導者或受督者某一方希望結束督導關係時，需充分討論如何處理。若受督者為實習生，必要時可請受督者的實習課程授課教師參與討論後續處理方式。 3.6.4 經過雙方討論決定終止督導關係，督導者可視情況提供受督者其他資源。 3.6.5 如果經過雙方討論，督導關係無法終止，督導者與受督者宜一起討論後續督導進行的調整與彈性因應。
4. 評量	
督導倫理基本原則	**督導倫理實務指引**
4.1 評量標準與方式： 4.1.1 督導者負有評量任務時，應明確瞭解受督者的工作機構或授課教師訂定的評量標準與方式。 4.1.2 督導者負有評量任務時，應清楚的讓受督者瞭解督導者的評量標準、方式與評量結果的應用。	4.1 評量標準與方式： 4.1.1 督導評量的進行，除了督導者評量受督者，也給予機會讓受督者對督導關係、督導歷程、督導成效進行評量。 4.1.2 督導者與受督者雙方，可依據督導過程的階段性評量結果，共同討論督導目標、督導進行方式、評量方式，及督導關係需做哪些調整。

4. 評量	
督導倫理基本原則	督導倫理實務指引
4.2 記錄與定期回饋：督導者負有評量任務時，應持續評量與記錄受督者的專業實務表現，定期提供回饋。	4.2 記錄與定期回饋： 4.2.1 督導者需定期記錄對受督者的評量、建議與協助。 4.2.2 若受督者為實習生，督導者宜依據實際需要，檢核受督者的實務工作紀錄、影音紀錄或是進行現場觀察。
4.3 提供改進意見：督導者透過持續評量，若發現受督者專業實務表現上的限制或缺失，應提供改進意見。	4.3 提供改進意見： 4.3.1 督導者需讓受督者瞭解評量結果，並提供受督者說明與釐清的機會；必要時安排正式會議進行討論。 4.3.2 督導者透過持續評量，發現受督者在實務表現上有限制或缺失時，可與機構或實習課授課教師一起討論，提供受督者改進與補救的機會。 4.3.3 經過評量、回饋、討論、提供改進與補救機會後，若發現受督者還是無法提供適切的專業服務，宜協助受督者反思諮商專業角色與個人勝任程度，重新考慮其學習及生涯方向。
4.4 專業把關： 4.4.1 督導者負有評量任務時，應依據受督者的實際專業表現進行評量，決定是否給予通過的評量。 4.4.2 依據評量結果，受督者無法通過評量標準時，應給予受督者參與討論、表達意見與申訴的機會。	4.4 專業把關： 4.4.1 督導者評量受督者的專業表現可能會妨礙到專業服務品質時，宜向主責機構反應，考量不給予資格獲得、完成課程訓練或續聘等認可。 4.4.2 督導者若要提出不給予受督者通過或認可的建議，為求審慎，可視需要諮詢其他相關人員意見；諮詢過程須注意維護案主及受督者之隱私權。
5. 維護案主福祉	
督導倫理基本原則	督導倫理實務指引
5.1 受督者說明專業資格：督導者應提醒受督者，誠實向案主說明自己的專業訓練取向、階段與資格。	5.1 受督者說明專業資格： 5.1.1 督導者需提醒受督者，尚未取得心理師證照前不可宣稱自己是心理師。

5. 維護案主福祉	
督導倫理基本原則	督導倫理實務指引
5.2 知情同意與保密： 5.2.1 督導者應提醒受督者向案主說明：自己是在接受督導的情況下提供心理諮商／心理治療服務，督導過程可能會揭露哪些內容，督導對於諮商進行的幫助與可能影響。 5.2.2 督導者應提醒受督者維護案主的各項權益；受督者必須告知案主保密限制、個案紀錄的保存、取得與運用方式、運用權限。 5.2.3 督導者在督導過程獲知之案主資訊應予以保密。督導者與受督者於教學或研究上若需使用案主個人資訊，必須取得案主的同意；未成年案主，則須獲得合法監護人的同意。 5.2.4 選擇以電子科技作為督導進行的輔助工具，督導者與受督者應共同採取必要的措施，以保護所有資料傳送的隱密性。 5.2.5 團體督導時，督導者應要求所有團體成員為團體中提及的個案資料、成員資料，或成員的受督狀況保密。	5.2 知情同意與保密： 5.2.1 相關紀錄，包括案主基本資料與會談紀錄、錄影、錄音等都需受到嚴謹的保護。督導者需提醒受督者提供督導討論資料時應經過匿名處理，去除可以辨識案主及相關人員個人資訊的資料。
5.3 評量與把關：當受督者所提供的專業服務危害到案主福祉時，督導者應採取行動限制受督者繼續提供服務，並知會受督者所屬機構。	5.3 評量與把關：為瞭解與評量受督者的專業服務品質，督導者需瞭解受督者在實務工作上的表現，盡可能定期檢閱受督者的個案紀錄、錄音、錄影或直接觀察其在實務工作上的表現。

面對專業倫理議題的倫理思考

專業倫理守則乃是針對實務工作中較常出現、較重要的倫理議題，提出原則性的規範，作為實務工作者思考與行動的指引；專業倫理守則的內涵無法涵蓋所有的實務情境，也無法針對個別情境敘述具體的處理步驟。洪莉竹（2016a）的研究發現：在實務工作中遇到倫理挑戰情境，諮商輔導實務工作者除了考量「諮商理論、專業倫理與法規」，還同時考量「情境因素及其他人士的權益與意見」與「諮商輔導實務工作者的權責」。筆者進行《督導倫理守則》（草案）制訂時，亦發現有些議題（如：權力使用），很難完全用《督導倫理守則》來規範實務工作者的行為，仍然需要實務工作者的自我覺察與反省，並做出行為的選擇。因此《督導倫理守則》（草案）可以作為擔任督導之心理師在實務工作中的指引，督導者仍然需要針對每一個涉及督導倫理議題的情境進行倫理思考與決策。

倫理決定模式與步驟

許多倫理學者曾經提出倫理決定的模式與步驟，作為實務工作者面對與處理倫理兩難議題或倫理困境時的依循。

1. Jones、Shillito-Clarke、Syme、Hill 與 Casemore（2000）提出的倫理兩難困境解決模式，這個模式包含六個步驟：(1) 瞭解問題；(2) 衡量不同選擇；(3) 做出決定；(4) 將決策付諸行動；(5) 評估結果；(6) 分享學習與經驗。

2. Welfel（2015）提出的倫理決策模式包括十個步驟：(1) 培養倫理敏感度，整合個人價值和專業價值；(2) 澄清跟案例有關的事實、利害關係人以及社會文化脈絡；(3) 界定出核心議題以及所有可能選擇；(4) 參考專業準則、指引相關的法律、規定；(5) 找出倫理的學術研究；(6) 將倫理原則應用到這個情境；(7) 向督導者或這個領域令人敬重的同儕諮詢；(8) 深思熟慮以做出決定；(9) 知會督導者，將倫理決定付諸實行，並記錄決定過程與最後的行動；(10) 針對這個經驗進行反思。

3. Pope 與 Vasquez（2016）提出的倫理決定模式包括十七個步驟：(1) 盡可能清楚地指出問題、困境或重要關鍵；(2) 預估哪些人會受到這個決定的影響；(3) 找出可能的當事人；(4) 評估我們的能力是否能夠面對目前的情況，缺少哪些知識、技能、經驗和專業知識；(5) 檢閱相關的倫理規範；(6) 檢閱相關法規；(7) 檢閱相關研究和理論；(8) 考慮可能會讓我們無法做良好倫理判斷的個人感覺、偏見或個人利益；(9) 考量可能影響情境的社會、文化、宗教或類似因素，尋求最好的因應方式；(10) 考慮是否要向他人諮詢；(11) 形成可能的方向或行動；(12) 對可能的方向或行動進行思考；(13) 盡可能將可能受到影響的人的觀點納入考量；(14) 做出決定、再審查與思考、採取行動；(15) 記錄過程並評估結果；(16) 承擔行動結果的責任；(17) 考量結果意涵，為未來倫理情境做準備、計畫、預防。

4. Corey 等人（2019）回顧相關文獻，統整出的倫理決定模式包含八個步驟：(1) 確認問題或困境；(2) 釐清相關的潛在議題；(3) 檢閱相關倫理守則；(4) 瞭解可運用的法律規章；(5) 尋求專業諮詢；(6) 思考各種可能採取的行動；(7) 列舉和思考不同決定的可能結果；(8) 選擇最適當的行動。（引自修慧蘭、林蔚芳、洪莉竹譯，2019）。

　　彙整以上倫理決定模式的內涵，有以下發現：(1) 倫理決定模式的主要內涵，包括：「針對問題內涵、潛在議題與相關因素進行分析」、「列出不同行動選項並進行評估」、「選擇適合的行動、做出決定並採取行動」；(2) Welfel（2015）關注作為倫理決定者的倫理敏感度，Pope 與 Vasquez（2016）指出倫理決定者的能力、知識和經驗及可能影響倫理判斷的個人感覺、偏見、個人利益；(3) 進行倫理決定之前要檢閱與參考倫理規範與法規（Corey et al., 2019; Pope & Vasquez, 2016; Welfel, 2015），相關研究和理論（Pope & Vasquez, 2016），必要時向專業人員諮詢（Corey et al., 2019; Pope & Vasquez, 2016; Welfel, 2015）；(4) 記錄倫理決定過程、最後行動（Pope & Vasquez, 2016; Welfel, 2015）；(5) 反思整個過程，累積經驗（Jones et al., 2000; Pope & Vasquez, 2016; Welfel, 2015）。

倫理決定過程並非實務工作者獨自在心裡進行單向思考的過程，需要考量社會文化脈絡和案主的聲音。Cottone（2001）以社會建構觀點說明倫理決定過程是一個互動的過程，要將決定放在社會脈絡來思考，倫理決定的過程：界定問題、衡量不同選擇方案對案主的影響、將決策付諸行動以及評估結果等步驟，均需考慮社會文化價值觀的影響；Cottone 強調要與案主討論，將案主的觀點與意見納入。多位學者都提出倫理決定過程盡可能邀請案主參與，做充分、適切的討論（Brown, 2010; Corey et al., 2019）。Walden（2015）指出，專業人員若是「為」案主做決定，而不是「與」案主一起做決定，會剝奪案主在關係中的權力。

 倫理思考的內涵

Corey 等人（2019）指出倫理決定並非只是有清楚步驟的認知和線性過程，事實上情緒在倫理決定過程扮演重要角色。Robson、Cook、Hunt、Alred 與 Robson（2000）指出「倫理決定」不只依據事實，也受到與這事實有關的感受及形成這些感受的價值觀的影響，但是我們低估了個人的情緒、價值對倫理決定的影響，並將我們的直覺反應合理化。影響倫理決定的因素包括了：主觀和情緒涉入、專業經驗的多寡、關注的焦點、理論訓練的取向、非正式的同儕影響、個人的人格與價值等（Cottone & Tarvydas, 2016; Keith-Spiegel & Koocher, 1985）。從台灣與諮商輔導倫理相關議題研究的研究結果來看，諮商輔導實務工作者進行倫理決定時依據的是個人的經驗與直覺，較少與他人進行對話與討論（洪莉竹，2016a），呼應了相關文獻的描述。

（一）筆者從研究中形成的觀察與思考

洪莉竹（2016a）彙整台灣與諮商輔導倫理相關議題的研究，依著「專業倫理挑戰怎麼產生」、「遇到專業倫理挑戰，實務工作者在考量什

麼」、「面對專業倫理挑戰的經驗與歷程」的思考邏輯，探討相關議題的研究結果及其意涵。洪莉竹（2018）蒐集 1986 年到 2017 年台灣諮商輔導倫理的研究五十一篇，運用描述性統計分析論文數量、研究方法、研究主題及發展趨勢，並針對各論文的研究結果進行整合分析。筆者彙整以上兩篇研究的研究結果，形成以下觀察與思考：

1. 倫理困境／兩難情境會持續存在於實務工作中。
2. 倫理困境需要考量情境脈絡及各種因素，決定不同情況的因應方式。
3. 納入多元文化觀點看倫理困境的形成，鼓勵透過專業討論來思考因應方式。
4. 倫理決策不只是理性思考的歷程，需關注實務工作者在事件中的感受和價值觀及其影響。
5. 倫理思考與倫理實踐不只是因應外在規範要求，也包含個人內在信念的堅持與實踐。

（二）同時關注理性思考與人心移動

　　倫理思考與倫理決定過程需同時關注做決定者的理性思考與人心移動，其內涵包括：

1. 重視與強調實務工作者的自我覺察

　　學者指出實務工作者的倫理敏感度、理論訓練的取向、專業知識和經驗的多寡、個人的人格與價值、主觀和情緒涉入、偏見、個人利益、關注的焦點、非正式的同儕影響等都會影響其倫理決定（Cottone & Tarvydas, 2016; Keith-Spiegel & Koocher, 1985; Pope & Vasquez, 2016; Welfel, 2015）。

　　實務工作者需要時時覺察：個人對於人性、問題、改變、治療的價值信念和對於做人處事的價值信念；個人在兩難情境想要兼顧的面向；個人的內在情緒、人性需求與人心移動。

2. 視原則性倫理為倫理實踐的重要基石

Meara、Schmidt 與 Day（1996）提出原則性倫理（principle ethics）和美德性倫理（virtue ethics）觀點，原則性倫理包含責任義務的觀點和聚焦於道德議題的方法，詢問：「這種情況是否違反倫理？」美德性倫理的重點放在諮商師的美好特質和諮商師想要追尋的理想，並非只關注解決特定的倫理困境，詢問：「我這樣做是否對案主最好？」

Meara 等人（1996）的觀點讓不少學習者誤以為應追求「美德性倫理」，因而忽視「原則性倫理」的重要性，因此出現「過度依賴個人的直覺判斷」、「以個人觀點評估怎麼做對當事人最好」的風險。

在倫理思考與決定的過程，考量怎麼做不傷害案主權益與福祉、怎麼做不違反倫理規範，筆者認為這是基本且重要的事情；參考學者提出之倫理決策模式的步驟，有助於條理分析與審慎決策，減少倫理決定過程受到個人情緒、直覺的過度影響。

3. 將案主的感受、意見，做更多的考量

實務工作者進行倫理思考與倫理決定的目的，乃是為了謀求案主最大的利益，這個過程當然需要納入案主的聲音。多位學者都強調在倫理決定過程納入案主想法與意見的重要性和必要性（Brown, 2010; Corey et al., 2019; Cottone, 2001; Walden, 2015）。

倫理思考不適合只由實務工作者單方面做決定，然後將決定結果告知案主；實務工作者當然會有專業的立場與考量，但在可能範圍內要多考量案主的感受與意見，一起思考怎麼處理，盡可能觀照專業倫理規範及案主的人情之常。

（三）建構倫理思考的內涵

筆者以「從研究中形成的觀察與思考」作為基礎，參照專業倫理文獻

的論述，同時關注實務工作者在倫理思考過程的理性思考與人心移動，建構出倫理思考的內涵，包括：貼近的覺察、條理的分析、審慎的決策、敦厚的回應。

1. **貼近的覺察**

實務工作者面對倫理困境或倫理問題時，需要先安靜沉澱一下，覺察個人面對該困境或問題時：

(1) 內在流動的情緒、想法、自動化反應……。

(2) 被啟動的價值觀、信念、動機……。

(3) 被引發的個人議題、防衛機制、因應模式……等。

這個覺察過程是為了貼近實務工作者作為「人」的人性面向，因此不要急著批評、責備或禁止，給自己多一點傾聽、理解與承接。目的是：讓個人的人性面向、內在流動、真實情感與需要，有安頓之處，它們才不會在未被覺察的狀態下成為影響決策歷程的潛藏力量。

2. **條理的分析**

實務工作者面對倫理問題或困境時，若只憑藉個人的經驗、直覺或主觀判斷來思考或做決定，容易受到個人經驗與觀點的限制而難以周延且有風險。

面對倫理問題或困境時，要能夠：

(1) 清楚指出問題所在和涉及的重要關鍵議題。

(2) 評估該情境會影響到的相關人士。

(3) 考量與該情境有關的社會、文化、宗教、案主年齡或發展階段、資源或阻力……等相關因素。

(4) 檢閱專業倫理守則和法規，具體指出與瞭解和該倫理問題有關的倫理規範內涵、法規的規定，再參酌相關研究和專業理論，對於該問題情境做較為深入完整的分析。

　　必要時向他人諮詢，可諮詢對象包括：專業倫理學者、督導者、專業領域有經驗的實務工作者或學者、律師等；這個階段也需要將案主的立場、處境、期待、意見納入考量。

　　在多方面蒐集資料或尋求諮詢，實務工作者形成理解與解決倫理問題或困境的多元觀點，腦力激盪出各種可能的解決和行動方案。

　　實務工作者進行條理的分析時可參考學者提出的倫理決定模式（Corey et al., 2019; Jones et al., 2000; Pope & Vasquez, 2016; Welfel, 2015）。

3. 審慎的決策

　　實務工作者在前一個階段形成處理倫理問題或困境的各種可能選擇，接著要對這些不同的選擇方案進行評估並做出決定。

　　實務工作者透過周延考量，在可能範圍內，依據當下條件做相對適合、適切的決定；做決定的過程需要考量的向度包括：

(1) 每一個行動方案對主要案主的影響與意義。

(2) 與問題或情境相關人士的動機、立場、需求……等。

(3) 與倫理困境有關的社會、文化、情境脈絡因素。

(4) 與法律規定、專業倫理規範的符合程度。

(5) 有助於後續處理或配套措施的資源。

(6) 處遇後可能引發的效應或結果……。

　　經過前述考量，依然可能面臨難以做出決策的難題；如：法律規定與專業倫理考量間出現衝突，相關規範與社會文化的期待有所落差，不同當事人的利益難以兼顧，當事人利益與機構利益有所衝突，遵守規範可能影響助人關係……等，實務情境存在高度多樣性與複雜性，考驗實務工作者的決定。

　　面對倫理決策的困難，實務工作者需要形成個人倫理判斷的依據，可能是：個人價值信念的優先順序，倫理原則的優先考量順序，原則性倫理和美德性倫理的考量，專業角色層面和人性層面的權衡……等。在可能範

圍內，做決策過程亦要將案主的聲音納入重要考量。

4. 敦厚的回應

Cottone（2001）以社會建構觀點說明倫理決定過程是一個互動的過程。實務工作者做出倫理決定、要將決策付諸行動時，可以做到不只是「告知」案主決策結果，不讓案主處在被動接受與決定的位置。

在可能的情況下提供一個時空，用對話的態度讓案主瞭解形成最後決定的諸多考量，聆聽與理解案主對於倫理決定的感受、想法或其他期待，共同討論怎麼處理以協助案主面對倫理決定的結果。

例如：選擇透露部分晤談訊息時，和案主討論怎麼做最小程度的透露、透露過程需留意的事項；選擇不透露晤談訊息時，怎麼協助相關人員理解案主的狀態與需要；要將案主做轉介時，承接案主的情緒，共同討論怎麼做更好的準備與銜接；要維持明確的關係界限時，先承接案主的心意和情緒……。在執行倫理決定行動或堅持倫理考量時，也理解與回應案主的「人之常情」。

執行倫理決定之後，審慎觀察與評估行動結果，尤其是對案主的影響，思考是否需要有其他配套行動，或行動是否需要調整。

貼近的覺察、條理的分析、審慎的決策、敦厚的回應四個內涵，並非線性的倫理決定步驟，四個內涵在倫理決定過程持續交互建構、循環進行。

三 本書督導倫理案例分析的思考邏輯

本書撰寫十五個涉及督導倫理議題的案例，提出實務問題，澄清問題與困境、思考案例涉及的潛在議題，列出與案例相關的督導倫理守則並對案例作深入分析，提出可能的行動策略及延伸思考議題。筆者整合倫理思

考的內涵與倫理決定模式之步驟，形成本書督導倫理案例分析的思考邏輯。

1. 案例內容：參酌研究過程蒐集之資料與實務經驗，撰寫督導倫理案例內容。本書的督導倫理案例，都混合了數個相關案例的情況、經過編寫而成，案例中相關人物的名字為虛擬，情境非指特定機構，只是作為案例發生情境的脈絡鋪陳。

2. 實務問題：針對案例情境，提出在實務上要怎麼處理的提問。實務問題的第一題，邀請讀者用個人角度思考對案例中主要人物的考量和作為的看法；第二題之後的提問，邀請讀者用案例中特定角色的立場來思考如何處理問題或困境。

3. 案例思考，分成兩個部分：

   (1) 澄清問題或困境：探討案例中主要角色面臨的困境或要面對的問題，撰寫時融入「貼近的覺察」的內涵，也描述主要角色可能出現的情緒感受、動機意圖、兩難……等。

   (2) 思考案例涉及的潛在議題：分析案例可能涉及的重要議題，特別是與督導倫理、專業倫理有關的議題，其內涵為「條理的分析」。

4. 案例分析，分成兩個部分：

   (1) 與本案例有關之倫理守則：本書檢視《督導倫理守則》（草案）、《ACA 倫理守則》、《輔諮學會倫理守則》、《中國心理學會臨床與諮詢心理學工作倫理守則》（簡稱《中國心理學會倫理守則》），詳細列出與案例有關之倫理守則條文。

   (2) 綜合討論：針對與案例有關之倫理守則條文進行彙整討論，分析案例涉及的重要倫理議題，並針對案例中重要潛在議題、主要角色的考量與作為做進一步的分析討論。其內涵為「條理的分析」。

5. 可能的行動策略，分成兩個部分：

   (1) 案例發生當下可能之行動策略：依據案例思考與案例分析，列出在案例發生當下情境可能採行的各種行動策略。每一行動策略是否適切，

都要考量行動前後的情境脈絡，行動者的行為意圖與目的，及執行該行動的態度；本書並不提出「怎麼做才正確」的單一建議，提出多元策略的目的是拓展對解決方式的思考。內涵包含「條理的分析」與「敦厚的回應」。

列出可能的行動策略後，提出思考問題：邀請讀者站在案例中特定角色的立場思考「最有可能採取哪些行動策略？」或「最不可能採取哪些行動策略？」更重要的是要說明自己的想法或考量。內涵包含「審慎的決策」與「敦厚的回應」。

(2) 未來遇到類似情境，可以多注意的事項：依據案例內容、案例思考和案例分析，提出未來遇到與案例類似狀況的情境，可以事先多注意的事項，減少問題或困境發生的機會。所提出的行動策略並非解答，也非標準答案，鼓勵讀者透過閱讀案例分析，累積面對督導倫理議題或情境的思考經驗，發展各自面對督導倫理挑戰情境的策略。

6. 延伸思考：這個部分針對案例主軸討論議題之外的議題，或是值得深入思考的議題或向度，提出問題，邀請讀者進行延伸思考，拓展督導倫理議題思考的廣度與深度。

督導倫理案例
與分析

一、督導者的能力

案例①督導訓練：
督導者未接受督導訓練、評估受督者
專業表現與進展、維護案主福祉
——筱清的故事

 案例內容

筱清在碩士班畢業後即考取心理師證照，與幾個機構合作擔任行動心理師的工作。筱清重視自己的專業成長，定期參加各種不同主題的專業進修課程或讀書會，也定期接受督導。工作了三年，筱清想要嘗試不同的工作型態與實務場域，今年二月份通過甄選成為某大專院校學生諮商中心的專任心理師。

該校學生諮商中心的行政業務繁重，個案量多，需要特別照顧的高風險學生數量不少。筱清進入中心服務後時常處於忙碌的狀態，由於與過去的工作型態不同，需要花時間適應。但該校學生諮商中心的工作氛圍很好，同事們彼此幫忙、互相支持，中心主任也很照顧工作團隊的人，筱清雖覺得工作壓力不小，但逐漸適應中，一學期很快就過去了。

該校學生諮商中心招募了兩位實習心理師，於七月初報到，為協助實習心理師提升專業服務品質與促進專業成長，中心為每位實習生安排一位專業督導，這幾年專業督導角色由較為資深的心理師A和B擔任。開學一個多月後，心理師A因為家中突發狀況需要請假兩個月，事出突然時間又很緊急，他急忙商請筱清代理督導者角色。

筱清表示自己實務工作年資尚淺，又尚未受過督導訓練，擔心無法勝任督導者角色；心理師A表示：「你的實務經驗已經足以給實習生許多指引與幫忙，而且擔任督導者也是另一種增進專業成長的機會。你不用太擔

心，只有兩個月，我銷假回來就會繼續擔任實習生的督導，事出突然，我真的很需要你的幫忙。」心理師 A 在筱清剛進入學生諮商中心時，給了許多支持與協助，筱清不好意思不幫忙，於是勉為其難的答應暫代督導者角色。

筱清與實習生丘耘第一次進行督導時，說明自己是暫代督導者角色，過去沒有督導經驗，因此會以丘耘需要的方式進行督導，他詢問丘耘的期待，兩人討論後決定由丘耘主動提問，筱清針對其提問進行說明或分享。

每次討論丘耘都會準備不少問題請教筱清，筱清認真的就這些問題做回答或分享自己的經驗，丘耘則用心的記下筆記。有時候受督者提的問題太多，需要延長督導時間或增加督導次數，對筱清而言增加了一些工作負擔，但筱清認為只要可以幫助受督者，辛苦一點沒有關係，持續熱心的投入在督導工作上。幾週之後，筱清發現某些問題已經討論過，丘耘還是會提出類似的提問，這是怎麼回事？是自己講解得不夠清楚嗎？為了幫助受督者丘耘充分理解，筱清還額外花不少時間找相關資料給受督者閱讀。

丘耘一開始很喜歡這樣的討論方式，他覺得筱清很親切，不像之前的督導要求較多，現在事先不用準備其他提案資料，只要思考提問就可以，省了很多時間與力氣；筱清雖是暫代督導職務，卻很用心，認真的看待與回答自己提出的問題，也很願意分享他的經驗，每次討論都覺得收穫很多。漸漸的丘耘發現令他困惑的現象：許多提問和筱清討論時好像懂了，但回到會談情境卻不知道該怎麼做，有時嘗試使用督導建議的策略結果卻不如預期，有些困境持續發生，總覺得自己的會談有繞圈圈的感覺；筱清找了不少資料給自己閱讀，但實習生活實在很忙碌，常常沒有時間讀這麼多資料，覺得滿對不起督導的。後來發現每次要想問題也很累，問來問去好像一直重複問差不多的問題，很擔心督導者覺得自己不用心、沒有進步。這些困惑在丘耘的心理迴盪著，他擔心讓督導失望，一直沒有提出來和筱清討論。

兩個月後心理師 A 回來工作，也接回督導者的角色，筱清鬆了一口

氣。心理師 A 與丘耘討論過後發現：丘耘接案上的有些狀況在這兩個月幾乎沒有什麼改善或進展，心理師 A 詢問丘耘這兩個月督導進行的情況，丘耘表示自己的問題都有提出來和筱清討論，筱清人很好，會詳細回答自己提出來的問題、會分享經驗，也找資料給自己閱讀，但是討論完後好像有點懂，卻不知道要怎麼運用在實際會談中。

心理師 A 也向筱清詢問督導進行狀況，想知道問題出在哪裡。聽完筱清的敘述，A 困惑的說：「這兩個月你都沒有看過丘耘的提案報告或會談逐字稿嗎？這樣怎麼知道實習生接案的具體狀況呢？」接著提醒筱清：「擔任督導者有責任瞭解實習心理師的真實服務狀況，不能夠完全依照受督者的期待進行督導，我們有維護案主權益的責任……」筱清聽完心理師 A 的敘述，不知如何回應才好……。

 實務問題

1. **對案例中主要角色心理師 A、筱清、丘耘的判斷和作法，你有哪些感受或想法？**

2. **如果你是案例中的筱清：**

(1) 當心理師 A 請你暫代督導者角色，你會如何回應或處理？

(2) 當你發現受督者丘耘的提問太多、重複，你會如何回應或處理？

(3) 面對心理師 A 詢問何以沒有看受督者的提案資料或逐字稿，你會怎麼回應或處理？

請說明你的想法。

3. **如果你是案例中的心理師 A：**

(1) 發現受督者接案上的有些狀況是這兩個月幾乎沒有什麼改善或進展，你會如何處理？

(2) 發現筱清在督導過程主要是回答受督者提問時，會怎麼向筱清表達自己的感受或想法？哪些部分會表達？哪些部分不一定會表達？

　　請說明你的想法。

4. 如果你是案例中的丘耘：

(1) 在督導過程出現困惑、會談出現繞圈圈的現象時，你會採取哪些行動？

(2) 面對原任督導者的評估與回饋——接案上的狀況這兩個月改善或進展非常少，你會怎麼回應或處理？

　　請說明你的想法。

三　案例思考

（一）澄清問題或困境

1. 督導者筱清的困境

(1) 個人專業能力被質疑的不安

　　原任督導者（心理師 A）的表達讓筱清覺得自己似乎有所疏失，沒有維護好案主的權益，而有些自責與懊惱；擔心自己的專業能力、倫理意識被同事質疑，同時可能失去受督者對自己的信任，心生焦慮。

(2) 對原任督導者產生複雜情緒

　　答應代理督導角色是為了幫忙心理師 A，也回報他對自己的支持與協助，現在看來這兩個月受督者的學習停滯，自己不但沒有幫上心理師 A 的忙，好像還留下麻煩讓他處理，心裡有懊惱與抱歉之意。

　　但是當初有表達過自己尚未受過督導訓練，擔心無法勝任督導者角色，是心理師 A 說自己的實務經驗已經足以給實習生指引與幫忙；心理師 A 並沒有提醒要求受督者提供提案報告或會談逐字稿，現在回過頭來質疑自己的作法，感覺既委屈又生氣。

(3) 被要求承接超過能力之角色的挫折與生氣

筱清正在熟悉服務機構的各項工作內容與工作模式，原有的工作壓力就不小，被要求代理督導角色本就是超過能力與負荷的工作，但資深同事（心理師 A）請託，並鼓勵說自己可以做到，於是勉為其難接受挑戰。

代理督導角色前，沒有人告訴自己督導者有哪些責任、要做哪些事情，因此就尊重受督者的期待。代理督導角色期間，努力滿足受督者的學習需求，想辦法回應受督者提出的所有問題，自己還額外增加督導時間，並花時間找資料給受督者閱讀，實際上增加了很多工作負擔。沒想到被質疑未善盡督導者的責任，既挫折又生氣。沒有看受督者的提案資料或是錄音檔就一定會影響到個案福祉，有這麼嚴重嗎？

2. 受督者丘耘的困境

(1) 專業能力沒有進展的困惑、焦慮

原任督導說自己接案上的狀況在這兩個月幾乎沒有什麼改善，頗為擔心；擔心原任督導者認為自己不用心學習，擔心原任督導對自己的觀點與評價，擔心自己的專業表現和實習成績。

同時覺得困惑。自己的問題都有提出來與代理督導筱清討論，筱清很認真的回應與分享，自己也很努力的學習，雖然有繞圈圈的感覺，但依然覺得是有些學習與進展的，原任督導說自己沒有改善，是自己不夠用功，或是能力不足？感覺很困惑，也很不安。

(2) 讓代理督導筱清為難的歉疚

筱清雖是代理督導，但他真的很用心回應自己的提問，慷慨分享他的實務經驗，還會提供補充的閱讀資料，和代理督導的討論過程真的覺得收穫很多，心裡對筱清頗為感謝。雖然回到會談情境不太知道該怎麼做，覺得可能是自己經驗不夠，不能將理論觀點好好實踐出來，有時會擔心浪費筱清的苦心，覺得很抱歉。

聽說原任督導去詢問筱清這兩個月的督導情形，擔心自己的表現會害代理督導筱清被質疑或責備，擔心會影響兩位督導者的關係，如果真的發生這些情況，對筱清就更抱歉了。同時也擔心筱清是否誤會自己和原任督導者說了什麼，影響日後和兩位督導者的關係。

3. 原任督導者心理師 A 要面對的問題

(1) 對於受督者沒有進展的困惑與擔心

對於「丘耘的接案狀況這兩個月沒有什麼改善」的現象感到訝異與困惑，不知道何以會出現這樣的情況。心裡有些著急，一方面不確定這兩個月丘耘的專業服務有沒有不適切的地方，有沒有影響到案主權益；一方面在思考要怎麼做來幫助受督者丘耘補上這兩個月的進度。

因為個人因素臨時請假，需要找代理督導者。和筱清共事一學期，覺得他工作態度認真，重視專業服務品質，也持續在接受督導，心想他應該瞭解怎麼協助受督者學習，因此委託他代為督導丘耘兩個月。丘耘的接案狀況沒有改善是意料之外的事情，在這個情況下既沒有維護到案主福祉，也沒有維護受督者的權益。職務代理人是自己找的，若出了問題的話，自己也需要負連帶責任，有點擔心會因為他人的疏失受到牽連。

(2) 對於處理代理職務過程的懊惱

找筱清幫忙時他曾經表示為難，自己因為時間緊急做了一些請求和保證，讓筱清勉為其難的答應代理督導者角色。請筱清代理督導者角色，是否不適切？也增加了筱清的負擔，強人所難？

在筱清代理督導角色之前，自己沒有跟他明確說明督導者要做的事情、督導方式和要注意的事項，在交接上自己似乎做得不夠，現在質疑筱清的作法也不厚道。擔心這一次的事情會影響日後和筱清的關係。

（二）思考案例涉及的潛在議題

1. 安排代理督導角色人選過於匆促

本案例中的筱清尚未接受督導知能培訓，尚未取得督導認證，用比較嚴謹的角度思考，筱清並不適合擔任督導者。本案例需要安排代理督導者的情境是一個突發狀況，機構要安排代理督導人選可能有人力調度困難或有人力不足的問題。

本案例代理督導的期間只有兩個月，機構安排代理督導人選時的考慮較多是是否有人可以臨時代理，較少考量這個人是否適合代理督導一職。從案例敘述來看，筱清尚未接受督導培訓，沒有擔任督導者的經驗，代理督導期間也無法去進修督導知能課程；同時筱清剛到機構一學期，正在熟悉工作內涵與工作型態，本身的工作壓力已大。筱清在專業能力、時間、心力上是否能夠負荷督導角色一職，機構必須審慎考量。

2. 代理督導角色的事先準備不足

如果考量各種因素之後仍是需要請筱清代理督導角色，必須幫助筱清預作準備，本案例在這個部分做得較不足夠。

依據案例敘述，原任督導者（心理師 A）商請筱清代理督導角色時，傾向於說服筱清接受委託，並未讓筱清具體瞭解督導實習生需要留意的原則與事項，從案例敘述來看不確定是否有交接程序；機構主管知道筱清並未受過督導訓練，臨危授命擔任代理督導一職，亦有責任協助筱清做必要準備，或於筱清代理督導期間瞭解與關心其困難，提供必要協助。

筱清在承諾代理督導角色之前，瞭解自己的專業能力限制也擔心無法勝任督導角色，對自己的能力與限制可以務實評估與面對。但既然選擇接受請託擔任代理督導角色，還是需要主動瞭解督導者角色應盡的責任與義務及督導實習生需要注意的事項。依據案例敘述，筱清進入督導關係前並未對督導任務做進一步瞭解，在督導過程遇到受督者提問重複、受督者的

接案有繞圈圈現象時,似乎也沒有主動諮詢機構內有經驗的同事或主管。

3. 受督者權益和案主權益受到影響

代理督導的人選沒有具備擔任督導者所需的知能與經驗,又沒有做必要的準備,督導過程的介入無法有效協助受督者提升專業知能與提升服務品質,同時影響受督者的權益與案主的權益。

4. 受督者未讓代理督導瞭解自己的困惑與困難

受督者丘耘在督導過程出現困惑與困難:督導討論過程理解到的概念不知道要怎麼實際運用在會談中,運用督導建議的策略結果不如預期,感覺到會談繞圈圈……,丘耘擔心督導者筱清對自己的評價或觀點,選擇沒有表達自己的困惑、困難。

受督者不表達自己的困惑或困難,督導者可能就會持續使用原先的方式進行督導,要花更多的時間來嘗試與觀察,才會瞭解受督者的狀況,可能會錯過重要的提醒時機。

四 案例分析

(一)與本案例有關之倫理守則

1.《督導倫理守則》(草案)

倫理議題	基本原則	實務指引
督導者的能力	1.1 接受專業訓練:擔任督導者應參與督導相關訓練、進修督導相關知能。	1.1 接受專業訓練: 1.1.1 督導訓練內容包括:督導理論與模式、督導方法與技巧、督導關係與過程、專業倫理與督導實習等。 1.1.2 督導者需於擔任督導前接受督導相關訓練,若因職責所需,未能在擔任督導前接受訓練,則在擔任督導者的過程中需參與督導相關訓練,進修督導相關知能。

倫理議題	基本原則	實務指引
督導者的能力	1.2 專業知能：督導者對於所督導的議題應具備相關知能。	1.2 專業知能： 1.2.1 督導者督導的議題／內容與方式不宜超過督導者本身所受的訓練及能勝任的程度。
	1.6 覺察與反思： 1.6.1 督導者在督導過程中應具備自我覺察與反思的能力。 1.6.2 督導者應該覺察自身能力與經驗的限制，督導過程遇到不熟悉的議題，督導者必須尋求專業諮詢。	1.6 覺察與反思： 1.6.1 督導者需對督導角色的責任義務、自身能力的限制、督導關係的內涵與變化、督導介入的成效與品質，以及評量受督者之態度與歷程等具備覺察與反思能力。
督導者的責任	2.1 提升受督者服務品質：督導者負有維護案主福祉與權益之責，應協助受督者提升其專業服務表現。	2.1 提升受督者服務品質：督導者需同時兼顧案主福祉與受督者權益，若兩者無法同時兼顧時，則以案主福祉為優先考量。
	2.2 評估受督者專業準備度：督導者應瞭解受督者的知能與經驗，評估受督者提供的專業服務與其專業訓練與專業能力是否相符。	2.2 評估受督者專業準備度： 2.2.1 督導者宜協助受督者獲得其實務工作所需的專業訓練，提升其專業準備度。 2.2.2 督導者宜提醒機構，讓受督者提供與其專業能力相符的專業服務，或是給予受督者必要的專業訓練。
	2.3 維護受督者權益： 2.3.1 督導者應維護受督者的知情同意權、受益權及隱私權，並告知受督者保密的範圍與限制。	2.3 維護受督者權益： 2.3.5 為維護督導品質，使受督者可以得到合理的協助與回饋，督導者宜考量個人的時間、心力及能夠投入的程度，評估督導者所能負荷之合宜督導時數及人數。
	2.4 協助受督者學習： 2.4.1 討論督導進行方式：督導者應與受督者一起討論學習目標和督導進行方式，並讓受督者有機會表達對評量方式的意見。	2.4 協助受督者學習： 2.4.2 督導者需定期與受督者討論其學習目標達成的程度。

倫理議題	基本原則	實務指引
	2.4.2 協助學習與評估進展：督導者應依據與受督者共同訂定的學習目標，協助受督者朝向其目標前進，並持續評估他們的進展。	
	2.6 給予受督者回饋：督導者應在督導過程針對受督者的專業表現給予適切的回饋。	2.6 給予受督者回饋： 2.6.1 督導者的回饋內容需包含受督者在專業表現的進展及不足。 2.6.3 督導者回饋受督者在專業表現的不足，提醒受督者改進的方向。
督導關係的建立與終止	3.1 進行知情同意程序：在督導關係開始前，督導者應讓受督者清楚瞭解督導者的專業背景、期待、評量標準與方式，以及受督者的權利與義務。	3.1 進行知情同意程序： 3.1.1 需要告知受督者的內容：督導者的專業背景與經驗、督導者的理論取向與督導模式，對受督者專業能力、修習課程以及所需經驗的要求，對受督者參與督導的期待、評量標準及方式，受督者在督導過程的權利與義務及保密範圍和限制等。 3.1.3 建立與終止督導關係的權利：督導者讓受督者瞭解督導者與受督者皆可以針對督導關係的建立、維持與終止議題提出討論。 3.1.4 瞭解受督者的期待：機構進行督導關係配對時，宜先瞭解受督者的期待，在機構條件允許的範圍內，讓受督者有表達意見或選擇督導者的空間。
	3.3 審慎處理多重關係： 3.3.2 當督導者知悉受督者同時接受其他心理師督導時，應與受督者一起審慎評估與討論彼此的關係和權責，並採取必要的措施維護案主及受督者的權益與福祉。	

2. 《ACA 倫理守則》

倫理議題	ACA 倫理守則
F.1.諮商督導與案主福祉	F.1.a. 案主福祉： 諮商督導者的主要職責是監管受督者所提供的服務。諮商督導者監管案主福祉以及受督者的表現與專業發展。為履行這些職責，督導者會定期與受督者見面，回顧受督者的工作，以及幫助他們做好為不同案主服務的準備。受督者有責任理解並遵守 ACA 的倫理守則。
F.2.諮商督導的能力	F.2.a. 督導準備： 在提供督導服務之前，諮商師要接受督導方法與技巧方面的培訓。提供督導服務的諮商師定期進行繼續教育活動，包括諮商及督導主題與技巧。
F.4.督導的職責	F.4.a. 督導的知情同意： 督導者有責任向受督者說明督導的原則和參與方式。督導者告知受督者應遵守的政策和程序，以及就個別督導者的行動提出正當申訴的機制。使用遠距督導的獨特問題，必要時應包含在文件中。
F.5.學生和受督者的責任	F.5.a. 倫理責任： 學生和受督者有責任理解和遵守 ACA 倫理守則。學生和受督者對案主負與專業諮商師同樣的義務。
F.6.諮商督導的評估、補救與背書	F.6.a. 評估： 在整個督導關係中，督導紀錄並持續提供受督者有關其表現的回饋，也安排定期的正式評估會議。

3. 《輔諮學會倫理守則》

倫理議題	輔諮學會倫理守則
7.1.專業倫理知能	從事諮商師教育、訓練或督導之諮商師，應熟悉與本職相關的專業倫理，並提醒學生及被督導者應負的專業倫理責任。
7.4.督導實習	督導學生實習時，督導者應具備督導的資格，善盡督導的責任，使被督導者獲得充分的實務準備訓練和經驗。

4. 《中國心理學會倫理守則》

倫理議題	中國心理學會倫理守則
6 教學、培訓和督導	6.3 從事教學、培訓和督導工作的心理師應基於其教育訓練、被督導經驗、專業認證及適當的專業經驗，在勝任力範圍內開展相關工作，且有義務不斷加強自己的專業能力和倫理意識。督導者在督導過程中遇到困難，也應主動尋求專業督導。 6.5 從事教學、培訓工作的心理師應採取適當措施設置和計劃課程，確保教學及培訓能夠提供適當的知識和實踐訓練，達到教學或培訓目標。 6.8 擔任督導任務的心理師應向被督導者說明督導目的、過程、評估方式及標準，告知督導過程中可能出現的緊急情況，中斷、終止督導關係的處理方法。心理師應定期評估被督導者的專業表現，並在訓練方案中提供反饋，以保障專業服務水準。考評時，心理師應實事求是，誠實、公平、公正地給出評估意見。

（二）綜合討論

綜合《督導倫理守則》（草案）、《ACA 倫理守則》、《輔諮學會倫理守則》及《中國心理學會倫理守則》之內涵，本案例涉及幾個倫理議題：

1. 督導者的能力與限制

(1) 督導前的準備：提供督導服務之前，諮商心理師要接受督導方法與技巧方面的培訓，應熟悉與諮商工作、督導工作相關的專業倫理，並提醒受督者應負的專業倫理責任。

(2) 督導者的資格：督導者應基於其教育訓練、被督導經驗、專業認證及適當的專業經驗，在能力勝任範圍內開展督導工作。

(3) 持續進修：督導者若因職責所需，未能在擔任督導前接受訓練，則需在擔任督導者的過程中進修督導相關知能；也必須持續進修與督導內容有

關的諮商議題與技巧。

(4) 覺察督導能力限制：督導者需覺察督導關係的內涵與變化、督導介入的成效與品質，並能夠覺察自身能力的限制。

(5) 尋求專業諮詢：督導過程遇到不熟悉的議題或遇到困難，督導者必須主動尋求專業諮詢。

2. 督導者的責任

(1) 評估受督者專業準備度：督導者要瞭解受督者的知能與經驗，評估受督者提供的專業服務與其專業訓練、專業能力是否相符，協助受督者獲得其實務工作所需的專業訓練，提升其專業準備度。

(2) 協助受督者學習：督導者與受督者應一起討論學習目標和達到目標的方式，採取適當的督導介入與教育規劃，確保可以培養受督者提供專業服務所需的知識、技能、實務準備訓練，達到培訓目標。

(3) 評估受督者的學習進展：督導者依據與受督者共同訂定的學習目標，持續評估他們的進展情況，協助受督者朝向其目標前進。

(4) 給予受督者回饋：督導者應在督導過程針對受督者的專業表現給予適切的回饋，讓受督者瞭解自己有哪些進展，也讓受督者知道需要做哪些改進及可以如何改進。

(5) 維護案主福祉：督導者的重要責任之一是瞭解受督者的實際服務表現，以維護案主福祉。因此督導者需要定期檢視受督者的個案紀錄，或進行臨床上的實際觀察。

(6) 維護受督者權益：為維護督導品質，使受督者可以得到合理的協助與回饋，督導者宜考量個人的時間、心力及能夠投入的程度，評估督導者所能負荷之合宜督導時數及人數。

3. 督導關係的建立與轉換

(1) 督導關係建立：在督導關係開始前，督導者應讓受督者清楚瞭解督導者

的專業背景、督導關係界定、對受督者參與督導的期待、評量標準與方式，以及受督者的權利與義務。

(2) 督導關係轉換：受督者同時要與原任督導者和代理督導者建立關係，原任督導者應與受督者一起審慎評估與討論彼此的關係和權責，並採取必要的措施維護案主及受督者的權益與福祉。

4. 受督者的倫理責任

實習生和受督者有責任理解和遵守與個人工作有關的專業倫理守則。實習生對案主負有與執業心理師相同的倫理責任。

案例中的心理師Ａ回來工作並接回督導者角色後，觀察到丘耘在接案上有些狀況並未改善，擔心影響到案主權益，此關注有其必要性；本案例需要找代理督導者乃突發狀況，一時之間無法找到合格督導者也是實務工作中真實的困境。

心理師Ａ在尋找代理督導者和交接督導工作時，可以考量和處理得更周全些，以維護受督者和案主的權益。首先，需要考量筱清未具備督導知能與經驗及原有的工作負荷，審慎思考是否有其他更合適的代理者；其次，若確實需要請筱清代理督導角色，則需做好交接工作，包括：協助筱清做些督導角色的預備，主動提醒筱清督導實習生需注意事項，協助筱清和受督者丘耘建立督導關係和建構督導進行的方式……等。

心理師Ａ接回督導角色後，認為「受督者丘耘接案上的有些狀況在這兩個月幾乎沒有什麼改善或進展」，這牽涉到評量標準與回饋的議題。需要審慎考量與處理的事項包括：心理師Ａ依據哪些標準來評估受督者是否有改善，受督者是否瞭解評量標準，丘耘是否知道自己需要改善的地方，筱清是否知道要針對受督者的哪些能力予以協助……等。

案例中的代理督導者筱清，在受請託擔任督導角色時，覺察到與表達過自己在督導能力與經驗的限制，但礙於辦公室同事的人情，要堅持不同

意代理督導角色確實為難。筱清既然承諾代理督導角色，若能於事先作些準備（如：閱讀相關文獻、請教心理師 A、請教機構主管），於督導過程遇到困惑或困難時主動諮詢，可以提升督導效能。

筱清尊重受督者的期待，盡心回應受督者的提問，可以看到他對督導角色的看重。筱清需要補強的是評估受督者的專業準備度，協助受督者提升專業服務所需的知能，依據受督者的學習目標調整督導進行方式。

案例中的受督者丘耘，督導討論前做好提問準備，討論過程認真聆聽與筆記，具備良好的學習態度；不知道要怎麼將知識概念運用到實務工作中，是多數實習生會遇見的狀況。丘耘需要意識自己對案主的倫理責任，發現自己的接案情況難以進展時，主動提出來讓督導者知道，一起討論，提早做必要的調整或改善。

五 可能的行動策略

（一）案例發生當下可能之行動策略

以下列出在案例發生當下情境可能採用的各種行動策略，每一行動策略是否適切，要考量行動前後的情境脈絡，行動者的行為意圖、目的，以及執行該行動的態度。

1. 督導者筱清

(1) 聽完心理師 A 的意見，不做任何回應。

(2) 聽完心理師 A 的意見，說明自己的作法的考量。

(3) 聽完心理師 A 的意見，表達自己在事件過程中的感受、情緒與困難。

(4) 聽完心理師 A 的意見，謝謝他的意見與提醒，會作為日後擔任督導時的參考。

(5) 聽完心理師 A 的意見，適度表達自己在事件過程中的感受、為難，及後來的考量；也謝謝他提供意見，可以作為日後擔任督導時的參考。

(6) 聽完心理師 A 的意見，詢問心理師如何評估受督者能力是否改善，以及有哪些方法可以促進受督者學習。

(7) 聽完心理師 A 的意見，詢問丘耘接案的狀態，案主受到影響的程度。

(8) 聽完心理師 A 的意見，詢問自己是否需要做哪些補救措施，或提供哪些協助。

(9) 聽完心理師的意見，詢問丘耘是怎麼說的。

(10) 聽完心理師的意見，去詢問丘耘怎麼回事，是否需要自己提供哪些協助。

2. 原任督導者心理師 A

(1) 瞭解筱清在代理督導角色過程的作法，表達自己對丘耘的觀察、對督導者責任的意見。

(2) 瞭解筱清在代理督導角色過程的作法與考量，和筱清一起討論對丘耘的觀察，提出對督導者責任的觀點。

(3) 瞭解筱清在代理督導角色過程的作法與考量，表達自己對丘耘的觀察，和筱清一起討論後續可以怎麼幫助丘耘。

(4) 謝謝筱清的幫忙，聆聽與瞭解筱清在代理督導角色過程的作法與考量，表達自己對督導者責任的意見。

(5) 謝謝筱清的幫忙，聆聽與瞭解筱清在代理督導角色過程的作法與考量；與筱清討論自己對丘耘的觀察，一起討論可能的影響因素，可以怎麼協助丘耘。

(6) 謝謝筱清的幫忙，說明詢問筱清與受督者的督導情況是想釐清發生什麼事情，思考後續怎麼協助丘耘，並非咎責；視情況分享自己對於督導者責任的看法。

(7) 與筱清討論過後，和丘耘一起檢視接案情形，可以怎麼改善對案主的服務。

(8) 留意督導關係的變化，持續與受督者核對、釐清、討論。

3. 受督者丘耘

(1) 說明自己的問題有提出來與代理督導筱清討論後，等候原任督導者提出後續處理的意見。

(2) 聽完原任督導者的回饋，主動請教督導：自己可以做些什麼來改進。

(3) 聽完原任督導者的回饋，先思考可以怎麼做以提升自己的專業學習。

(4) 聽完原任督導者的回饋，與實習課程教師討論，思考後續可以怎麼做。

(5) 與原任督導者討論結束，找筱清討論後續要怎麼做。

如果你是案例中的筱清、心理師 A、丘耘，
最有可能採取哪些行動策略？最不可能採取哪些行動策略？
請說明你的想法或考量。

（二）未來遇到類似情境，可以多注意的事項

以下提出之行動策略乃依據案例內容以及前述各項討論提出，提供讀者未來遇到類似情境參考，並非標準答案。鼓勵讀者透過閱讀案例與分析，發展各自面對督導倫理挑戰情境的策略。

1. 原任督導者心理師 A

(1) 與機構主管一起討論代理督導角色的人選；若評估筱清的壓力太大或限制較多，考慮是否有其他替代方案（例如請心理師 B 協助用團體督導的方式督導兩位實習生）。

(2) 機構內人員開會討論代理督導角色安排事宜。

(3) 若需要請筱清代理督導角色，詢問筱清需要的協助，請機構內相關人員在代理督導角色期間共同協助筱清。

(4) 交接督導任務時，考量筱清缺乏督導訓練及督導經驗，主動提醒督導實習生時需要留意的原則與事項。

(5) 交接督導任務時，可以將自己的作法做摘要整理，供筱清參考；說明哪些作法期待延續，哪些作法可以調整。

(6) 交接督導任務時，邀請代理督導者筱清、受督者丘耘一起參與。說明對丘耘的評估、丘耘需要持續學習的目標，一起討論督導重點與進行方式。

2. 代理督導者筱清

(1) 承諾代理督導角色之前，審慎評估自己的工作負荷、能力與經驗，是否能承接督導工作。若真的有困難，提出來與心理師 A 或機構主管討論。

(2) 若同意代理督導角色，可先釐清與提出自己可能遇到的困難與需要的協助。

(3) 若同意代理督導角色，可以閱讀督導相關文獻，做些預備。

(4) 若同意代理督導角色，可以先向自己認識的專業同儕請教。

(5) 若同意代理督導角色，主動詢問原任督導者督導實習生時需要留意哪些原則、事項。

(6) 若同意代理督導角色，主動詢問原任督導者是否可以提供其作法作為參考。

(7) 督導進行過程，發現受督者的表現與預期不合或有困惑時，主動諮詢有經驗的同事、同儕。

(8) 定期與受督者討論在督導過程的經驗，評估受督者的學習狀況，共同討論督導進行方式是否需要調整。

3. 受督者丘耘

(1) 經歷前後兩位督導者，若發覺現督導的進行方式未能幫上忙或有困難，宜主動讓督導者瞭解，以共同討論調整方式。

(2) 在督導過程遇到困惑或困難，不知如何處理時，可先向實習課程教師諮詢，怎麼與督導者溝通或討論。

六　延伸思考

1. 本案例中的心理師A因為突發狀況，臨時找未具督導資格的筱清擔任代理督導兩個月，請問：

(1) 你對這樣的作法有何感受或想法？

(2) 你還想到哪些處理方式？

　　請敘述你的思考。

2. 本案例中的心理師A擔心案主權益被影響，跟筱清說「擔任督導者有責任瞭解實習心理師的真實服務狀況，不能夠完全依照受督者的期待進行督導，我們有維護案主權益的責任……」

(1) 你對心理師A的作法有何感受或想法？

(2) 你還想到哪些處理方式？

　　請敘述你的思考。

3. 如果你是案例中的筱清，自知缺少督導能力與經驗，同時面對同事急需幫忙的請求：

(1) 你會考量哪些因素？

(2) 你會怎麼決定？

　　請敘述你的思考。

4. 案例中的筱清為了幫助受督者，不時延長督導時間或增加督導次數，還花不少時間找相關資料給受督者閱讀。

　　對於筱清的作法，你有哪些想法？

　　敘述你的思考。

一、督導者的能力

案例②專業知能：督導者不熟悉受督者服務場域狀況、提供的意見影響受督者的工作與案主福祉
——淑華的故事

 案例內容

　　淑華取得心理師證照超過十年，目前為行動心理師，主要是在各大專院校擔任兼任心理師，專長為生涯探索與發展、人際關係與互動，以及情緒困擾等主題；淑華以支持、溫暖的諮商風格陪伴當事人，許多學生在會談後多表示來談困擾有明顯改善。除了個別諮商與帶領小團體，淑華還有撰寫專欄文章及受邀至各大專院校演講，他的口才與文筆皆相當好，演講生動活潑，文章筆觸貼近大眾生活，不僅受到大專學生的歡迎，也擁有不少粉絲，在諮商輔導領域小有名氣。淑華近三年來也開始擔任督導，主要督導對象為大專院校的兼職或全職實習生。

　　凱奇剛進入某國中擔任輔導教師一年，希望可以將自己的工作做好，幫助學生，但也深感資歷尚淺還有許多需要學習的地方。他任職的國中有提供每月一次的團體督導，邀請外聘心理師帶領輔導團隊成員進行個案研討，凱奇很珍惜這樣的機會，每次都會積極提出疑問請教督導。原來固定合作的督導者因為個人因素請辭督導角色，學期初輔導團隊討論督導人選時，凱奇想起過去就讀研究所時曾聽過幾次淑華的演講，相當欣賞淑華的演講風格與講述觀點，便推薦邀請淑華擔任督導者。輔導主任的輔導資歷不多，頗尊重輔導教師的意見與專業，雖然不認識淑華，還是接受凱奇的推薦，邀請淑華來帶領團體督導。

　　團體督導進行過程，由參與成員提出疑問，督導者或與會者提供個人觀點或經驗分享。有一次凱奇提出一個令他困擾的案例徵求督導者的意

見：受輔學生目前國三，未來想要就讀技職體系學校學一技之長，但家長認為孩子應該要讀普通高中，繼續升學才有前途，學生和家長僵持了一段時間，影響到學生的情緒狀態與學習狀態，經由導師轉介學生到輔導室與凱奇進行會談，學生很希望老師可以幫忙和父母溝通，因此凱奇想要請家長來談，讓家長瞭解學生的想法，家長則認為學校老師應該引導學生瞭解父母的苦心，凱奇有點苦惱，想聽聽淑華的意見。

淑華聽了凱奇的描述後提出自己的思考，學生雖然在家長的意見和自己所想要的未來中左右為難，但這是一個學習的機會，他需要開始學習替自己的決定負責任，並且練習將自己的想法與父母溝通。淑華的意見讓凱奇感到有些為難，但自己資歷尚淺，基於對督導者的尊重與信任，決定採納淑華的意見去做；輔導主任也覺得淑華的意見和自己的經驗有些出入，但自己從事輔導工作的資歷亦不多，傾向尊重外聘督導的意見，因此僅表達：督導者提出的作法有其價值與好處，凱奇還是要盡量嘗試跟家長溝通。

接下來的會談，凱奇和學生的會談聚焦在一起釐清學生想要就讀技職體系的想法，想要就讀的科別、對未來的規劃等，凱奇也指導學生怎麼和父母溝通。某一天放學前，該位學生家長由導師陪同氣沖沖的跑到輔導室來，表達自己的孩子最近變得很奇怪，都不聽家長的話，而且會提出一些歪理來頂嘴，質問學校輔導老師到底對孩子灌輸了什麼偏頗的想法，才讓孩子變成這樣，導師在旁邊試圖安撫家長，也試圖緩頰，便跟凱奇說：「你就跟家長說明到底和孩子談了什麼，免得家長誤會。」

凱奇相當為難，他知道保密議題的重要性，但不適度說明又讓家長誤解；他先安撫家長，告知瞭解狀況後會向家長回報說明。凱奇緊急聯絡了淑華，詢問：「老師，上次提到的案例家長把孩子的溝通看做頂嘴，氣沖沖來到學校想要知道我和學生的會談內容；可以怎麼回應家長？」淑華正在忙，但感受到凱奇的為難與著急，做了簡要回應：「一定要向家長說明保密的重要性，不能洩漏會談內容，這樣會影響學生對輔導老師的信任；

並且要建議讓家長學習相信孩子，給機會讓孩子為自己做決定，……」

 實務問題

1. **對案例中主要角色淑華、凱奇、輔導主任的判斷和作法，你有哪些感受或想法？**

2. **如果你是案例中的凱奇：**

(1) 依照督導者提供的意見與學生進行會談，引發家長、導師的誤解，後續可能會怎麼處理？

(2) 聽到督導者最後的建議，你可能會怎麼回應家長？
請說明你的想法。

3. **如果你是案例中的輔導主任：**

(1) 聽到外聘督導者提供的意見與自己的工作經驗有出入，可能會怎麼回應或處理？

(2) 得知家長到學校抗議後，可能會怎麼處理？
請說明你的想法。

4. **如果你是案例中的淑華：**

(1) 知道受督者依照自己提供的意見處理輔導事宜，引發家長、導師的誤解，可能會採取哪些處理策略？

(2) 聽到受督者的提問：「……案例家長把孩子的溝通看做頂嘴，氣沖沖來到學校想要知道我和學生的會談內容；可以怎麼回應家長？」可能會做哪些回應？
請說明你的想法。

案例思考

（一）澄清問題或困境

1. 受督者凱奇的困境

(1) 督導者提供的意見引發工作上的困難

　　凱奇專業工作年資尚淺，確實需要督導者的專業協助；但依照督導者的建議進行輔導，卻引發輔導工作的困難；包括：引起家長、導師對輔導教師的誤解，影響後續與輔導室的合作意願，也影響受輔學生的福祉。

　　遇到困難後詢問督導者的意見，督導者提供的意見與服務場域的工作方式存在差異，還要依照督導者的意見行事嗎？受督者有所困惑、拉扯、為難。

(2) 個人推薦的督導者造成工作上的困擾

　　淑華是凱奇向輔導主任推薦的督導者，遵照督導者的意見進行輔導工作，引發工作上的困難。一方面困惑自己是否判斷錯誤，一方面擔心造成輔導團隊的困擾；一方面也擔心失去輔導團隊的信任。

2. 督導者淑華要面對的問題

(1) 個人提供的意見引發受督者工作上的困難

　　從受督者的提問發現，個人在督導團體分享的意見，引發受督者工作上的困難。擔心影響受督者在學校的工作進行或後續推展，也擔心影響到受輔學生的權益。

　　同時也存在困惑：自己提供的意見原則上是合理的，何以會出現工作上的困難？受督者是怎麼理解與運用自己的意見？

　　對於受督者目前面對的困難，自己要涉入多少？也擔心自己的觀點又會引發受督者新的困境。

(2) 如何和輔導團隊維持後續督導關係

如果自己提供的意見真的是引發凱奇輔導工作困難的主要原因，那麼凱奇或輔導團隊會怎麼看待自己？擔心凱奇或輔導團隊對自己的專業能力有所質疑，失去信任。這樣的歷程定會對督導關係造成影響，督導者需要面對督導關係的變化、修復等問題。

(3) 事件影響的發酵

若該校輔導團隊對自己的專業能力有所質疑，失去信任，也可能影響個人在專業領域的聲譽。

3. 輔導主任要面對的問題

凱奇對學生的輔導工作引發家長、導師的誤解和質疑，勢必影響校內教師對輔導團隊的評價與信任，甚至也會影響行政長官對輔導處的評價與信任，必須妥善因應。

督導者雖是凱奇推薦的，自己同意聘請便負有責任；參與團體討論時，因為尊重外聘督導者，沒有更明確表達自己的意見，似乎也難辭其咎。

（二）思考案例涉及的潛在議題

1. 督導者對受督者工作場域的文化不理解，影響到受督者的權益以及案主福祉

受督者服務的場域為中學，服務對象為未成年者，校園場域的輔導工作重視系統合作，必須尊重家長的監護權，結合其他教師和家長的力量一起輔導學生，有其場域的獨特文化與工作特性。

督導者在擔任督導工作前需要先瞭解或補充受督者服務場域的相關知識或訊息，進行督導時才能以受督者的情境脈絡需求來進行思考，提出貼近情境脈絡的意見協助受督者學習或面對其實務工作。本案例中，凱奇的

工作場域在國中，除了與受輔學生直接會談之外，非常需要和家長、導師、任課教師等相關人員互動、合作；淑華在督導時聚焦在「諮商師一案主」的關係，以成人心理諮商的思考邏輯提出意見，使得凱奇回到系統中面對其他對象時不知如何應對，影響到凱奇的專業學習與專業工作，也連帶影響到了案主的福祉。

2. 督導者未覺察個人能力與經驗的限制影響督導效能與督導關係

案例中的督導者實務經驗豐富，但他的經驗較多是服務大專院校學生，及督導在大專院校進行全職實習的實習心理師，不確定他在校園諮商輔導與輔導未成年人的實務經驗如何。

督導者要能覺察個人能力與經驗的限制，在接受督導者角色之前評估自己是否具備相當的能力與經驗，或者需要事先作些準備。從案例敘述來看，督導者並未覺察個人能力與經驗可能具有的限制，依據過去的實務經驗來思考受督者提出的問題，提出處遇策略的意見。督導者並未覺察與考量受督者服務場域和服務對象的特性，給予受督者的意見就可能不適用或不適切，受督者接受督導者的意見進行介入卻引發工作上的困難，這樣的結果會影響受督者對督導效能的質疑，也會影響受督者對督導者的信任。

3. 受督者過度依賴外聘督導的意見影響專業判斷

案例中的凱奇、輔導主任，都因為自己從事諮商輔導工作的年資尚淺，相當尊重外聘督導者的意見。

案例中的受督者為專職工作者，需要具備自己的專業判斷，討論過程發現督導者的意見與實務經驗有出入時，也有責任提出來和督導者討論，一來幫助督導者理解實務現場的狀況，一來有機會進一步釐清督導者意見的內涵。凱奇與輔導主任都沒有適時提出自己的困惑，完全依照督導者的意見進行後續處理，影響受輔學生的福祉，也影響輔導團隊與校內相關人員的合作。

四 案例分析

（一）與本案例有關之倫理守則

1. 《督導倫理守則》（草案）

倫理議題	基本原則	實務指引
督導者的能力	1.2 專業知能：督導者對於所督導的議題應具備相關知能。	1.2 專業知能： 1.2.1 督導者督導的議題／內容與方式不宜超過督導者本身所受的訓練及能勝任的程度。 1.2.2 督導者所提供的知識與技巧需要能夠反映當前研究發現、實務需要或社會文化現況。
	1.3 多元文化能力：督導者應具備多元文化的思維與意識，瞭解文化因素對心理諮商／心理治療或督導的影響，以服務不同文化背景的案主及受督者。	1.3 多元文化能力： 1.3.1 督導者需瞭解不同背景因素對心理諮商／心理治療或督導的影響，包含種族、性別、性取向、宗教信仰、社經背景、年紀／世代、……等。 1.3.2 督導者需尊重受督者的多元文化經驗，並引導受督者尊重案主的多元文化經驗。
	1.6 覺察與反思： 1.6.1 督導者在督導過程中應具備自我覺察與反思的能力。 1.6.2 督導者應該覺察自身能力與經驗的限制，督導過程遇到不熟悉的議題，督導者必須尋求專業諮詢。	1.6 覺察與反思： 1.6.1 督導者需對督導角色的責任義務、自身能力的限制、督導關係的內涵與變化、督導介入的成效與品質，以及評量受督者之態度與歷程等具備覺察與反思能力。
督導者的責任	2.1 提升受督者服務品質：督導者負有維護案主福祉與權益之責，應協助受督者提升其專業服務表現。	2.1 提升受督者服務品質：督導者需同時兼顧案主福祉與受督者權益，若兩者無法同時兼顧時，則以案主福祉為優先考量。

倫理議題	基本原則	實務指引
督導者的責任	2.2 評估受督者專業準備度：督導者應瞭解受督者的知能與經驗，評估受督者提供的專業服務與其專業訓練與專業能力是否相符。	2.2 評估受督者專業準備度： 2.2.1 督導者宜協助受督者獲得其實務工作所需的專業訓練，提升其專業準備度。
	2.3 維護受督者權益： 2.3.1 督導者應維護受督者的知情同意權、受益權及隱私權，並告知受督者保密的範圍與限制。	2.3 維護受督者權益： 2.3.2 督導者需理解受督者狀態與專業發展需求，與受督者共同建立安全、信任的督導關係。 2.3.3 督導者需覺察自己與受督者在文化背景、理論取向、價值觀等各方面的差異，並尊重彼此之間的差異。 2.3.4 督導者需理解受督者從事心理諮商／心理治療工作的場域文化與情境脈絡，進行督導時需尊重與貼近受督者的經驗。
	2.4 協助受督者學習： 2.4.2 協助學習與評估進展：督導者應依據與受督者共同訂定的學習目標，協助受督者朝向其目標前進，並持續評估他們的進展。	2.4 協助受督者學習： 2.4.3 督導者需依據受督者的學習目標適時提供受督者多元化的理論知識與實務技巧。
	2.7 危機處理：當案主出現危機或觸法情事，督導者應提醒受督者進行必要的預警、通報或處遇。	2.7 危機處理： 2.7.1 受督者在危機評估與處理過程，督導者需提醒受督者瞭解機構的資源跟政策，將個案情況與機構內人員討論。
維護案主福祉	5.2 知情同意與保密： 5.2.2 督導者應提醒受督者維護案主的各項權益；受督者必須告知案主保密限制、個案紀錄的保存、取得與運用方式、運用權限。	

2. 《ACA 倫理守則》

倫理議題	ACA 倫理守則
F.2.諮商督導的能力	F.2.a.督導準備： 在提供督導服務之前，諮商師要接受督導方法與技巧方面的培訓。提供督導服務的諮商師定期進行繼續教育活動，包括諮商及督導主題與技巧。 F.2.b.督導中的多元文化議題／多樣性： 諮商督導必須正視多元文化的角色對於諮商督導關係的影響，並於督導關係中覺察與扮演接納多元文化的角色。

3. 《輔諮學會倫理守則》

倫理議題	輔諮學會倫理守則
7.5.連帶責任	從事諮商師教育與督導者，應確實瞭解並評估學生的專業能力，是否能勝任諮商專業工作。若因教學或督導之疏失而發生有受督導者不稱職或傷害當事人福祉之情事，諮商師教育與督導者應負連帶的倫理責任。

4. 《中國心理學會倫理守則》

倫理議題	中國心理學會倫理守則
6 教學、培訓和督導	6.3 從事教學、培訓和督導工作的心理師應基於其教育訓練、被督導經驗、專業認證及適當的專業經驗，在勝任力範圍內開展相關工作，且有義務不斷加強自己的專業能力和倫理意識。督導者在督導過程中遇到困難，也應主動尋求專業督導。 6.4 從事教學、培訓和督導工作的心理師應熟練掌握專業倫理規範，並提醒學生、被培訓者或被督導者遵守倫理規範和承擔專業倫理責任。 6.13 承擔教學、培訓或督導任務的心理師對學生、被培訓者或被督導者在心理諮詢或治療中違反倫理的情形應保持敏感，若發現此類情形應與他們認真討論，並為保護尋求專業服務者的福祉及時處理；對情節嚴重者，心理師有責任向本學會臨床心理學註冊工作委員會倫理工作組或其他適合的權威機構舉報。

（二）綜合討論

綜合《督導倫理守則》（草案）、《ACA倫理守則》、《輔諮學會倫理守則》及《中國心理學會倫理守則》之內涵，本案例涉及幾個倫理議題：

1. 督導者的能力

(1) 督導者應具備多元文化的思維與意識，瞭解文化與情境因素對諮商與督導的影響。

(2) 督導者提供的知識與技巧需要能夠回應受督者實務工作的需要；督導者督導的議題不宜超過督導者本身所受的訓練、實務經驗及能勝任的程度。

(3) 督導者需對自身能力的限制、督導關係的內涵與變化、督導介入的成效與品質等具備覺察與反思能力。

(4) 督導者覺察到自身能力的限制，督導過程遇到不熟悉的議題，必須尋求專業諮詢。

2. 督導者的責任

(1) 督導者負有維護案主福祉與權益之責，應協助受督者提升其專業服務表現。

(2) 督導者宜協助受督者獲得其實務工作所需的專業訓練，提升其專業準備度。

(3) 督導者需理解受督者狀態與專業發展需求；督導者需覺察自己與受督者理論取向、價值觀等各方面的差異，尊重彼此之間的差異；督導者需理解受督者從事助人工作的場域文化與情境脈絡，進行督導時需尊重與貼近受督者的經驗。

(4) 督導者應依據受督者的學習目標，協助受督者朝向其目標前進，並持續評估他們的進展。

(5) 從事教學、培訓和督導工作的心理師應熟練掌握專業倫理規範,並提醒學生、被培訓者或被督導者遵守倫理規範和承擔專業倫理責任。

3. 維護案主福祉

(1) 督導者應提醒受督者維護案主的各項權益;受督者必須告知案主保密限制、個案紀錄的保存、取得與運用方式、運用權限。

(2) 承擔教學、培訓或督導任務的心理師對學生、被培訓者或受督者在心理諮詢或治療中違反倫理的情形應保持敏感,若發現此類情形應與他們認真討論,並為保護尋求專業服務者的福祉及時處理。

依據案例敘述,督導者淑華對許多接受個別諮商服務的學生提供實質的幫助,提供多元形式的心理健康服務,得到不少好評,可見他具有一定程度的專業知能;從他與受督者凱奇的互動,可以看出他對於個體發展有其價值信念並且會明確表達;他也注意到保密倫理議題,提醒受督者維護學生的隱私權。

本案例呈現的重要議題是督導者對受督者的服務場域不是很熟悉,淑華若要擔任凱奇的督導者,在以下幾個向度可以做更周延的考量與處理:

(1) 督導者淑華雖是具有實務經驗的心理師,但對於受督者服務的中學場域可能並不熟悉,督導者若能更敏感與重視情境文化對諮商和督導的影響,增進對受督者服務場域工作方式、服務對象發展階段及遭遇的議題的瞭解,督導者可以減少用自己熟悉的工作模式套入不同的實務場域,較不會引發受督者工作上的困難。

(2) 督導者若抱持更為開放的態度與受督者進行討論,提供意見之後預留討論空間,從受督者的討論與回饋可以提早覺察個人觀點與實務場域之間的可能差異。

(3) 督導者若能觀察受督者或督導團體成員的反應,藉由評估督導介入成效,即時討論做必要的調整;多邀請參與督導團體的其他成員分享經驗

或看法，促進輔導團隊一起評估、討論、形成行動策略。

(4) 若能敏感到情境文化對諮商工作的影響，對於受督者提問的背景脈絡做更多的瞭解，較能掌握受督者遇到的困難需考慮的面向，不會受限在提問的字面上的意思，提供較為周延的思考與意見。

(5) 督導者若能及早覺察自己實務經驗或專業知能上的限制，向具有相關知能與經驗者進行諮詢，或是更仔細觀察團體成員的反應，持續評估與調整，可以提升督導效能與品質。

依據案例敘述，案例中的受督者凱奇對於自己的工作具有責任感，坦誠面對自己年資尚淺的限制，藉由參與督導持續增進專業知能；凱奇很願意面對與提出自己的困難與督導者討論，亦可見其在專業學習上有良好態度。從案例敘述來看，凱奇在以下幾個向度可以做些調整，以提升輔導成效：(1) 不宜過於單一依賴外聘督導者的意見，需要多與輔導團隊成員一起討論；(2) 尊重外聘督導者的意見，也要能形成自己的專業判斷；(3) 學習與調整提問的表達方式，增進督導者對於提問之背景脈絡的瞭解。

案例中的輔導主任，尊重工作團隊的輔導教師之意見與需要，由輔導教師決定邀請可以提供協助的外聘督導，輔導主任亦尊重外聘督導者的意見，其初心是善意的。但輔導主任負有行政監督之責，比較瞭解校內輔導工作的運作模式及老師、家長的期待或擔憂，若發現督導者提供的意見與實務經驗差異過大，仍然需要與凱奇進行討論，發展出比較適切的處理策略。凱奇的輔導介入方式會影響到受輔學生的權益，也會影響到家長與校內教師對輔導團隊的信任，影響層面甚廣，輔導主任不宜完全讓工作年資尚淺的輔導教師自行決定或承擔。

五 可能的行動策略

（一）案例發生當下可能之行動策略

　　以下列出在案例發生當下情境可能採用的各種行動策略，每一行動策略是否適切，要考量行動前後的情境脈絡，行動者的行為意圖、目的，以及執行該行動的態度。

1. **受督者凱奇**

(1) 接受督導者的意見來回應家長。

(2) 和輔導主任或其他輔導老師討論怎麼回應家長的要求。

(3) 和受輔學生討論，瞭解學生和家長溝通的情況，再思考怎麼回應家長。

(4) 和受輔學生討論，瞭解學生和家長溝通的情況，和學生一起討論怎麼回應家長。

(5) 和受輔學生討論後，讓輔導主任或其他輔導老師瞭解學生和家長溝通的狀況，一起討論如何回應家長。

(6) 和輔導主任或其他輔導老師討論後續的輔導策略與介入方向。

2. **督導者淑華**

(1) 直接提出自己的意見（如案例所述）。

(2) 告訴受督者目前正在忙，未能妥善思考，另約時間討論。

(3) 告訴受督者目前正在忙，未能妥善思考，另約時間討論；同時找熟悉中學場域的專業同儕進行諮詢。

(4) 徵詢受督者同意，找熟悉中學場域的專業同儕進行諮詢後和受督者討論。

(5) 和受督者一起討論，目前的困境為何，有哪些方式可以因應。

(6) 和受督者、輔導團隊一起討論，目前的困境為何，有哪些方式可以因應。

3. 輔導主任

(1) 讓凱奇自行思考與處理。

(2) 安撫受督者，由主任向家長、導師溝通說明。

(3) 主任和凱奇一起討論，可以怎麼回應家長。

(4) 主任和凱奇一起討論，後續有哪些事情需要處理，處理原則與優先順序。

(5) 主任邀請輔導團隊成員一起討論，後續有哪些事情需要處理，處理原則與優先順序。

(6) 請受督者告知督導者輔導團隊討論的結果。

如果你是案例中的受督者凱奇、督導者淑華、輔導主任，
最有可能採取哪些行動策略？最不可能採取哪些行動策略？
請說明你的想法或考量。

（二）未來遇到類似情境，可以多注意的事項

　　以下提出之行動策略乃依據案例內容以及前述各項討論提出，提供讀者未來遇到類似情境參考，並非標準答案。鼓勵讀者透過閱讀案例與分析，發展各自面對督導倫理挑戰情境的策略。

1. 督導者淑華

(1) 接到督導邀約，多瞭解：邀約機構／邀約者對督導的期待，邀約機構／邀約者的服務對象與議題，邀約機構／邀約者常遇見的困難……等訊息。

(2) 敏感實務場域之間的差異，敏感於個人經驗的限制；評估自己的能力與經驗，是否可以勝任該督導角色。

(3) 與邀約機構／邀約者討論自己在哪些對象或議題累積較多專業能力與經驗，可能的限制，以及可以合作的方式。

(4) 若決定擔任督導角色，做些事先準備，如：蒐集相關資料，或諮詢具相關能力與經驗的督導者。

(5) 對自己能力、經驗的可能限制保持敏感，提出意見後多與受督者討論，或聆聽其他成員的觀點，以檢視個人觀點的適切性，若發現潛在問題，隨時調整。

2. 受督者凱奇

(1) 邀請督導者之前，澄清個人在工作中常遇見的困難，及希望從督導討論過程獲得的協助。

(2) 邀請督導者時，說明工作場域常遇見的困難或挑戰、需要與督導者討論的議題、希望得到的協助等訊息，幫助督導者瞭解自己與團隊夥伴的督導需要。

(3) 若發現督導者提供的意見與工作經驗差異較大，需嘗試提出討論。

(4) 不宜過於依賴督導的單一意見，需同時參考輔導團隊成員的經驗與意見。

(5) 受督者的提問往往會影響督導者的理解與回應，可觀察學習其他輔導教師與督導者互動的方式。

六 延伸思考

1. 在本案例中，凱奇與輔導主任都因為自己從事輔導專業工作的資歷尚淺，抱持著尊重外聘督導者的態度，以致於沒有和督導者討論其觀點與實務經驗的落差。

(1) 你對於輔導主任和凱奇的作法，有何看法？

(2) 可以用哪些方法和督導者討論其觀點與實務經驗的落差？

請敘述你的思考。

2. 本案例中的督導者淑華似乎沒有覺察到個人經驗與專業能力的限制。

(1) 哪些因素、哪些行動可以增進對個人經驗與專業能力限制的覺察力？

(2) 哪些因素可能讓個人的覺察力下降？

請敘述你的思考。

3. 聘請督導時：

(1) 你會考量哪些因素？

(2) 你會溝通或說明哪些事情？

請敘述你的思考。

一、督導者的能力

案例③線上督導：督導者的能力、督導者的責任、維護案主隱私
——佑平的故事

 案例內容

　　佑平為心理師，在大學的相關科系任教，從事諮商實務工作逾三十年，擔任諮商督導工作也近二十年，一向以來他進行諮商或督導時，都是用面對面的方式進行。近幾年，愈來愈多人運用電腦的視訊軟體或通訊軟體進行線上督導，也有不少住在不同城市的人與佑平聯繫，希望透過線上督導的方式與他進行討論，看著時代脈動的變化與實務工作者的需要，佑平開始考慮採用線上督導的工作方式。

　　安泊為資深的中學輔導教師，具有諮商心理師證照。他看重自己的工作角色，認真投入，但時常感覺到專業知能不足需要持續學習，因此在時間允許的狀況下盡量參與專業訓練課程，厚實自己的理論與知識基礎。這幾年隨著年資增加，他發現一般的訓練課程不太能夠符合他的需要，安泊希望可以找個有經驗的督導者，針對他在實務上遇見的議題進行比較深入的討論。安泊聽過專業同儕對佑平的推薦，自己也在專業研討會和研習上聽過佑平的講課，很希望可以找佑平擔任自己的督導。

　　在一次專業研討會上安泊遇見佑平，他便把握機會表達想要請佑平擔任督導，兩人利用研討會的休息時間做了初步討論，都有意願建立督導關係一起研討實務議題；但是他們住在不同的城市，有交通和地點的問題需要克服，安泊提議是否可以運用通訊軟體進行線上督導。佑平誠實表示自己並沒有線上督導的經驗，對於怎麼運用通訊軟體也不熟悉，安泊說自己也不熟悉，但可以請教他人，佑平表示考慮幾天再做回覆。

　　佑平對電腦、視訊軟體、通訊軟體等所知有限，時常需要兒子女兒教他如何使用，他問了兒子使用通訊軟體進行線上督導的可能性，兒子告訴他這很容易，會幫他處理，不用擔心。經由兒子的協助，在其電腦上下載了通訊軟體、註冊了帳號，為了不增加佑平使用上的困難，兒子直接將該帳號設定為電腦啟動即自動登入，並且告訴他使用完後直接將程式關閉即可，佑平相當高興，覺得使用電腦通訊軟體沒有想像中困難，而且非常方便，因此佑平同意與安泊進行線上督導。

　　佑平和安泊開始進行線上的視訊督導，前兩次都順利進行，第三次督導討論到一半，通話斷斷續續聽不清楚，佑平中途請兒子進來書房協助處理，兒子告訴他網路不穩或收訊不佳時可以用文字訊息進行討論，並在現場教他使用，一會兒才離去；因為不熟悉通訊軟體的各項功能，後續的督導過程，佑平又請兒子協助處理了一、兩次。佑平和安泊漸漸熟悉通訊軟體的使用，督導進行愈來愈順利，安泊曾經表示督導過程的文字訊息有助於事後的整理與反思，佑平也覺得電腦科技真的提供了很大的便利性，並沒有想像的困難，他們使用通訊軟體進行線上督導持續了半年，兩人都覺得頗為滿意。

　　有一天安泊急忙的與佑平聯繫，詢問有個緊急狀況該如何處理。事情經過為：安泊與佑平的督導時間是在週間的某個晚上，安泊在家中使用筆記型電腦與佑平視訊討論；上週筆記型電腦故障，安泊便送去住家附近的電腦店家修理。電腦店家的老闆為家長，他的女兒也在安泊任教的中學就讀，因此很熱心的跟安泊說：「老師，我會盡快修好，不用擔心。」昨天安泊去取回電腦時，店家老闆說：「老師，你的電腦修好了，你用用看，如果還有問題再來找我。」停了一會兒接著說：「老師，你平常工作很辛苦呢，要處理那麼多學生的事情，我看那些學生的事情好像真的很複雜，你都怎麼輔導他們啊？我女兒不知道有沒有去接受輔導？」當下安泊意識到店家老闆可能看到了通訊軟體中傳送的提案資料及督導討論紀錄，應該保密的資料在疏忽中外洩了，安泊不知該怎麼處理才好……。

實務問題

1. 對案例中主要角色佑平、安泊的考量和作法，你有哪些感受或想法？

2. 如果你是案例中的佑平：

(1) 要進行線上督導之前，會做哪些準備？

(2) 在線上督導過程遇到困難（如通訊不佳），你會做哪些處理？

(3) 接到安泊的詢問，會做哪些回應或處理？

　　請說明你的想法。

3. 如果你是案例中的安泊：

(1) 要進行線上督導之前，會做哪些準備？

(2) 督導過程，督導者請兒子進來協助處理通訊不佳之事，會做哪些回應或處理？

(3) 聽到店家老闆的詢問，會做哪些回應或處理？

　　請說明你的想法。

 案例思考

（一）澄清問題或困境

1. 受督者安泊的困境

(1) 未能維護案主隱私權的自責

　　雖然是無心之過，但未妥善保護案主隱私權，讓他人看到案主的資訊實在是很大的疏失，要怎麼彌補才好？自己不太熟悉電腦通訊軟體的各項

功能，及使用上的限制，就提出進行線上督導，沒有對提案資料和討論過程資料採取必要的保護措施，才造成這樣的疏失，實在難辭其咎。

(2) 如何彌補保密疏失的不安

送修筆記型電腦時，沒留意到電腦店老闆的女兒在自己任教學校就學，不確定老闆看到哪些資料、這些資料裡面有沒有老闆認識的人、老闆有沒有跟誰說了資料內容……，該怎麼處理讓這些資訊不再繼續洩露出去？

要如何跟電腦店家老闆說明這些資訊是必須保密的？若沒有明確說明，擔心店家老闆會繼續傳布這些資訊；若說明電腦中的資訊是必須保密的，擔心店家老闆（學生家長）會怎麼看待自己的疏忽，萬一他告訴別的家長自己因為疏忽洩漏學生資訊，會更困難因應。

不確定是否要跟輔導團隊同仁說明與討論這件事情，或是自行處理就好。不希望自己的疏失讓同事增加負擔，但是也擔心事態若擴大會更難以妥善處理。

(3) 對督導者和學校同事評價的擔心

自己已經是資深的實務工作者，還犯這麼基本的錯誤，督導者會怎麼看待自己的疏忽？心裡既擔心又自責。督導者會對自己有負面評價，因此終止督導關係嗎？

如果事情沒有處理好，非常擔心案主資訊洩漏的事情傳到學校，很困難面對學校行政人員、其他教師、輔導團隊同仁可能的質疑責備。

2. 督導者佑平的困境

(1) 對於自己的疏忽感到自責

對於發生案主資訊洩漏之事感到驚訝與意外，原以為受督者是資深的實務工作者，一定瞭解要維護案主隱私的基本原則，因此未做保密的提

醒。

　　但也思考自己是否有疏忽、失職之嫌。由於不是很熟悉電腦通訊軟體的各項功能與限制，因此並沒有具體提醒受督者安泊要採取哪些動作來保護通訊資訊的安全，疏忽了該做的提醒。自己不熟悉通訊軟體的應用、功能、限制，好像不應該輕易使用線上督導。

(2) 要如何協助受督者處理目前狀況

　　因為自己對視訊軟體及通訊軟體的不熟悉，對於使用線上督導可能衍生的相關倫理議題有所疏忽，沒有善盡提醒受督者的職責，對受督者有些抱歉。

　　目前的情況已經讓案主的權益受到影響，此事涉及許多面向，若沒有妥善處理可能讓事態擴大，對於受輔學生、受督者安泊、該校輔導團隊都可能造成影響，要怎麼協助受督者安泊處理目前的狀況呢？

(3) 對自己是否有能力繼續運用線上督導的質疑

　　佑平過去沒有線上督導的經驗，對於通訊軟體的使用不熟悉，對於是否要使用通訊軟體與受督者進行督導討論本就有些遲疑，在兒子的協助下發現沒有想像中的困難，才決定嘗試。現在看來，自己對於使用上的許多細節和注意事項，瞭解還是不足夠；不確定線上督導還有哪些事情需要留意而自己不知道，以自己目前的理解程度，還適合繼續進行線上督導嗎？

（二）思考案例涉及的潛在議題

1. 使用電子科技的便利與潛在風險

　　電子產品的功能日新月異，搭配著各種不同功能的軟體，讓現代人的生活方式產生很大改變。當然，心理諮商／心理治療服務的形式也受到電子科技發展的影響，愈來愈多元。

　　使用電子科技及通訊軟體進行線上督導，帶來許多便利性：省去面對面討論所需的交通時間，能夠與在不同地區、不同城市的人進行聯繫與討

論，資訊傳遞與意見交換的範圍擴大且快速……，確實是提供專業服務很重要的工具與形式之一。

使用電子科技提供心理諮商／心理治療服務，或進行督導有其便利性，但也伴隨著潛在風險，很重要的風險是案主資料保密的議題。

以本案例來說，督導者佑平的兒子為了減少他使用的難度，電腦開機就自動登入通訊軟體，若有他人也使用這台電腦便有可能接觸到案主資訊和督導討論內容；佑平與受督者安泊在督導討論過程遇到電腦的問題，中途請兒子進來協助處理，也有可能讓兒子接觸到不該接觸的資料或資訊；佑平的兒子可能不瞭解保密的重要性，若佑平沒有主動提醒，案主資訊有可能在無意間洩漏……。

本案例中的受督者安泊使用個人的筆電與督導者進行討論，案主資料、督導討論紀錄的存取似乎並未做加密處理，若有人也使用電腦就有可能接觸到前述訊息；若遇到案例中描述的意外狀況，電腦壞了需要送修，來不及在送修前做保護措施，修理者就有可能接觸到前述資料，造成保密上的漏洞。

2. 督導者使用電腦科技進行督導的能力與責任

本案例的受督者安泊為有多年實務經驗的實務工作者，受督者本身具有維護案主隱私的責任，但從更為嚴謹之督導倫理角度來思考，督導者依然需要重視自身的責任。督導者有責任提醒受督者：需要留意哪些倫理責任、要維護案主資訊的隱私，進行線上督導時，提醒受督者需要採取哪些行動來保護案主資訊（包括提案資料、討論資料紀錄等）。

本案例的督導者佑平沒有提醒受督者該注意事項，一方面可能是他認為受督者安泊應該瞭解相關倫理責任，一方面和他對電子科技與通訊軟體不太熟悉有關。這涉及督導者使用電子科技的能力議題，對潛在風險的瞭解不充分，因此未在事先作必要的防範與提醒。

3. 受督者有維護案主隱私權的責任

從督導倫理的角度思考，會強調督導者的提醒之責，但本案例的受督者安泊為資深的中學輔導教師，亦領有心理師證照，本身對於維護案主隱私就負有倫理與法律責任。

從案例敘述來看，安泊對於使用電腦和通訊軟體進行線上督導的歷程也不熟悉，需要請教他人。安泊對使用電子科技的潛在風險不夠敏感，沒有事先瞭解在傳輸資料、記錄討論資料時需要採取哪些措施來保護案主隱私，因而影響到案主的權益。

四 案例分析

（一）與本案例有關之倫理守則

1.《督導倫理守則》（草案）

倫理議題	基本原則	實務指引
督導者的能力	1.4 使用電子科技的能力與倫理意識： 1.4.1 督導者在督導過程中，若選擇以線上督導作為督導進行的方式時，督導者應瞭解使用電子科技涉及的倫理議題，並具有處理緊急狀況／危機狀況的能力。 1.4.2 使用電子相關設備存取督導資料時，督導者應注意所涉及的倫理議題，並提醒受督者。	1.4 使用電子科技的能力與倫理意識： 1.4.1 督導者需要瞭解電子科技與社群媒體的發展、使用範圍及相關倫理議題。 1.4.2 若受督者在必要的情形下需要使用電子科技進行心理諮商／心理治療服務，督導者需提醒與確認受督者注意相關的倫理議題。 1.4.3 若督導者需運用電子科技進行督導，則督導者需瞭解相關的倫理議題保護受督者與案主。

倫理議題	基本原則	實務指引
督導者的能力	1.6 覺察與反思： 1.6.1 督導者在督導過程中應具備自我覺察與反思的能力。	1.6 覺察與反思： 1.6.1 督導者需對督導角色的責任義務、自身能力的限制、督導關係的內涵與變化、督導介入的成效與品質，以及評量受督者之態度與歷程等具備覺察與反思能力。
督導者的責任	2.5 提升受督者倫理意識：督導者應協助提升受督者的倫理意識、倫理敏感度、責任感及增強其倫理判斷的能力。	2.5 提升受督者倫理意識： 2.5.1 督導者協助受督者提升其專業知能與倫理意識外，需示範並培養受督者面對心理諮商／心理治療工作應有的態度、堅持與敬業精神等。 2.5.2 督導者宜示範面對倫理困境時如何拓展思考面向與發展多元處理策略。
	2.7 危機處理：當案主出現危機或觸法情事，督導者應提醒受督者進行必要的預警、通報或處遇。	2.7 危機處理： 2.7.1 受督者在危機評估與處理過程，督導者需提醒受督者瞭解機構的資源跟政策，將案主情況與機構內人員討論。
督導關係的建立與終止	3.1 進行知情同意程序：在督導關係開始前，督導者應讓受督者清楚瞭解督導者的專業背景、期待、評量標準與方式，以及受督者的權利與義務。	3.1 進行知情同意程序： 3.1.2 督導者需要瞭解的內容：若督導者與受督者不在同一個機構服務，督導者需與受督者討論服務機構對個案資料攜出、個案資訊揭露之相關規定，並提醒受督者遵守。
維護案主福祉	5.2 知情同意與保密： 5.2.1 督導者應提醒受督者向案主說明：自己是在接受督導的情況下提供心理諮商／心理治療服務，督導過程可能會揭露哪些內容，督導對於諮商進行的幫助與可能影響。 5.2.2 督導者應提醒受督者維護案主的各項權益；受督者必須告知案主保密限制、個案紀錄的保存、取得與運用方式、運用權限。	5.2 知情同意與保密： 5.2.1 相關紀錄，包括案主基本資料與會談紀錄、錄影、錄音等都需受到嚴謹的保護。督導者需提醒受督者提供督導討論資料時應經過匿名處理，去除可以辨識案主及相關人員個人資訊的資料。

倫理議題	基本原則	實務指引
	5.2.3 督導者在督導過程獲知之案主資訊應予以保密。督導者與受督者於教學或研究上若需使用案主個人資訊，必須取得案主的同意；未成年案主，則須獲得合法監護人的同意。 5.2.4 若選擇以電子科技作為督導進行的輔助工具，督導者與受督者應共同採取必要的措施，以保護所有資料傳送的隱密性。	

2. 《ACA 倫理守則》

倫理議題	ACA 倫理守則
F.1.諮商督導與案主福祉	F.1.c.知情同意和案主權利： 督導者使受督者瞭解案主權利，包括在諮商關係中保護案主的隱私和秘密。受督者提供案主專業的資訊揭露，並告知案主督導過程會如何影響保密限度。受督者讓案主知道誰將會獲得諮商相關的紀錄，以及這些紀錄將如何被保存、傳輸或其他方式查看。
F.2.諮商督導的能力	F.2.c.線上督導： 在使用科技方式進行督導時，諮商督導者要具備使用這些科技的能力。督導採取必要的預防措施，以保護透過任何電子方式傳送所有訊息的隱私。
F.4.督導的職責	F.4.a.督導的知情同意： 督導者有責任向受督者說明督導的原則和參與方式。督導者告知受督者應遵守的政策和程序，以及就個別督導者的行動提出正當申訴的機制。使用遠距督導的獨特問題，必要時應包含在文件中。
F.5.學生和受督者的責任	F.5.a.倫理責任： 學生和受督者有責任理解和遵守 ACA 倫理守則。學生和受督者對案主負有與專業諮商師同樣的義務。

倫理議題	ACA 倫理守則
F.5.學生和受督者的責任	F.5.c.專業相關的訊息揭露： 在提供諮商服務前，學生及受督者應公開他們作為受督者的身分，並說明這種身分如何影響保密的限度。督導者確保案主瞭解所提供的服務，以及提供這些服務的學生和受督者的資格。在培訓過程中，學生和受督者在使用任何有關諮商關係的訊息前都要獲得案主許可。
H.2.知情同意與安全性	H.2.b.諮商師維護保密協定： 諮商師們知道電子紀錄和傳輸對保密協定的限制，他們會告知案主，有些人（例如諮商師的同事、督導、員工、資訊技術人員）可能被授權或未經授權獲得了這些記錄或傳輸。

3. 《輔諮學會倫理守則》

倫理議題	輔諮學會倫理守則
7.1 專業倫理知能	從事諮商師教育、訓練或督導之諮商師，應熟悉與本職相關的專業倫理，並提醒學生及被督導者應負的專業倫理責任。

4. 《中國心理學會倫理守則》

倫理議題	中國心理學會倫理守則
3 隱私權和保密性	3.4 心理師應按照法律法規和專業倫理規範在嚴格保密的前提下創建、使用、保存、傳遞和處理專業工作相關信息（如個案記錄、測驗資料、信件、錄音、錄像等）。心理師可告知尋求專業服務者個案記錄的保存方式，相關人員（例如同事、督導、個案管理者、信息技術員）有無權限接觸這些記錄等。
6 教學、培訓和督導	6.3 從事教學、培訓和督導工作的心理師應基於其教育訓練、被督導經驗、專業認證及適當的專業經驗，在勝任力範圍內開展相關工作，且有義務不斷加強自己的專業能力和倫理意識。督導者在督導過程中遇到困難，也應主動尋求專業督導。 6.4 從事教學、培訓和督導工作的心理師應熟練掌握專業倫理規範，並提醒學生、被培訓者或被督導者遵守倫理規範和承擔專業倫理責任。

倫理議題	中國心理學會倫理守則
6 教學、培訓和督導	6.13 承擔教學、培訓或督導任務的心理師對學生、被培訓者或被督導者在心理諮詢或治療中違反倫理的情形應保持敏感，若發現此類情形應與他們認真討論，並為保護尋求專業服務者的福祉及時處理；對情節嚴重者，心理師有責任向本學會臨床心理學註冊工作委員會倫理工作組或其他適合的權威機構舉報。
8 遠程專業工作（網絡／電話諮詢）	8.2 心理師應告知尋求專業服務者電子記錄和遠程服務過程在網絡傳輸中保密的局限性，告知尋求專業服務者相關人員（同事、督導、個案管理者、信息技術員）有無權限接觸這些記錄和諮詢過程。心理師應採取合理預防措施（例如設置用戶開機密碼、網站密碼、諮詢記錄文檔密碼等）以保證信息傳遞和保存過程中的安全性。

（二）綜合討論

綜合《督導倫理守則》（草案）、《ACA倫理守則》、《輔諮學會倫理守則》及《中國心理學會倫理守則》之內涵，本案例涉及幾個倫理議題：

1. 維護案主福祉：知情同意與保密

(1) 督導者應提醒受督者維護案主的各項權益；告知案主保密限制、個案紀錄的保存、取得與運用方式、運用權限；讓案主瞭解有哪些人有權限取得個案紀錄以及這些紀錄會如何被使用。

(2) 必要時，督導者應提醒受督者向案主說明：自己在接受專業督導，督導過程可能會揭露哪些內容，督導對於諮商進行的幫助與可能影響。

(3) 督導者需與受督者討論服務機構對個案資料攜出、個案資訊揭露之相關規定，並提醒受督者遵守，必要時讓機構主管瞭解自己在接受督導。

(4) 督導者需提醒受督者提供督導討論資料時應經過匿名處理，去除可以辨識案主及相關人員個人資訊的資料；包括案主基本資料與會談紀錄、錄影、錄音等都需受到嚴謹的保護。

(5) 督導者對於在督導過程得知的案主資訊應予以保密，需留意到相關人員對於維護案主隱私權的可能影響，如：協助處理通訊軟體的兒子。

(6) 若選擇以電子科技和通訊軟體作為督導進行的工具，督導者與受督者應共同採取必要的措施，以保護所有資料傳送的隱密性。

(7) 受督者需敏感與意識到自己在維護案主隱私權的倫理責任，需留意到相關人員對於維護案主隱私權的可能影響，如：電腦店老闆。

2. 督導者使用電子科技的能力與責任

(1) 督導者需要瞭解電子科技、視訊軟體、通訊軟體的發展、使用範圍及相關倫理議題。

(2) 督導者若選擇以線上督導方式進行督導，應瞭解使用該電子科技涉及的倫理議題，並具有處理能力。

(3) 督導者要能覺察自身能力限制，若運用電子科技的能力與經驗不足，主動向有經驗者請教或補充相關知能。

(4) 使用電子相關設備傳遞、存取督導資料時，督導應注意所涉及的倫理議題，採取必要措施保護受督者和案主的權益。

(5) 若選擇以線上督導方式進行督導，督導者要與受督者一起討論運用電子科技的潛在風險，共同採取合理預防措施，例如：設置用戶開機密碼、網站密碼、提案資料和督導紀錄檔案密碼，以保證訊息傳遞和保存過程中的安全性。

(6) 督導者有責任提醒受督者應注意的倫理責任、倫理議題，採取必要的預防和保護措施。若發現受督者有疏失，要提醒與妥善處理。

　　案例中的督導者佑平，對受督者誠實表達缺少線上督導的經驗，對於怎麼運用電腦及通訊軟體也不熟悉，可以覺察到自己能力上的限制；他並未立刻答允線上督導的邀請，而是先去瞭解通訊軟體的運用方式後才同意進行線上督導，也算謹慎。但從案例敘述來看，佑平在處理保密細節、評

估潛在風險的向度上，有改善空間。

　　佑平透過兒子的協助瞭解電腦通訊軟體的使用方式，但兒子並非心理諮商／心理治療領域的工作者，不瞭解保密的重要性，他在設定相關步驟時是以讓佑平容易使用為考量，並未考慮到保護資料隱密性的措施。佑平已經覺察到自己使用電子科技之能力與經驗上的不足，在決定進行線上督導之前，需要請教有經驗的專業工作者，除了瞭解怎麼使用，更要瞭解這個方式的潛在風險以及需要採取的預防措施，做更周延的準備。

　　此外，佑平個人在處理保密議題的敏感性及周延性，似乎有加強的空間。例如：不用密碼就可開啟通訊軟體，會增加提案資料與督導討論資料洩漏的風險；督導討論過程讓兒子進來協助，甚至在現場教他使用，也增加了訊息洩漏的風險。佑平若能事先讓兒子瞭解案主資料和討論資料需要保密，兒子對通訊軟體的設定會更符合專業倫理的需要，也可以提醒其他有助於保護資料的功能，同時也提醒他需要保護接觸到的資訊的隱密性。

　　案例中的受督者安泊即使實務經驗豐富，仍然持續進行專業學習，同時不斷找尋適合自己的學習方式，以有效提升個人的專業知能，其敬業精神值得尊重。但安泊在維護案主隱私權這個部分的作為確實負有責任，依據案例敘述，安泊在某些處理細節上需要做得更為周延和謹慎，如：存放在電腦中的重要資料加密處理，提供給督導者的提案資料匿名處理、減少可以辨識身分的個人資訊，督導討論時用代號，送修電腦時跟電腦店老闆說明某些資料需要保密……。

五 可能的行動策略

（一）案例發生當下可能之行動策略

　　以下列出在案例發生當下情境可能採用的各種行動策略，每一行動策略是否適切，要考量行動前後的情境脈絡，行動者的行為意圖、目的，以

及執行該行動的態度。

1. 受督者安泊

(1) 等候督導者指示該如何處理目前情況。

(2) 請電腦店老闆不要將看到的資訊告訴別人，以保護案主。

(3) 請電腦店老闆不要將看到的資訊告訴別人，以保護案主；同時請教電腦店老闆怎麼做可以加強保護這些資料。

(4) 瞭解電腦店老闆是否已經將看到的資訊告知他人、告知哪些人，請其協助告知得知資訊者不要再傳播出去，以保護案主。

(5) 向其他具有電腦專長的人請教，怎麼做可以加強保護通訊軟體中的資料。

(6) 調整電腦及通訊軟體中資料的保存及傳輸方式，加強對案主資訊的保護。

(7) 自行處理，不和輔導團隊同仁說明。

(8) 自行處理後，跟輔導團隊同仁簡要說明事件及處理情形。

(9) 和輔導團隊同仁討論處理的方向與原則。

(10) 與督導者討論後續怎麼減少洩漏案主訊息的風險。

2. 督導者佑平

(1) 和受督者一起討論，目前情況下可以怎麼處理，盡可能保護受輔學生。

(2) 請教兒子，怎麼做可以加強保護通訊軟體中的資料。

(3) 請兒子協助重新設定通訊軟體的使用步驟，增加對資料的保護。

(4) 向其他具有電腦專長的人請教，怎麼做可以加強保護通訊軟體中的資料。

(5) 向有線上督導經驗的專業同儕請教，進行線上督導還有哪些潛在風險，需要留意哪些事項，做適當調整。

(6) 調整電腦及通訊軟體中資料的保存及傳輸方式，加強對案主資訊的保護。

(7)告知受督者暫停線上督導。

(8)跟受督者一起討論，若後續還要繼續線上督導，要做哪些調整來維護案
主的權益。

如果你是案例中的受督者安泊、督導者佑平，

最有可能採取哪些行動策略？最不可能採取哪些行動策略？

請說明你的想法或考量。

（二）未來遇到類似情境，可以多注意的事項

以下提出之行動策略乃依據案例內容以及前述各項討論提出，提供讀
者未來遇到類似情境參考，並非標準答案。鼓勵讀者透過閱讀案例與分
析，發展各自面對督導倫理挑戰情境的策略。

1. 督導者佑平

(1) 決定接受線上督導的邀請之前，做更充分的準備：

①向有線上督導經驗的專業同儕請教，瞭解線上督導會涉及的倫理議
題，有哪些潛在風險，要如何維護案主隱私權及福祉。

②閱讀相關文獻，瞭解線上督導會涉及的倫理議題，有哪些潛在風險，
要如何維護案主隱私權及福祉。

③審慎評估是否適合接受線上督導的邀請。

(2) 若決定接受線上督導的邀請，與受督者一起討論，進行線上督導會涉及
的倫理議題，有哪些潛在風險，要如何維護案主隱私權及福祉。

(3) 請兒子協助時，事先說明相關資訊保密的重要性：

①通訊軟體的登入要設密碼（必要時要學習更換密碼的程序）。

②請教兒子，怎麼做可以加強保護通訊軟體中的資料。

(4) 督導過程通訊狀況不佳時，先暫停督導，再請教兒子通訊不佳時可以有哪些替代方案。

(5) 提醒受督者或和受督者討論怎麼維護案主隱私權，如：提案資料的匿名處理、寄送過程的加密處理、督導討論文字訊息的存取安全等。

(6) 個人電腦中的相關資料，加強保護措施。

2. 受督者安泊

(1) 提出線上督導的邀請之後，個人先做充分的準備：

　①向有線上督導經驗的同儕請教，進行線上督導有哪些必須留意的事項，要如何維護案主隱私權及福祉。

　②與督導者一起討論，進行線上督導會涉及的倫理議題，有哪些潛在風險，要如何維護案主隱私權及福祉。

(2) 留意進入通訊軟體的安全性，設定密碼，必要時定期更換密碼。

(3) 妥善處理督導討論相關資料，如：提案資料內容要做匿名處理、寄送過程要加密處理、討論過程避免留下檔案或是案主相關資訊，提到案主資訊宜使用代號等。

(4) 督導討論文字訊息另做儲存備份並加密處理，或是將檔案匯出至隨身碟保存，不存在電腦中。

六　延伸思考

1. 依據你個人的經驗，「線上督導」和「面對面督導」的功能相較：

(1) 「面對面督導」有哪些優點或限制？

(2) 「線上督導」有哪些優點或限制？

(3) 「線上督導」是否可以完全取代「面對面督導」？
　請敘述你的思考。

2. 依據你個人的經驗：

(1) 哪些情況下，你會選擇線上督導？

(2) 哪些情況下，你不會選擇線上督導？

　　請敘述你的思考。

3. 依據你個人的經驗，作為督導者，若要進行線上督導：

(1) 需做哪些準備？

(2) 需熟悉哪些技能？

(3) 要如何評估自己是否具備進行線上督導的能力？

　　請敘述你的思考。

一、督導者的能力

案例④督導者的價值觀：多元文化能力、督導者責任、受督者權利、前後任督導
——佳豪的故事

一　案例內容

　　佳豪目前為行動心理師，在大專院校學生諮商中心、社區機構接案。他對自己的專業服務品質有所期許和要求，除了累積實務經驗，持續參與專業學習活動，過去三年定期與岳盈進行個別督導。

　　岳盈有多年實務工作經驗，工作態度認真踏實，目前正在心理相關研究所的博士班就讀，專業知能頗為厚實，佳豪在與岳盈進行督導的過程，得到很多提醒與啟發；佳豪覺得岳盈的態度相當開放，尊重多元的立場、價值，大多數的議題都可以在督導過程提出來討論，佳豪亦讓岳盈知道自己的同志身分。

　　岳盈將要開始撰寫博士論文，考量個人的時間安排與生涯發展重點，需要減少部分工作，他與佳豪討論終止督導關係的事情。佳豪得知這個訊息非常驚訝與不捨，一時之間難以接受，不斷詢問各種可能性（如：減少督導頻率等）；對於佳豪想要持續維持督導關係的心意，岳盈很感動也很歉疚，為了安撫佳豪，岳盈主動提議，可以推薦另一位督導者給他。

　　御文是岳盈博士班的學長，剛剛取得博士學位，具有多年的實務經驗。佳豪和御文不曾接觸過，但岳盈極力推薦御文，基於對岳盈的信任，佳豪與御文聯繫邀請他擔任督導；御文也因為岳盈的拜託，同意擔任佳豪的督導者。

　　佳豪與御文的督導討論，初期進行得頗為順利，御文在專業理論和實務經驗上都可以分享不少觀點或經驗，促進佳豪對專業實務或專業議題的

思考，佳豪覺得很有收穫，也很感謝岳盈的推薦。

　　有一次兩人討論到多元成家的議題，佳豪熱切的分享自己的觀點與經驗，御文靜靜聆聽著；討論告一段落之後，御文說：「我審慎考慮後，覺得應該讓你瞭解我的背景與價值觀。」御文說明自己有宗教信仰，他對多元成家的觀點和佳豪並不相同。佳豪聽了御文的說明後有點吃驚，一時之間不知道怎麼回應，便說了「沒有關係」。他們持續進行督導討論，討論議題沒有涉及到前述價值觀的差異，對於他們的督導關係暫時沒有特別的影響。

　　最近佳豪的一位個案遭遇到其同志身分不被家人接受的困擾，他對案主的處境很能感同身受，由於佳豪也經歷著類似的歷程，在會談過程他的經驗與情緒常常被勾起，影響到他與案主的會談進行。佳豪覺察到自己的狀況需要與督導討論，但想到御文的價值觀，他有些卻步，決定先透過反思、自我安頓來處理，暫時不在督導過程提出來討論。

　　佳豪在會談過程的情緒波動情況持續著，起起伏伏，他覺得不能這樣下去，決定鼓起勇氣和御文討論。佳豪小心翼翼的說：「老師，我最近會談的一位案主，他的伴侶是同性，兩人的關係持續二年，他很珍惜這段感情，希望可以得到家人的支持，因此跟家人公開了自己的戀情；家人的反應比他預期的激烈，全家人都表示不能接受，最近和家人的關係降到谷底，案主非常痛苦，不知道怎麼辦才好；我看案主這樣很是不忍，很想幫忙，但我也覺察到自己在會談過程有許多過去經驗與情緒會被勾起，會影響到我的評估與處遇，所以我想跟老師討論怎麼安頓自己，減少自己的經驗與情緒對會談的干擾。」

　　御文思考一下面帶為難的回應：「當個案的議題與心理師的議題相似，心理師的自身議題又尚未處理妥當時，確實會出現你接案上的情況。你為了維護案主福祉願意向我揭露你的困難，我覺得相當勇敢。但是我曾經向你說明過在同性戀情、多元成家這些議題上，我和你的價值觀不相同，我覺得在我們的督導過程討論這些議題，可能對你的幫助不大。很

抱歉，在這些議題上我沒有辦法幫忙，你可以考慮是否需要更換一位督導……」面對御文的回應，佳豪也不知如何是好。

實務問題

1. **對案例中主要角色佳豪、岳盈、御文的考量和作法，你有哪些感受或想法？**

2. **如果你是案例中的佳豪：**

(1) 知道督導者在某些議題的價值觀和自己不相同時，會做哪些回應或處理？

(2) 覺察到在接案過程自己的經驗與情緒常常被勾起，會做哪些處理？

(3) 聽到督導者建議你考慮更換督導時，會怎麼回應或處理？

請說明你的想法。

3. **如果你是案例中的御文：**

(1) 知道受督者在某些議題的價值觀和自己不相同時，會做哪些回應或處理？

(2) 聽到受督者想要討論的議題，會涉及自己和受督者之間的價值觀差異，會做哪些回應或處理？

請說明你的想法。

4. **如果你是案例中的岳盈：**

(1) 面對受督者一時之間難以接受終止督導關係，不斷詢問各種可能性時，會做哪些回應或處理？

(2) 若要推薦另一位督導者給受督者，你會考慮哪些因素或做哪些處理？

請說明你的想法。

案例思考

（一）澄清問題或困境

1. 受督者佳豪的困境

(1) 要和誰討論如何改善接案狀況事宜

佳豪和某一位案主會談時，感受到案主的經歷和自己類似，在會談過程自己的情緒常常被勾起，情緒起起伏伏，明顯影響到自己的評估與處遇；佳豪目前的狀況確實很需要和督導者討論，找到方法安頓自己，減少自己的經驗與情緒對會談的干擾。

鼓起勇氣提出自己接案的狀況想和督導者討論，從御文的回應來看他並不想和自己討論這個議題。一方面覺得有點生氣，覺得督導者御文對個人價值觀的看重，勝過對受督者需要的重視；一方面也覺得著急，不能和督導者討論，如果自己的狀況持續影響接案，怎麼辦呢？

(2) 對於是否要更換督導者感到猶豫

督導者御文曾經清楚說明對多元成家的觀點和受督者佳豪不相同，過去在不涉及多元成家相關議題的討論進行得還頗順利；佳豪覺得御文也滿不錯的，御文常常可以幫助自己對專業實務或專業議題有很多思考，有許多收穫。

這一次鼓起勇氣和督導者提出想討論自我安頓的議題，御文的回應讓佳豪很錯愕與震驚。佳豪只是想和督導者討論怎麼安頓自己減少個人狀態與情緒對接案的影響，並沒有要討論對多元成家、同性戀情的價值觀，督導者拒絕討論可能讓受督者隱約覺得自己的同志身分不被接納，讓佳豪與御文互動時不自覺的要「小心翼翼」，長久下去對督導關係和督導進行都有不利影響。

要更換督導者嗎？一時之間也不一定可以立刻找到更合適的督導者，不更換督導者，又不能討論很重要、很需要討論的議題。

(3) 對於可能要再一次更換督導者感到不安

佳豪很喜歡和岳盈建立起來的督導關係，大多數議題都可以在督導過程提出來討論，不用迴避或隱瞞什麼，感覺自在與放心。自己實際上很不想和岳盈結束督導關係，即使減少督導討論頻率都好，但岳盈似乎很堅持，自己也沒有辦法。

由於過去不曾與御文接觸，要找他擔任督導時佳豪心裡有些不安；但岳盈極力推薦御文，基於對岳盈的信任，佳豪沒有太多猶豫便與御文聯繫，原以為一樣可以建立自在放心的督導關係，沒想到御文和自己有價值觀上的明顯差異。岳盈有沒有和御文說明自己的同志身分？如果岳盈有說明，表示御文事先瞭解，那麼他後來的反應就有些令人不解；如果御文事先不瞭解，那麼岳盈何以沒有清楚說明？

更換督導者就要重新建立督導關係，要找到合適的督導者並不容易。好不容易逐漸適應了和御文的討論模式，現在面臨可能要再更換督導的狀況，覺得有些煩躁；也擔心新的督導者會不會也無法滿足自己的需求。

2. 督導者御文的困境

(1) 面對自己限制及受督者需要的為難

從受督者的提問與困擾得知受督者為同志身分，自己在多元成家和同性戀情議題上受到信仰的影響有自己的價值觀與立場，御文可以尊重受督者本身的身分認同，但沒有把握和受督者討論相關議題是否合適，擔心價值觀差異會影響討論及對受督者的助益。

御文決定誠實面對與表達自己的限制和困難，又覺得對受督者很抱歉；沒有和受督者討論會擔心影響到他的接案，和受督者討論也不確定會出現怎麼樣的問題。

讓受督者換一位價值觀相同的督導者可能對他比較有幫助，也擔心讓受督者誤會我在拒絕他，頗為為難。

(2) 事先沒有瞭解重要訊息的懊惱

受督者的身分認同對我而言是重要訊息，岳盈應該事先告知，我便會仔細評估彼此差異，可能就不會答應擔任佳豪的督導者，不致於造成目前的為難；當初岳盈極力拜託自己擔任佳豪的督導者，礙於人情，沒有對相關訊息多做瞭解，自己也有疏失，感到非常懊惱。

3. 督導者岳盈要面對的問題：對雙方感到抱歉

因為個人因素決定停止和佳豪的督導關係，看到佳豪這麼不捨，心中很感動也很愧疚；為了安頓佳豪，覺得有責任幫佳豪找到另一位督導者，盡快幫忙佳豪和新的督導進入督導關係。

聽到因為價值觀差異，御文建議佳豪考慮更換督導者的訊息，感到相當驚訝與困惑，御文怎麼會這麼堅持呢，應該有討論空間啊！但也在想當初自己似乎過於著急，沒有幫助兩個人對彼此有比較充分的瞭解，才造成今天的狀況，對佳豪很抱歉，對御文也很抱歉。

（二）思考案例涉及的潛在議題

1. 終止督導關係的處理

(1) 岳盈與佳豪終止督導關係的處理

從案例敘述來看，岳盈決定終止督導關係，似乎是自行做了決定然後告知佳豪。岳盈在決定終止督導關係後，並未預留充分時間和佳豪一起討論，瞭解受督者對督導關係終止的感受、想法及後續處理、銜接議題。

同時，岳盈看到佳豪一直想辦法希望持續維持督導關係，很感動也很愧疚，為了安撫佳豪，主動提議推薦另一位督導者給他；督導者提出來的替代方案，似乎也未和受督者進行充分的雙向溝通。

(2) 御文提出與佳豪終止督導關係的意見

御文因為個人價值觀與受督者之間存在差異，自行評估可能對受督者的幫助不大，提出「佳豪可以考慮更換另一位督導者」的意見。御文擔心自己和佳豪之間的差異影響受督者的實務工作與學習，原是好意，但是未與受督者充分討論彼此價值觀差異對於督導討論的可能影響，也未討論處理差異的其他可能方案，就逕行提出「受督者可以考慮更換督導」的意見，造成受督者的措手不及，及不知如何處理目前在接案上正在面臨的困難。

2. 轉介另一位督導給受督者

從案例敘述來看，過去三年佳豪定期與岳盈進行個別督導，佳豪信任岳盈，岳盈也關心佳豪，彼此之間建立穩定、信任的督導關係。

岳盈為了彌補對佳豪的歉疚，主動推薦另一位督導者御文給佳豪，也是從善意出發。但從案例敘述來看，岳盈並未先與佳豪討論，瞭解他對新的督導者的想法、期待、顧慮……等；也未提供訊息或空間，讓佳豪與御文對彼此多做些瞭解，由他們自行評估與決定是否合適進入督導關係。

3. 建立新的督導關係

御文是因為岳盈的拜託而同意擔任佳豪的督導者，進入督導關係之前，御文似乎並未與受督者佳豪先相互認識及討論。督導者需要與受督者一起討論，瞭解受督者的學習目標、督導期待，核對彼此在理論取向、工作方式、價值觀等向度的相異或相似程度，一起評估是否合適進入督導關係，若要進入督導關係可以怎麼處理彼此之間的差異等。

4. 督導者的多元文化能力與責任

(1) 督導者面對多元文化議題的態度與能力

督導者要能拓展個人觀點來跟不同文化背景的受督者一起討論；也需

要敏感多元文化議題對督導工作以及受督者專業實務表現的影響。

新任督導者御文知悉個人在某些議題上的價值觀與受督者不相同時，只是表達自己觀點不同，並未與受督者做進一步的討論，如：彼此的價值觀差異對督導討論、督導關係的可能影響，未來遇到到相關議題時可以如何進行討論……等。

當受督者佳豪覺察到自己在會談過程有許多過去經驗與情緒會被勾起，影響到評估與處遇，需要跟督導者討論怎麼安頓自己，減少自己的經驗與情緒對會談的干擾，御文似乎沒有嘗試多瞭解佳豪的困難，進一步思考怎麼討論可以協助受督者自我安頓，很快地便用價值觀不同為由來婉拒討論，甚至提出受督者可以更換督導的建議。

督導者御文在督導過程沒有示範面對不同價值觀之受督者的開放態度，作法存有商榷的空間。

(2) 督導者的責任

督導者可以覺察個人價值觀與受督者之間的差異並誠實表達，是好的開始但不足夠。督導者要進一步考量彼此之間的差異對於督導關係、督導討論、受督者權益的影響，進而考量是否會影響到案主權益。

由於督導者明確揭露自己的價值觀，受督者佳豪遇到相關議題的困難或困惑時，不敢提出來與督導者討論，影響到受督者權益；受督者鼓起勇氣表明自己需要的協助，提出來與督導者討論，督導者沒有選擇先和受督者討論他需要的協助及自己可以怎麼提供協助，而是先聚焦在彼此的差異，一方面未能即時回應受督者的需要，一方面在受督者找到另一位可以討論相關議題的督導者之前，其接案狀況可能不穩定，影響到案主福祉。

5. 心理師的多元文化能力

案例中的受督者佳豪為有證照的心理師，面對與自己價值觀不同的督導者，選擇避免提出相關議題來討論；佳豪亦可以選擇主動思考如何與價值觀不同的督導者一起工作。

　　受督者與督導者不見得會在每個議題上都有相近的立場或價值觀，當督導者在某些議題上與自己價值觀不同時，藉由共同對話可以促進彼此對價值觀不同族群的理解，亦有助於提升和不同價值觀的案主一起工作的能力。

四　案例分析

（一）與本案例有關之倫理守則

1. 《督導倫理守則》（草案）

倫理議題	基本原則	實務指引
督導者的能力	1.2 專業知能：督導者對於所督導的議題應具備相關知能。	1.2 專業知能： 1.2.1 督導者督導的議題／內容與方式不宜超過督導者本身所受的訓練及能勝任的程度。 1.2.2 督導者所提供的知識與技巧需要能夠反映當前研究發現、實務需要或社會文化現況。
	1.3 多元文化能力：督導者應具備多元文化的思維與意識，瞭解文化因素對心理諮商／心理治療或督導的影響，以服務不同文化背景的案主及受督者。	1.3 多元文化能力： 1.3.1 督導者需瞭解不同背景因素對心理諮商／心理治療或督導的影響，包含種族、性別、性取向、宗教信仰、社經背景、年紀／世代、……等。 1.3.2 督導者需尊重受督者的多元文化經驗，並引導受督者尊重案主的多元文化經驗。
	1.6 覺察與反思： 1.6.1 督導者在督導過程中應具備自我覺察與反思的能力。 1.6.2 督導者應該覺察自身能力與經驗的限制，督導過程遇到不熟悉的議題，督導者必須尋求專業諮詢。	1.6 覺察與反思： 1.6.1 督導者需對督導角色的責任義務、自身能力的限制、督導關係的內涵與變化、督導介入的成效與品質，以及評量受督者之態度與歷程等具備覺察與反思能力。

倫理議題	基本原則	實務指引
督導者的能力		1.6.2 督導者若發現個人議題會影響督導工作，需尋求專業諮詢，審慎反思與處理個人議題，必要的時候宜進行個人心理諮商或心理治療。 1.6.3 督導者若發現個人議題影響督導工作，經過處理仍無法改善，影響督導工作進行，督導者需評估與考量暫停督導工作。
督導者的責任	2.1 提升受督者服務品質：督導者負有維護案主福祉與權益之責，應協助受督者提升其專業服務表現。	2.1 提升受督者服務品質：督導者需同時兼顧案主福祉與受督者權益，若兩者無法同時兼顧時，則以案主福祉為優先考量。
	2.3 維護受督者權益： 2.3.1 督導者應維護受督者的知情同意權、受益權及隱私權，並告知受督者保密的範圍與限制。	2.3 維護受督者權益： 2.3.1 督導者維護受督者的知情同意權（內容請見基本原則 3.1 與實務指引 3.1）。 2.3.2 督導者需理解受督者狀態與專業發展需求，與受督者共同建立安全、信任的督導關係。 2.3.3 督導者需覺察自己與受督者在文化背景、理論取向、價值觀等各方面的差異，並尊重彼此之間的差異。 2.3.5 為維護督導品質，使受督者可以得到合理的協助與回饋，督導者宜考量個人的時間、心力及能夠投入的程度，評估督導者所能負荷之合宜督導時數及人數。
	2.4 協助受督者學習： 2.4.1 討論督導進行方式：督導者應與受督者一起討論學習目標和督導進行方式，並讓受督者有機會表達對評量方式的意見。	2.4 協助受督者學習： 2.4.3 督導者需依據受督者的學習目標適時提供受督者多元化的理論知識與實務技巧。

倫理議題	基本原則	實務指引
督導關係的建立與終止	3.1 進行知情同意程序：在督導關係開始前，督導者應讓受督者清楚瞭解督導者的專業背景、期待、評量標準與方式，以及受督者的權利與義務。	3.1 進行知後同意程序： 3.1.1 需要告知受督者的內容：督導者的專業背景與經驗、督導者的理論取向與督導模式，對受督者專業能力、修習課程以及所需經驗的要求，對受督者參與督導的期待、評量標準及方式，受督者在督導過程的權利與義務及保密範圍和限制等。 3.1.3 建立與終止督導關係的權利：督導者讓受督者瞭解督導者與受督者皆可以針對督導關係的建立、維持與終止議題提出討論。 3.1.5 知情同意的形式：告知受督者的內容，督導者需當面向受督者說明並一起討論；關於督導結構、雙方權利與義務、評量標準與方式等重要說明，最好能夠以書面形式呈現。
	3.4 避免心理諮商／心理治療關係：督導者應避免與受督者同時建立督導關係和心理諮商／心理治療關係。	3.4 避免心理諮商／心理治療關係： 3.4.1 督導者若發現受督者的個人議題對心理諮商／心理治療工作造成影響，需與受督者討論如何減少個人議題對助人專業工作的影響；可視實際需要建議受督者去接受個人心理諮商或心理治療。
	3.5 覺察與審慎權力運用：督導者不可濫用權力，不可剝削受督者，例如：督導者運用權力要求受督者提供金錢借貸或財務利益，要求受督者提供對督導者的個人服務，提出與督導進行無關的要求；督導者不可與正在進行督導的受督者發展戀情、發生性騷擾或性關係等。	3.5 覺察與審慎權力運用： 3.5.1 督導者需覺察在督導過程，自己如何使用權力及使用權力的方式是否恰當。 3.5.2 督導者需敏感督導關係的變化，適時與受督者討論彼此關係的變化及採取必要的調整。

倫理議題	基本原則	實務指引
督導關係的建立與終止	3.6 終止督導關係：督導者與受督者均有權利針對督導關係的建立、維持與終止議題提出討論。	3.6 終止督導關係： 3.6.1 督導者與受督者在文化與專業議題出現重大差異，難以繼續一起工作時，得經過討論而終止督導關係。 3.6.2 督導者或受督者某一方希望結束督導關係時，在決定終止督導關係前，督導者與受督者宜先共同努力解決因差異而引發的問題。 3.6.3 督導者或受督者某一方希望結束督導關係時，需充分討論如何處理。若受督者為實習生，必要時可請受督者的實習課程授課教師參與討論後續處理方式。 3.6.4 經過雙方討論決定終止督導關係，督導者可視情況提供受督者其他資源。 3.6.5 如果經過雙方討論，督導關係無法終止，督導者與受督者宜一起討論後續督導進行的調整與彈性因應。

2. 《ACA 倫理守則》

倫理議題	ACA 倫理守則
F.2. 諮商督導的能力	F.2.b. 督導中的多元文化議題／多樣性： 諮商督導必須正視多元文化的角色對於諮商督導關係的影響，並於督導關係中覺察與扮演接納多元文化的角色。
F.4. 督導的職責	F.4.d. 終止督導關係： 督導者或受督者有權在充分告知的情況下終止督導關係。討論考慮終止的原因，雙方努力解決分歧。如果需要終止督導關係，督導者要做適當轉介到可能的替代督導。

倫理議題	ACA 倫理守則
F.5.學生和受督者的責任	F.5.b.功能受損： 學生和受督者監控自己的身體、精神或情緒上的功能受損跡象，當這些損害可能傷害到案主或其他人時，避免提供專業服務。學生和受督者通知他們的老師和／或督導者，並尋求協助處理達到專業功能受損程度的問題，也在必要時，限制、暫停或終止他們的專業職責，直到確定他們可以安全恢復工作。
F.6.諮商督導的評估、補救與背書	F.6.c.為受督者諮商： 如果受督者要求諮商，督導應協助受督者確認適合的服務。督導者並不會向受督者提供諮商服務。督導只會根據案主、督導關係、以及專業能力等議題的影響來處理人際互動的能力。

3. 《輔諮學會倫理守則》

倫理議題	輔諮學會倫理守則
7.9.注意個別差異	諮商師教育者及督導者應審慎評估學生的個別差異、發展潛能及能力限制，予以適當的注意和關心，必要時應設法給予發展或補救的機會。對不適任諮商專業工作者，應協助其重新考慮其學習及生計方向。

4. 《中國心理學會倫理守則》

倫理議題	中國心理學會倫理守則
6 教學、培訓和督導	6.3 從事教學、培訓和督導工作的心理師應基於其教育訓練、被督導經驗、專業認證及適當的專業經驗，在勝任力範圍內開展相關工作，且有義務不斷加強自己的專業能力和倫理意識。督導者在督導過程中遇到困難，也應主動尋求專業督導。 6.8 擔任督導任務的心理師應向被督導者說明督導目的、過程、評估方式及標準，告知督導過程中可能出現的緊急情況，中斷、終止督導關係的處理方法。心理師應定期評估被督導者的專業表現，並在訓練方案中提供反饋，以保障專業服務水準。考評時，心理師應實事求是，誠實、公平、公正地給出評估意見。

（二）綜合討論

綜合《督導倫理守則》（草案）、《ACA 倫理守則》、《輔諮學會倫理守則》及《中國心理學會倫理守則》之內涵，本案例涉及幾個倫理議題：

1. 督導關係的建立與終止

(1) 本案例首先涉及的是原有督導關係終止議題：

　　①督導者與受督者均有權利討論督導關係的建立、維持與終止議題。

　　②督導者與受督者在文化、臨床或專業議題出現重大差異難以繼續一起工作時，得經過討論而終止督導關係；但在決定終止督導關係前，督導者與受督者宜先共同努力解決因差異而引發的問題。

　　③如果經過雙方討論決定終止督導關係，督導者可視情況提供受督者其他資源。

(2) 其次是新的督導關係建立議題：

　　①在督導關係開始前，督導者應讓受督者清楚瞭解督導者的專業背景與經驗、督導者的理論取向與督導模式，以及受督者在督導過程的權利與義務。

　　②告知受督者的內容，督導者需當面向受督者說明並一起討論。

(3) 督導者需覺察在督導過程，自己如何使用權力及使用權力的方式是否恰當。

2. 督導者的責任

(1) 督導者要協助受督者提升其專業服務表現，以維護案主福祉與權益。

(2) 督導者應維護受督者的知情同意權、受益權。

(3) 督導者需理解受督者的個人狀態和專業發展需求，與受督者共同建立安全、信任的督導關係。

(4) 督導者需覺察自己與受督者文化背景、理論取向、價值觀等各方面的差異，尊重彼此之間的差異，正視多元文化角色對於督導關係的影響。

(5) 督導者若發現受督者的個人議題對心理諮商／心理治療工作造成影響，需與受督者討論如何減少個人議題對助人專業工作的影響；可視實際需要建議受督者去接受個人心理諮商或心理治療。

3. 督導者的能力與覺察反思

(1) 督導者督導的內容與方式不宜超過督導者本身所受的訓練及能勝任的程度。

(2) 督導者所提供的知識與技巧需要能夠反映當前研究發現、實務需要或社會文化現況。

(3) 督導者應具備多元文化的思維與意識，瞭解文化因素對諮商或督導的影響，以服務不同文化背景的案主及受督者；督導者需致力於提升個人多元文化能力。

(4) 督導者需尊重受督者的多元文化經驗，並引導受督者尊重多元文化背景的案主。

(5) 督導者需對督導角色的責任義務、自身能力的限制、督導關係的內涵與變化、督導介入的成效與品質等具備覺察與反思能力。

(6) 督導者若發現個人議題影響督導工作，需尋求專業諮詢，審慎反思與處理個人議題，必要的時候可進行個人心理諮商或心理治療。

案例中的原任督導者岳盈考量個人時間負荷狀況決定減少部分工作，因而終止與佳豪的督導關係，其中有其想要維護工作品質與督導品質的考量，終止督導關係後考量到受督者佳豪的心情與需求，也做了轉介督導資源的安排。岳盈可以處理得更細膩的部分有：預留比較充裕的時間與佳豪討論終止督導關係的事情，瞭解佳豪的想法、感受，及是否需要轉介督導資源。若要轉介督導資源，岳盈需要跟佳豪具體討論他對新的督導者的期

待或考量，在推薦人選時更能符合受督者的狀況與需要；提供推薦人選之後，最好幫助佳豪和新的督導有相互瞭解的機會，由他們決定是否進入督導關係。

新任督導者御文基於朋友的請託，答應擔任佳豪的督導者。討論過程才發現自己在多元成家、同性戀情的議題上，和受督者之間存在價值觀的差異；御文誠實向受督者表達自己的立場，也考量到自己在相關議題上可能幫不上忙，可以覺察到個人限制。從督導倫理的角度思考，御文有些事情可以處理得更周延：(1) 和佳豪建立督導關係之前，主動和受督者針對各自背景進行討論，增進相互的瞭解，和受督者一起評估彼此可能的差異，討論這些差異可以如何處理，評估進入督導關係的適切性；(2) 覺察到自己和受督者的價值觀差異後，需要積極面對，不宜只用避開討論來回應；(3) 提升個人的多元文化能力，透過聆聽與對話增進自己對不同價值觀、不同文化背景族群的理解；(4) 在佳豪尚未決定是否更換督導者之前，與受督者一起討論怎麼減少個人經驗或情緒狀態對諮商的影響，以維護案主福祉。

案例中的受督者佳豪透過參與專業學習活動、定期接受個別督導，致力於提升個人的專業務品質；同時他能夠覺察到個人經驗和情緒狀態對於接案的影響，勇敢的提出來與督導者討論，這些作法都可見佳豪重視個人專業責任的倫理實踐。佳豪發現督導者御文在某些議題上的價值觀與自己不同時，似乎也選擇了迴避、不討論來因應，佳豪可以考量不同的回應或處理方式。如：主動詢問督導者遇到相關議題時可以怎麼進行討論，提出自己可能需要的協助等。佳豪為持有證照的心理師，其督導者沒有明顯的評量角色，受督者佳豪可以有較多選擇空間。

五 可能的行動策略

（一）案例發生當下可能之行動策略

　　以下列出在案例發生當下情境可能採用的各種行動策略，每一行動策略是否適切，要考量行動前後的情境脈絡，行動者的行為意圖、目的，以及執行該行動的態度。

1. 督導者御文

(1) 表明自己的困難和限制，建議受督者考慮更換督導。

(2) 表明自己的困難與限制，詢問受督者對於督導關係是否繼續維持的看法。

(3) 表明自己的價值觀和顧慮，詢問受督者希望討論的重點，再評估是否能夠幫上忙。

(4) 表明自己的價值觀與顧慮，和受督者一起商討如何進行受督者所提出問題的討論。

(5) 先嘗試討論受督者提出的問題，評估受督者是否需要接受個人諮商。

(6) 先嘗試討論受督者提出的問題，共同評估督導關係是否適合延續，或需要考慮終止督導關係。

(7) 提出更換督導建議之後，關心受督者的感受、想法。

(8) 提出更換督導建議之後，詢問受督者是否有更換督導以外的其他方案，跟受督者一起討論，再決定是否繼續督導關係。

(9) 若決定結束督導關係，詢問受督者是否需要轉介其他督導者或提供推薦名單。

(10) 反思與整理個人價值觀議題對督導關係、督導進行的影響，尋求適當的協助。

2. 受督者佳豪

(1) 聽完督導者表達的困難和限制，接受更換督導者的建議。

(2) 聽完督導者表達的困難和限制，先不做是否更換督導的決定，提出其他問題來討論。

(3) 聽完督導者表達的困難和限制，持續與督導者溝通討論本案例的可能性。

(4) 聽完御文提出更換督導者的建議後，表達自己與御文督導過程的感受、想法。

(5) 本次督導結束後，開始尋找其他督導者。

(6) 本次督導結束後，與岳盈聯繫，請岳盈推薦其他督導。

(7) 本次督導結束後，與岳盈聯繫，說明和御文互動的狀況，諮詢岳盈的意見。

(8) 本次督導結束後，整理自己與御文督導過程的感受、想法，下一次督導時提出來與督導者御文討論。

(9) 本次督導結束後，整理對更換督導者的想法，澄清對督導的期待與需求，下一次督導時提出來跟督導者御文討論。

思考

如果你是案例中的受督者佳豪、督導者御文，
最有可能採取哪些行動策略？最不可能採取哪些行動策略？
請說明你的想法或考量。

（二）未來遇到類似情境，可以多注意的事項

　　以下提出之行動策略乃依據案例內容以及前述各項討論提出，提供讀者未來遇到類似情境參考，並非標準答案。鼓勵讀者透過閱讀案例與分

析，發展各自面對督導倫理挑戰情境的策略。

1. 督導者岳盈

(1) 若要結束督導關係，預留時間與受督者充分討論，讓受督者可以表達其心情或想法；仔細說明自己的考量與狀況，取得受督者的諒解。

(2) 考量受督者提出的替代方案，可以嘗試進行一段時間再做評估與決定。

(3) 詢問受督者是否需要推薦其他督導資源。

(4) 若受督者需要岳盈推薦其他督導資源，詢問受督者的期待或需要考量的議題。

(5) 提供推薦名單，讓受督者自行參考決定。

(6) 若要提供推薦名單，對於名單上的督導者有基本程度的理解，確認可以符合受督者的期待或需求。

(7) 若有推薦人選，在新任督導者的同意之下，讓受督者瞭解新任督導的一些基本背景與資訊。

(8) 若有推薦人選，在受督者的同意之下，讓新任督導瞭解受督者的一些基本背景與資訊。

(9) 讓推薦人選與受督者共同討論是否要進入督導關係。

2. 督導者御文

(1) 接受岳盈的委託之前，先詢問受督者的期待、基本背景與資訊。

(2) 同性戀情、多元成家是當前社會常被討論的重要議題，自己在這些議題的價值觀很明確，可主動瞭解受督者對這些議題的觀點或督導期待。

(3) 持續學習相關議題的知識，釐清個人的價值觀及可能影響；探討怎麼拓展自己與多樣性案主或受督者工作的可能性。

(4) 坦承自己的價值觀與限制之外，與受督者一起討論怎麼在具有差異的情況下，仍然能夠一起討論。

(5) 在提出更換督導者的建議之前，先努力嘗試面對與處理價值觀差異的可能性。

(6) 第一次察覺個人與受督者之間存在價值觀差異，便主動與受督者討論他對此差異的感受、想法，討論督導如何進行，或評估督導關係是否有暫停的需要。

(7) 第一次察覺個人與受督者之間存在價值觀差異後，對於督導關係變化保持敏感，關心受督者在督導關係中的感受。

(8) 儘管存在價值觀差異，將更多注意力放在案主需求上，思考怎麼協助受督者提供較好的服務。

3. 受督者佳豪

(1) 接受岳盈的推薦之前，可以主動表達自己的期待、顧慮。

(2) 接受岳盈的推薦人選之前，先詢問新任督導者的相關背景資訊，如：督導者的專業背景與經驗、理論取向與督導模式、在特定議題上是否有明確價值觀等。

(3) 得知在對自己重要的議題上，御文的價值觀與自己不同時，可以進一步思考對後續督導進行可能的影響。

(4) 得知在對自己重要的議題上，御文的價值觀與自己不同時，可以與督導者討論自己對後續督導進行、督導關係的顧慮或想法。

(5) 發現個人經驗與情緒狀態可能影響諮商穩定與諮商效能時，求助督導者之外，也考量其他專業資源（如：評估是否需要進行諮商處理個人議題）。

六 延伸思考

1. 依據本案例的敘述與討論，請思考：

(1) 督導者和受督者存在價值觀差異，是否適合持續維持督導關係？

(2) 對於受督者想要在督導中討論的議題，督導者與受督者間存在價值觀差異，是否合適進行討論？

請敘述你的思考。

2. 若存在價值觀差異，仍決定維持督導關係或進行相關議題討論：

(1) 價值觀差異對於督導討論進行有何潛在益處？有何潛在限制？

(2) 存在價值觀差異，仍決定維持督導關係或進行相關議題討論，需要注意哪些原則？

請敘述你的思考。

3. 案例中的兩位督導者（岳盈、御文）在決定或考慮終止督導關係的歷程：

(1) 如何運用了其作為督導者的權力？

(2) 你對這個權力運用的過程有何觀察與想法？

請敘述你的思考。

案例⑤督導者與受督者的文化差異：多元文化能力、倫理與法規的熟悉、心理測量和評估的倫理
——羿君的故事

 案例內容

　　羿君在臺灣的大專場域工作將近八年，曾經在某大專擔任專任心理師，目前在好幾所大學心理諮商中心擔任兼任心理師。羿君在大學期間結識了同在心理系就讀的陸生朋友祈泉，祈泉畢業後返回中國大陸，取得心理諮詢師資格後也在大專場域工作。羿君與祈泉畢業之後仍舊保持聯繫，偶爾會聊到彼此在大專輔導諮商中心的工作，祈泉知道羿君在臺灣參與很多相關的專業課程，聽他分享實務工作經驗時也很欣賞羿君的專業能力，所以在兩年前就開始邀請羿君到中國大陸分享大專諮商輔導工作的實務經驗，頗受好評。

　　柏潤在中國大陸心理諮詢師考試取消前已取得心理諮詢師資格，但有點擔心自己的專業知能並不足夠，猶豫著要不要從事心理諮詢工作；經過思量後在半年前決定投入大學的學生輔導工作。為了提升專業知能，柏潤參加不少輔導諮商的專業課程與講座，他對學校輔導相關的主題特別感興趣，特別注意這方面的訊息。

　　因緣際會下柏潤參加了羿君的分享講座，陸續聽過三場，很認同羿君的功力，不管是在一對一個別會談或是與系統相關人員溝通合作，柏潤覺得羿君身上有許多值得學習的地方，所以主動詢問羿君願不願意擔任自己的線上督導。羿君對柏潤印象深刻，每次參與講座的人數都很多，常常看到柏潤積極提問，甚至會在講座後留下來繼續討論務求確實瞭解，所以經過幾次聯繫，羿君決定與柏潤進行兩週一次的線上督導。

　　開始督導後，羿君感受到柏潤對於專業學習的熱誠與積極，每次都準時在督導前三天提供督導資料，事先提出想討論的問題，督導後也會撰寫札記與學習心得。經過一段時間的督導，羿君觀察到柏潤很希望督導者提供具體建議，總是期待自己針對他事先提出的問題給出明確說法，然後他就依照羿君提供的建議去行動，事後還會報告執行結果；從柏潤的報告內容，羿君發現柏潤有時會依據個人理解選取建議中的一部分來執行，有時柏潤的理解和羿君想要表達的意思會有些出入。

　　羿君認為在受督者有需要的時候提供具體建議不是壞事，但考量到督導者要幫助受督者發展專業自主性，同時也希望透過討論引導受督者覺察自己的意圖與作為、拓展想法與策略、發展個人的判斷和風格，也釐清受督者對督導者提供意見的理解，因此希望和柏潤討論調整督導進行方式。

　　有一次督導時，羿君鼓勵柏潤在督導過程可以提出個人對個案的假設、輔導策略介入意圖等，共同討論，不需要每次都等著督導者提供建議。柏潤聽後輕鬆的回應：「老師，您多慮了，當初找老師當督導，就是看重與認同您的專業能力，多知道您在各種情況下會怎麼處理，才能跟老師看齊啊！我的許多朋友、同儕都是這樣向大師學習呢！」聽了柏潤的回應，羿君對於是否要調整督導討論方式有些為難，心想這可能是柏潤的學習方式，也可能是他這個專業發展階段的需要，或許就先尊重受督者的需要。

　　最近一次的督導，柏潤和羿君討論這學期遇到的一位大一新生 A，該名新生的導師發現他疑似有自我傷害的行為，學生 A 的行為造成同學們的緊張，所以導師將學生 A 帶到心理健康與諮詢中心請柏潤輔導；柏潤和這位學生進行心理諮詢，學生在言談之間隱隱透露有想要自殺的念頭，這是柏潤在實務工作上第一次遇到有自殺意念的學生，有些焦慮不安；同時這位新生的導師也有些緊張，每天都來詢問柏潤這個學生到底會不會自殺；學生家長接獲學校通知後也與柏潤聯繫，詢問孩子是否真的會自殺，為什麼會這樣⋯⋯，一時之間讓柏潤有點慌亂。

　　督導討論時，柏潤希望羿君提供可以有效評估自殺風險的工具，讓自己可以快速精確的評估學生的危機狀況，好跟老師、家長有個交代。羿君聽了柏潤的敘述後，考慮到面對危機案主時，要思考後續危機預警、通報、破除保密等法規與倫理議題，羿君突然意識到自己對中國大陸的專業倫理守則、通報規範、危機處理規範與流程……等不是很瞭解，於是提出來詢問柏潤，提醒他要留意這些規範，柏潤簡單回應說他之後會再做研究，並再次表達他現在最需要的就是如何準確判斷學生會不會自殺。羿君說明自己的想法：評估學生的危機程度並非只靠單一評量工具就可以精準下結論，需要伴隨著對學生生活壓力事件、情緒起伏狀態、支持系統的整體評估，做持續性的評估與判斷，所以最好能夠啟動校內的安全防護網，共同協助與支持學生 A……。柏潤一時之間很難理解與接受羿君的意見，很急切的表達：「老師，您說得是很有道理，但這些作法我現在聽起來有點複雜，緩不濟急，我現在就需要能夠盡快準確判斷學生會不會自殺，這樣才能給導師、家長一個明確說明，並提供他們後續輔導的建議。」

　　羿君依然覺得依靠單一工具進行評量來下結論存在風險，因此持續說明自己的想法與顧慮，柏潤表示自己會留意，但是仍是請羿君幫忙提供評估工具作為判斷的依據。督導時間結束前十五分鐘，柏潤突然接到一個緊急通知，督導討論暫停了一下，柏潤回來後說：「老師不好意思，突然有個緊急事情需要立刻去處理，今天的督導就提前結束好了，我已經約了學生明天過來做測驗，後天要跟導師說明，就麻煩您提供給我自殺風險的評量工具，謝謝您！」然後急忙下線了，留下羿君思量著該怎麼回應……。

實務問題

1. 對案例中主要角色羿君、柏潤的考量和作法，你有哪些感受或想法？

2. 如果你是案例中的羿君：

(1) 發現自己對於受督者工作地區的倫理守則、通報規範、危機處理規範與流程等不熟悉，會怎麼處理？

(2) 當受督者堅持要求提供自殺風險評估工具，作為判斷學生是否會自殺的依據，會怎麼回應或處理？
　　請說明你的想法。

3. 如果你是案例中的柏潤，期望督導者提供自殺風險評估工具，作為判斷學生是否會自殺的依據：

(1) 面對督導者羿君的種種提醒，你有哪些情緒或想法流動？

(2) 督導者怎麼表達，你比較容易聽進去他的提醒？

(3) 若督導者沒有提供你需要的自殺風險評估工具，你會如何回應或處理？
　　請說明你的想法。

 案例思考

（一）澄清問題或困境

1. 督導者羿君的困境

(1) 對於持續提供受督者建議的疑慮

　　針對受督者的提問給予具體建議是受督者柏潤的需要及學習方式，督導者羿君對於這樣的督導方式有些疑慮：擔心受督者無法發展出自己的思

考、判斷，無法拓展介入策略；不確定自己提供的建議是否適切、周延；擔心受督者對於自己提供的建議有所誤解，影響實際介入的行動與成效。

羿君與柏潤討論調整督導方式的可能性，柏潤認為沒有問題，凸顯出督導者羿君對督導者角色、功能的觀點，和受督者柏潤存在差異。

(2) 不熟悉受督者服務地區之相關規範

本案例中涉及案主有自殺危機的議題，處理有危機風險的案主需要同時考量危機預警、通報、破除保密等法規與倫理的規範，採取必要的預防或處遇措施，督導者羿君不熟悉受督者工作地區的專業倫理守則、通報規範、危機處理規範與流程……等，難以針對重要的行動或處遇步驟，與受督者具體討論，或做必要的提醒。

(3) 擔心受督者對危機評估的作法存在風險

受督者柏潤想要運用一個評量工具，作為評估學生是否會採取自殺行動的唯一依據，並依據評量結果給導師和家長明確回覆。依據單一評量工具針對學生的自殺危機做出結論確實存在風險，督導者羿君認為面對有自殺危機的學生，伴隨的重要議題還有評估學生的生活事件和支持系統，啟動學生周遭的安全防護網。不論羿君如何說明，似乎很難讓受督者柏潤接受自己的提醒，拓展不同面向的處遇。

(4) 是否提供評量工具，存在兩難

督導者羿君對於受督者柏潤進行危機評估的作法存在疑慮與擔心，若提供評量工具，存在一些擔心：(1) 受督者對評量工具的目的、使用程序與計分原則是否熟悉？(2) 受督者對評量結果的解釋是否適切？(3) 受督者為了安撫導師和家長只依據評量結果予以回覆，忽略其他面向的介入或處理，反而未能給予學生 A 必要的協助。

若不提供評量工具，似乎沒能回應受督者當下需要的協助，未能發揮督導效能。

2. 受督者柏潤要面對的問題

(1) 面對有自殺風險的學生有些緊張

依據案例敘述，柏潤的緊張來自幾個面向：(1) 柏潤自己在實務工作上第一次遇到有自殺風險的學生，對於要怎麼處遇有些緊張不安；(2) 學生 A 的行為影響到他的同學們的情緒反應，因此導師甚為重視，每天詢問狀況，希望柏潤確認學生是否會自殺；(3) 學生 A 的家長亦希望得到明確回覆。

面對導師和家長的詢問，似乎要盡快給個明確說法，同時還要給出具體輔導建議，因此希望藉助評量工具，做準確評估，以回應導師和家長的詢問。

(2) 不理解督導者為什麼不直接提供評量自殺風險的工具，而是討論其他事情

自己已經明確表達希望督導者協助的事情是：提供可以有效評估自殺風險的工具，讓自己可以快速精確的評估學生的危機狀況，好跟老師、家長有個交代。

督導者沒有明確表達是否可以提供評量工具，反而一直討論其他事情：不明白這和法規、倫理有什麼關係；督導者說要持續評估，當然會持續評估，但一開始就是要有個工具啊；督導者說要啟動校園安全防護網，聽起來很理想，但首先還是要確認學生的狀態才能做其他事情啊。

不能理解督導者為什麼不直接提供我需要的協助。

(3) 萬一督導者沒有提供評量工具，要怎麼做

現在急需一個可以準確評估學生自殺風險的評量工具，這樣才能給導師和家長一個明確說明，並且擬定後續輔導計畫，給出具體輔導建議。

只靠個人的觀察很難準確評估，學生可能沒有說實話，有個評量工具至少有個客觀標準、科學依據，出錯的機率比較少。如果督導者沒有提供

評量工具該怎麼辦？要怎麼回覆導師和家長的詢問呢？

（二）思考案例涉及的潛在議題

1. 督導者和受督者之間可能存在的文化差異

　　案例中的督導者羿君在臺灣接受訓練和從事實務工作，受督者柏潤在中國大陸取得心理諮詢師資格並從事實務工作，兩人對於督導者的功能和角色的看法，對於專業學習與專業發展方式的觀點，受到接受專業訓練地區與實務工作地區的影響，存在差異，廣義而言也屬於多元文化的範疇。

　　依據案例敘述，受督者柏潤在督導過程積極投入，準時提供督導資料、事先提出想要討論的問題、撰寫學習心得……，他的學習方式為希望督導者針對自己提出的問題給出明確建議，依據督導者的建議進行執行，向督導者學習。

　　督導者羿君考慮到的向度與柏潤有些不同，羿君認為督導者要協助受督者發展專業自主性和個人風格，期望藉由共同討論引導受督者覺察個人的意圖與作為、拓展想法與策略，因此覺得有調整督導進行方式的需要，提出來與受督者討論，受督者則不認為有調整的必要。

　　督導者要堅持自己對督導角色、督導功能的觀點，調整督導進行方式和督導關係，或是尊重受督者的需要，持續針對受督者的提問提供建議，除了思考個別督導關係與督導技巧面向，也需考量文化差異的向度。

2. 督導者和受督者之間對危機評估與處遇觀點存在差異

　　案例中的督導者羿君和受督者柏潤對於危機評估與處遇的觀點存在差異，這些差異可能來自於前項所述的文化差異，可能來自於實務工作經驗差異，也可能來自於倫理法規規範的差異。

　　從案例敘述來看，受督者柏潤將評估學生自殺風險，判斷學生 A 是否會自殺當作首要任務，同時他需要給予導師和家長明確回覆，以及提供明

確的輔導建議；督導者羿君考量到危機預警、通報、破除保密等法規與倫理等議題，用系統的、滾動的觀點來思考學生危機風險評估的議題，將啟動支持網絡視為重要議題，與受督者的觀點存在明顯差異。

督導者和受督者對危機評估與處遇觀點的差異影響了對倫理法規的重視程度、優先任務的排序、對評量工具的運用方式及輔導者的角色定位等議題。

3. 督導者不熟悉受督者工作區域的倫理與法規

督導者應熟悉與諮商、諮詢、督導相關的專業倫理及法律責任。督導者有責任提醒受督者瞭解倫理與法規的內涵，協助提升受督者的倫理意識、倫理敏感度、責任感及增強其倫理判斷的能力。

案例中的督導者羿君不熟悉受督者柏潤服務地區的法律與倫理規範，難以與受督者具體討論面對有自殺風險的學生要留意哪些法律與倫理責任，難以評估危機預警、通報的緊急程度和相關權責，以及在危機處遇上介入策略的優先順序。

4. 心理測量與評估的倫理議題

案例中的受督者柏潤是取得證照的心理諮詢師，需要瞭解心理測量與評估的倫理議題：「心理師應正確理解心理測量與評估手段在臨床服務中的意義和作用，考慮被測量者或被評估者的個人特徵和文化背景，恰當使用測量與評估工具來促進尋求專業服務者的福祉。」

督導者需要確認受督者對於心理測量與評估的倫理議題是否瞭解，是否具備心理測量與評估的知能，提出必要的提醒。

四 案例分析

（一）與本案例有關之倫理守則

1. 《督導倫理守則》（草案）

倫理議題	基本原則	實務指引
督導者的能力	1.3 多元文化能力：督導者應具備多元文化的思維與意識，瞭解文化因素對心理諮商／心理治療或督導的影響，以服務不同文化背景的案主及受督者。	1.3 多元文化能力： 1.3.1 督導者需瞭解不同背景因素對心理諮商／心理治療或督導的影響，包含種族、性別、性取向、宗教信仰、社經背景、年紀／世代、⋯⋯等。 1.3.2 督導者需尊重受督者的多元文化經驗，並引導受督者尊重案主的多元文化經驗。
	1.5 專業倫理與法律：督導者應熟悉與心理諮商／心理治療、督導相關的專業倫理及法律責任。	1.5 專業倫理與法律： 1.5.1 督導者需持續關注督導相關專業倫理守則的修訂內容與更新概念。 1.5.2 督導者需持續關注在提供心理諮商／心理治療服務時會涉及的相關法律與規定。
	1.6 覺察與反思： 1.6.1 督導者在督導過程中應具備自我覺察與反思的能力。	1.6 覺察與反思： 1.6.1 督導者需對督導角色的責任義務、自身能力的限制、督導關係的內涵與變化、督導介入的成效與品質，以及評量受督者之態度與歷程等具備覺察與反思能力。
督導者的責任	2.2 評估受督者專業準備度：督導者應瞭解受督者的知能與經驗，評估受督者提供的專業服務與其專業訓練與專業能力是否相符。	2.2 評估受督者專業準備度： 2.2.1 督導者宜協助受督者獲得其實務工作所需的專業訓練，提升其專業準備度。 2.2.2 督導者宜提醒機構，讓受督者提供與其專業能力相符的專業服務，或是給予受督者必要的專業訓練。

倫理議題	基本原則	實務指引
督導者的責任	2.3 維護受督者權益： 2.3.1 督導者應維護受督者的知情同意權、受益權及隱私權，並告知受督者保密的範圍與限制。	2.3 維護受督者權益： 2.3.1 督導者維護受督者的知情同意權（內容請見基本原則3.1 與實務指引3.1）。 2.3.3 督導者需覺察自己與受督者在文化背景、理論取向、價值觀等各方面的差異，並尊重彼此之間的差異。 2.3.4 督導者需理解受督者從事心理諮商／心理治療工作的場域文化與情境脈絡，進行督導時需尊重與貼近受督者的經驗。
	2.5 提升受督者倫理意識：督導者應協助提升受督者的倫理意識、倫理敏感度、責任感及增強其倫理判斷的能力。	2.5 提升受督者倫理意識： 2.5.1 督導者協助受督者提升其專業知能與倫理意識外，需示範並培養受督者面對心理諮商／心理治療工作應有的態度、堅持與敬業精神等。 2.5.2 督導者宜示範面對倫理困境時如何拓展思考面向與發展多元處理策略。
	2.7 危機處理：當案主出現危機或觸法情事，督導者應提醒受督者進行必要的預警、通報或處遇。	2.7 危機處理： 2.7.1 受督者在危機評估與處理過程，督導者需提醒受督者瞭解機構的資源跟政策，將案主情況與機構內人員討論。

2.《ACA 倫理守則》

倫理議題	ACA 倫理守則
E.2. 使用及解釋衡鑑工具的能力	E.2.a. 能力的限制： 諮商師只使用他們受過培訓且有能力使用的測驗和衡鑑工具提供服務。諮商師在使用科技輔助之前，要受到使用科技輔助的測驗解釋的測量及儀器操作的訓練。諮商師應該採取合理的措施，以確保在自己督導下的人員正確使用衡鑑技術。
E.7. 管理衡鑑的資格條件	E.7.d. 未經督導的衡鑑： 除非衡鑑工具是被設計、預定、證實來做自我管理和／或評分，否則諮商師不允許在未經督導的狀況下使用。

倫理議題	ACA 倫理守則
F.1.諮商督導與案主福祉	F.1.a.案主福祉： 諮商督導者的主要職責是監管受督者所提供的服務。諮商督導者監管案主福祉以及受督者的表現與專業發展。為履行這些職責，督導者會定期與受督者見面，回顧受督者的工作，以及幫助他們做好為不同案主服務的準備。受督者有責任理解並遵守 ACA 的倫理守則。
F.2.諮商督導的能力	F.2.b.督導中的多元文化議題／多樣性： 諮商督導必須正視多元文化的角色對於諮商督導關係的影響，並於督導關係中覺察與扮演接納多元文化的角色。
F.4.督導的職責	F.4.c.受督者的準則： 督導者讓受督導者瞭解專業與倫理準則以及法律責任。
F.5.學生和受督者的責任	F.5.a.倫理責任： 學生和受督者有責任理解和遵守 ACA 倫理守則。學生和受督者對案主負有與專業諮商師同樣的義務。

3. 《輔諮學會倫理守則》

倫理議題	輔諮學會倫理守則
7.1.專業倫理知能	從事諮商師教育、訓練或督導之諮商師，應熟悉與本職相關的專業倫理，並提醒學生及被督導者應負的專業倫理責任。
7.5.連帶責任	從事諮商師教育與督導者，應確實瞭解並評估學生的專業能力，是否能勝任諮商專業工作。若因教學或督導之疏失而發生有受督導者不稱職或傷害當事人福祉之情事，諮商師教育與督導者應負連帶的倫理責任。

4. 《中國心理學會倫理守則》

倫理議題	中國心理學會倫理守則
5 心理測量與評估	心理測量與評估是諮詢與治療工作的組成部分。心理師應正確理解心理測量與評估手段在臨床服務中的意義和作用，考慮被測量者或被評估者的個人特徵和文化背景，恰當使用測量與評估工具來促進尋求專業服務者的福祉。 5.1 心理測量與評估旨在促進尋求專業服務者的福祉，其使用不應超越服務目的和適用範圍。心理師不得濫用心理測量或評估。 5.2 心理師應在接受相關培訓並具備適當專業知識和技能後，實施相關測量或評估工作。 5.3 心理師應根據測量目的與物件，採用自己熟悉、已在國內建立並證實信度、效度的測量工具。若無可靠信度、效度數據，需要說明測驗結果及解釋的說服力和局限性。 5.4 心理師應尊重尋求專業服務者瞭解和獲得測量與評估結果的權利，在測量或評估後對結果給予準確、客觀、對方能理解的解釋，避免後者誤解。 5.5 未經尋求專業服務者授權，心理師不得向非專業人員或機構洩露其測驗和評估的內容與結果。 5.6 心理師有責任維護心理測驗材料（測驗手冊、測量工具和測驗專案等）和其他評估工具的公正、完整和安全，不得以任何形式向非專業人員洩露或提供不應公開的內容。
6 教學、培訓和督導	6.4 從事教學、培訓和督導工作的心理師應熟練掌握專業倫理規範，並提醒學生、被培訓者或被督導者遵守倫理規範和承擔專業倫理責任。

（二）綜合討論

綜合《督導倫理守則》（草案）、《ACA倫理守則》、《輔諮學會倫理守則》及《中國心理學會倫理守則》之內涵，本案例涉及幾個倫理議題：

1.督導者需具備多元文化能力

(1) 督導者需瞭解不同背景因素對督導的影響，包含種族、性別、性取向、宗教信仰、社經背景、年紀／世代、地區／城市……等。

(2) 督導者必須正視多元文化角色對於督導關係的影響，並於督導關係中覺察與扮演接納多元文化的角色，以服務不同文化背景的受督者。

2. 督導者需協助受督者提升對倫理與法律的瞭解

(1) 督導者要瞭解與諮商／治療、督導有關的倫理與法律：督導者應熟悉與諮商／治療、督導相關的專業倫理及法律責任。持續關注督導相關專業倫理守則的修訂內容與更新概念，及持續關注在提供心理諮商／心理治療服務時會涉及的相關法律與規定。

(2) 幫助受督者理解倫理與法律責任：從事心理師教育、訓練或督導之心理師，應熟悉與本職相關的專業倫理規範與法律，並提醒受督者瞭解專業倫理責任及法律責任。

(3) 督導者協助受督者提升其專業知能與倫理意識外，示範並培養受督者面對專業工作應有的態度、堅持與敬業精神等，及示範面對倫理困境時如何拓展思考面向與發展多元處理策略。

3. 督導者有責任維護受督者權益

(1) 督導者需覺察自己與受督者在文化背景、理論取向、價值觀等各方面的差異，並尊重彼此之間的差異。

(2) 督導者需理解受督者從事助人工作的場域文化與情境脈絡，進行督導時需尊重與貼近受督者的經驗。

4. 督導者有責任協助受督者提升準備度

(1) 督導者的重要職責是維護案主福祉，因此需要監督受督者的專業表現。為履行這項職責，督導者定期與受督者見面，回顧與檢閱受督者的工作，幫助他們做好為不同案主服務的準備。

(2) 督導者應瞭解受督者的知能與經驗，評估受督者提供的專業服務與其專業訓練與專業能力是否相符，協助受督者獲得其實務工作所需的專業訓練，提升其專業準備度。

5. 督導者協助受督者進行危機處理

(1) 當案主出現危機或觸法情事，督導者應提醒受督者進行必要的預警、通報或處遇。

(2) 受督者在危機評估與處理過程，督導者需提醒受督者瞭解機構的資源跟政策，將個案情況與機構內人員討論。

6. 督導者提醒受督者遵守心理測量與評估的倫理

(1) 督導者需熟悉進行心理測量與評估的倫理規範。

　①心理師應正確理解心理測量與評估在臨床服務中的意義和作用，考慮接受測量者或被評估者的個人特徵和文化背景，恰當使用測量與評估工具來促進尋求專業服務者的福祉。

　②與心理測量和評估有關的倫理規範包括：心理測量與評估的目的在促進尋求專業服務者的福祉；心理師應在接受相關培訓並具備適當專業知識和技能後才實施相關測量或評估工作；必須採用自己熟悉、已在國內建立並證實信度、效度的測量工具；測量或評估後對結果的解釋要注意準確、客觀、讓接受測量者或被評估者能夠理解，避免造成誤解；未經尋求專業服務者授權，心理師不得向非專業人員或機構洩露其測驗和評估的內容與結果。

(2) 督導者必須提醒受督者瞭解與遵守心理測量與評估的倫理。

7. 督導者的覺察與反思

　　督導者對督導角色的責任義務、自身能力的限制、督導關係的內涵與變化、督導介入的成效與品質等進行覺察與反思，持續與受督者討論如何調整督導進行方式。

　　本案例分別從兩個議題進行討論：

1. 首先針對案例中的督導關係與督導方式進行討論

案例中的督導者羿君進入督導關係前與受督者有數次聯繫，雖不知具體的討論內容，仍可看出督導者對於進入督導關係的慎重；督導討論開始後，督導者觀察受督者參與督導過程的態度、方式，及運用督導討論內容的情形，覺察與反思督導者的角色責任和功能、督導關係的內涵及督導介入的成效，思考調整督導討論方式的必要性，提出來與受督者討論，可看出督導者具備覺察與反思能力，持續思考如何提升對受督者的協助；受督者表達督導討論方式沒有調整的需要，羿君選擇先尊重受督者的學習方式與目前需要。

案例中的受督者柏潤覺察個人在專業能力上的不足，為了提升專業知能，積極參與相關的專業課程與講座，主動找尋可以學習的對象，邀請其擔任督導者。依據案例敘述，柏潤對於督導討論的投入非常認真，足見受督者在專業學習上具備誠懇、積極主動的態度與行動。

本案例中的督導者與受督者對於督導討論，都抱持認真的態度，相當值得敬重。從案例敘述來看，可以看出兩人對於督導討論的功能、督導者扮演的角色與責任、專業學習的方式與目標確實存在背景與情境脈絡的差異，督導者和受督者可以在現有基礎上持續拓展討論的多元性和可能性。督導者可以持續與受督者討論加入不同的討論方式，在提供具體建議與引導受督者思考方面逐步調整比例，讓受督者慢慢發展自己的專業判斷與思維；受督者可以嘗試參與不同型態的討論，拓展專業學習的方式，發展個人的專業風格。

2. 接著針對案例中的危機處遇進行討論

案例中的督導者羿君得知受督者柏潤在處理有自殺風險的案例，很快敏感到與危機處遇相關的倫理責任、法律責任，想要提醒受督者留意預警、通報、保密例外等倫理規範或法律規範，督導者的敏感度有其必要，

也是善盡督導者責任的作為。督導者若能於事前就針對受督者工作地區的相關法規或倫理規範進行詳細瞭解，在危機發生時才能即時提供具體提醒與協助。

　　依據案例敘述，案例中的受督者柏潤面對具有自殺風險的學生，面對學生的自殺意念和導師、家長的殷切詢問，柏潤都很想妥善處理。他的思維邏輯是先準確評估學生的自殺風險，給予導師和家長明確回覆，然後擬定後續輔導策略，因此很希望督導者提供可以準確評估的工具。從督導者羿君的回覆可以看到他的善意與用心，羿君的提醒與說明有其理論與實務上的依據，若能先承接、同理受督者柏潤的情緒、擔心，從柏潤的脈絡去理解他要處理的問題，或許更能夠引導柏潤從其機構中找到合適的資源（如：合適的評量工具、可以協助的人），和瞭解機構過去處理類似案例的政策和方式，以符合規範和倫理的方式進行危機評估和處遇。

五　可能的行動策略

（一）案例發生當下可能之行動策略

　　以下列出在案例發生當下情境可能採用的各種行動策略，每一行動策略是否適切，要考量行動前後的情境脈絡，行動者的行為意圖、目的，以及執行該行動的態度。

1. 督導者羿君

(1) 再次重申無法提供單一評估工具的考量。

(2) 回應受督者需要的協助，提供自殺風險評估工具。

(3) 回應受督者需要的協助，提供自殺風險評估工具，並詳細說明該評量工具的進行方式、計分、結果解釋、使用限制等內容。

(4) 和受督者一起討論，其服務機構過去進行危機評估的方式，機構是否有用來評估風險的工具。

(5) 和受督者一起討論，其服務機構過去進行危機評估的方式，有哪些同事或主管可以提供協助／諮詢。

(6) 承接、同理受督者的心情，瞭解受督者何以想要「快速精確的評估學生的危機狀況」。

(7) 瞭解受督者想要「快速精確的評估學生的危機狀況」的目的，評估後會做哪些處理，一起討論進行危機評估和後續處理的方式。

(8) 關心受督者第一次遇到有自殺意念學生的心情，和柏潤討論如何安穩自己的心情，如何回應導師、家長的詢問。

2. 受督者柏潤

(1) 持續說明自己的需要，說服督導者提供評估自殺風險的工具。

(2) 請教督導者，評估學生自殺風險的其他方法。

(3) 請教督導者，面對導師和家長的詢問可以怎麼回覆。

(4) 表達自己第一次遇到有自殺意念學生的心情，請教督導者過去處理危機案例的經驗。

(5) 提出自己可能的輔導策略與督導者討論，讓危機處遇更為周延。

(6) 提出自己蒐集到的評估工具，與督導者討論運用該工具進行自殺風險評估時需要留意哪些細節。

(7) 瞭解處理危機案例有哪些倫理規範與法規需要遵守，幫助自己排定行動的優先順序。

思 考

如果你是案例中的督導者羿君、受督者柏潤，
最有可能採取哪些行動策略？最不可能採取哪些行動策略？
請說明你的想法或考量。

（二）未來遇到類似情境，可以多注意的事項

以下提出之行動策略乃依據案例內容以及前述各項討論提出，提供讀者未來遇到類似情境參考，並非標準答案。鼓勵讀者透過閱讀案例與分析，發展各自面對督導倫理挑戰情境的策略。

1. 督導者羿君

(1) 接受督導工作邀約前，先瞭解受督者工作地區對督導角色的期待、對督導關係的界定、對督導成效的評估及對專業學習和專業發展的看法，評估個人觀點和受督者之間的差異。

(2) 第一項所提各項觀點，若發現個人想法和受督者的差異非常明顯，與受督者進行討論，這些差異對於督導關係與督導過程的可能影響、差異調整與對話的可能性及如何減低差異帶來的負面影響。

(3) 若受督者工作地區的專業倫理或法律規範與督導者工作地區存在明顯差異，展開督導討論前，需先具體瞭解受督者工作地區的專業倫理守則與法律規定。

(4) 對於受督者服務場域之實務運作情形，可以多做瞭解。

(5) 督導過程若發現受督者對於督導者所提建議的理解不完全，宜在合適的時機提出來與受督者討論，澄清彼此的理解。

2. 受督者柏潤

(1) 督導者提出調整督導進行方式的意見時可以多瞭解督導者的想法和考量，可以拓展對於專業學習、專業發展的思考向度。

(2) 可以主動詢問自己對於督導者提供之建議的理解，是否有需要調整之處。

(3) 討論危機案例前，可以先思考自己可能的處理策略或計畫，提出來與督導者討論。

延伸思考

1. 本案例中,督導者對於督導角色的期待、督導關係的界定、督導成效的評估及專業學習和專業發展的看法,和受督者之間確實存在差異。請問:

(1) 若是受督者堅持表達希望督導者提供具體建議即可,你會如何回應或處理?

(2) 案例中的督導者羿君選擇先尊重受督者的需要,你的看法如何?

(3) 從多元文化的角度思考,督導者在溝通與調整過程需要注意哪些原則?

請敘述你的思考。

2. 經過本案例的分析討論,身處不同背景/不同地區的督導者和受督者建立督導關係:

(1) 要如何減低彼此差異對督導過程的影響?

(2) 要怎麼維護受督者權益和案主權益?

請敘述你的思考。

3. 案例中的督導者提醒受督者留意倫理與法律規範,受督者表達之後再做研究。

如果案例中的受督者後續未留意到相關倫理或法律責任,案例中的督導者是否要負哪些責任?

請敘述你的思考。

案例⑥新手督導：督導關係、督導間的比較與競爭
——沛文的故事

 一　案例內容

　　沛文在某社區機構擔任心理師進入第五年，工作投入、認真負責，與同事互動良好，很得主管與同事的信任。沛文對專業學習亦很積極，前一年還參與了專業學會舉辦的督導培訓，取得督導認證。

　　該機構今年決定招募兩位實習心理師，進行為期一年的駐地實習。機構主管認為沛文已經取得督導認證，具備擔任督導者的能力與資格，請他擔任其中一位實習心理師的督導者；另一位督導者為機構內的資深心理師，諮商實務經驗與督導實務經驗都頗豐富。沛文感覺有點壓力，因此重新複習接受督導培訓期間的講義，找了督導相關書籍來閱讀，回想自己接受督導的經驗，思考怎麼與受督者建立關係和進行督導討論。

　　基於尊重，沛文讓另一位督導者先決定要督導哪一位實習心理師。資深同事依據面試時的印象及互動的經驗，感覺非相關科系畢業的實習心理師Ａ的性情頗為開朗、有事情會主動詢問或溝通，因此選擇擔任Ａ的督導者，沛文就擔任另一位實習心理師維庭的督導。維庭為心理相關科系畢業，大學時期成績不錯，應屆就考上了研究所，對自己期許頗高；進入研究所後，維庭感覺到自己的實務經驗比不上同學，因此很期待全職實習期間有更多接觸實務工作的機會，也期待督導者可以協助自己在諮商專業能力上有所突破，有長足進展。

　　第一次討論時，沛文先聆聽與瞭解維庭對於專業學習與督導進行的期待，然後分享自己接受督導的經驗，當時督導者要求自己謄寫逐字稿，針

對逐字稿內容進行討論可以具體瞭解諮商歷程及如何調整，因此也期待維庭能夠定期提供諮商逐字稿，於督導過程討論，維庭對這個提議表示同意。

　　經過幾次督導，沛文發現幾個問題：(1) 維庭對案主的概念化能力頗為不足；(2) 維庭容易受到個人經驗與價值觀的影響，自行詮釋案主經驗；(3) 維庭容易與實習心理師Ａ比較，產生焦慮。督導討論時，要花不少時間來處理個案概念化的議題，及安頓維庭的焦慮情緒，壓縮了討論逐字稿的時間。維庭的感覺是，自己辛苦完成的逐字稿，督導時常常只討論其中一小部分，其他部分都沒有討論到；督導者花不少時間與自己討論個案概念化的議題，常提醒自己需要加強個案概念化能力，且好幾次提到自己的情緒狀況對會談的影響。

　　維庭不太知道要怎麼加強個案概念化能力，也不清楚要怎麼避免情緒狀況對會談的影響，感覺很挫折；同時覺得督導過程常常沒有討論到辛苦謄寫的逐字稿，寫逐字稿的必要性似乎沒那麼高，當工作壓力增加後，漸漸萌生不想謄寫逐字稿的念頭。維庭和實習心理師Ａ時常分享在督導過程的感受，Ａ不斷強調他的督導者實務經驗非常豐富，自己在督導過程有許多學習與成長。維庭很羨慕Ａ可以接受資深心理師的督導，對機構安排督導的方式感到不公平，維庭對沛文的信任感逐漸降低，更不想謄寫逐字稿了。

　　漸漸的維庭沒有如期提交逐字稿，沛文有些在意，詢問維庭沒有繳交逐字稿的原因，維庭說：「最近機構工作太多，真的沒有空寫逐字稿；我希望督導過程可以直接討論我提出來的問題，這樣幫助比較大。」沛文雖然覺得維庭好像在找藉口，但基於不要破壞督導關係，選擇接受受督者的需求與說法，試著依照維庭期待的方式進行督導。

　　沛文發現維庭提出的問題很抽象、籠統，多屬概念性的議題，很少機會瞭解與討論維庭實際接案情形；漸漸的維庭服務的案主有好幾位出現常請假、無故不到或是流失的現象，維庭的焦慮情緒增加，又影響到會談進

行。沛文想要和維庭具體討論他的接案歷程，看看發生什麼事情，又擔心這個時候要求維庭提出會談錄音或逐字稿，會讓他覺得被質疑，加重其焦慮情緒與壓力，因此沒有提出要求。沛文盡力的傳達出善意與關心，希望維庭可以提出接案的困難一起討論，但沛文感覺到維庭在督導過程的投入程度降低，有點避重就輕，而案主請假和流失的情形沒有改善。

　　沛文覺得事態有點嚴重，決定直接和維庭討論案主請假與流失的情形，詢問維庭需要怎樣的幫忙。維庭則表示自己很擔心接案時數不足的問題，希望可以盡快改善，他知道沛文人很好，很想幫忙自己，但總覺得督導過程的討論幫助有限。維庭詢問：「不知道下學期是否可以和實習心理師 A 交換督導？」機構過去並沒有交換督導的先例，沛文不知如何回應與處理……。

　實務問題

1. **對案例中主要角色沛文、維庭、實習心理師 A、資深心理師的判斷和作法，你有哪些感受或想法？**

2. **如果你是案例中的沛文：**

(1) 當受督者維庭未如期提出逐字稿時，你會做哪些處理？

(2) 發現維庭服務的案主有好幾位出現常請假、無故不到或是流失的現象，維庭的焦慮情緒增加，又影響到會談進行時，你會做哪些處理？

(3) 受督者維庭提出下學期想要交換督導的提議，你會怎麼回應或處理？請說明你的想法。

3. **如果你是案例中實習機構另一位督導者（資深心理師），面對受督者維庭提出下學期想要交換督導的提議，你會怎麼回應或處理？請說明你的想法。**

4. **如果你是案例中的實習心理師 A，面對實習夥伴維庭提出下學期想要交換督導的提議，你會怎麼回應？請說明你的想法。**

5. **試著從案例中維庭的角度思考，他可能有哪些情緒與感受？怎麼樣的處理對他比較有幫助？請說明你的想法。**

 案例思考

（一）澄清問題或困境

1. 督導者沛文的困境

(1) 督導能力被否定與質疑的挫折、焦慮

　　沛文雖然參加了督導培訓，亦取得督導認證，但相較另一位資深心理師，沛文的諮商實務經驗與督導實務經驗均較少，本來就存在壓力；儘管自己很努力的協助受督者，受督者維庭仍提出想要更換督導的期待，似乎暗示著自己的督導能力不如另一位督導者；沛文一方面擔心主管與同事對自己督導能力的評價，一方面也有些自我懷疑：自己的督導能力是否真的不足？

　　沛文與維庭進行督導的過程確實遇到困難。受督者的個案概念化能力、價值觀與情緒都會影響與案主的會談，需要花時間討論；為了確認受督者接案的真實狀態，維護案主福祉，透過逐字稿來討論也是必要的。督導時間有限，要怎麼決定督導重點呢？有什麼方法可以在有限時間內兼顧這些工作嗎？資深心理師怎麼進行督導，可以讓受督者滿意和有所學習，

沛文心裡既困惑又挫折。

(2) 面對機構其他人員的為難

受督者維庭提出下學期想要更換督導的期待，這件事情不只影響自己和受督者的關係，也會影響同事和實習生 A 的督導關係與督導進行，因為自己沒有處理好督導關係而影響到他人，覺得抱歉。

從這件事情來看，實習生會將自己的督導能力拿來與資深心理師比較，下學期不論是否更換督導者和受督者的配對，沛文都感覺到很大的壓力，也覺得這樣的比較並不公平。日後要如何面對同事（資深心理師）、實習生 A？甚至要如何面對主管和其他同事？心中有複雜的情緒，也有點不知如何處理。

(3) 面對受督者有複雜情緒起伏

維庭雖為相關科系畢業，但是基礎能力不足，帶起來很費力；加上維庭的個人狀況會影響與案主的會談，自己也花了許多心力和時間在安頓他。維庭對自己的能力與個人狀況似乎沒有太多覺察，還有規避問題的傾向，但他似乎比較關心自己接案時數的問題，沒有關心案主的福祉。自己盡力在幫助維庭，並為他著想，不增加他的負擔與焦慮，維庭似乎將自己接案時數不足，學習沒有進展的責任推給自己，沛文感覺有點生氣、挫折、不平。

督導關係建立之初說好用逐字稿進行討論，但受督者在督導過程的投入程度不佳，沒有定期提出逐字稿討論，還要求討論受督者提出的問題就好，沛文為了不增加受督者壓力，不破壞督導關係，選擇符合受督者的期待，用他期待的方式進行督導。自己努力釋出善意與關心，營造安全支持的督導氛圍，受督者維庭似乎沒有覺察與接收到，還質疑督導者的督導效能，沛文感到挫折、難過。

2. 機構另一位督導者（資深心理師）要面對的問題

很訝異受督者維庭會提出這樣的要求，到底發生了什麼事情？受督者提出的要求，可能會讓沛文感受到壓力，造成自己和沛文之間的尷尬，不知道該怎麼處理才好。

當初是自己先選擇實習生，當時的評估是實習生A可能比較容易帶，現在看來之前的評估是對的，但是好像將比較不容易帶的實習生交給沛文，對沛文有些抱歉。

目前的狀況很不容易處理，如果維庭詢問當初是怎麼分配督導者和受督者的配對的，要怎麼回答？如果實習生A不同意交換督導者，又該怎麼處理？

3. 受督者維庭的困境

(1) 擔心自己的專業表現不佳

不知道怎麼回事，個案持續請假或流失，這樣下去會有接案時數不足的問題，可能讓機構主管、督導、其他老師認為自己的能力與表現不如非相關科系畢業的A，認為自己專業能力不足，影響實習成績評量結果。

督導者說自己個案概念化能力不佳，但自己是心理相關科系畢業，專業理論的基礎比實習心理師A好，專業表現不應該會不如A；實習心理師A乃非相關科系畢業，接受督導後有許多學習，持續成長，看來是他的督導者比較有經驗，比較知道怎麼協助受督者。

督導者是怎麼分配與安排的呢，為什麼自己被分配到比較資淺的督導者？再這樣下去，很擔心自己的專業成長有限，接案持續不穩定，影響實習過程的接案時數、成績評量及專業成長。督導者和受督者的配對一定要維持一年嗎，可不可以一學期後交換？

(2) 擔心破壞關係

自己提出交換督導的請求，心裡有許多不安。會擔心督導者沛文不高興，擔心資深的督導者不願意督導自己，擔心實習生 A 會不高興，擔心其他老師對自己的觀感。

萬一機構的老師們不接受交換督導者的請求，不確定和沛文之間的督導關係會受到怎樣的影響，很焦慮會影響評量結果。

就算機構老師接受了交換督導者的請求，也擔心資深的督導者會對自己有不好的印象，日後和沛文、實習生 A 相處都會非常尷尬。

（二）思考案例涉及的潛在議題

1. 督導者與受督者的配對過程未經討論

本案例中的「督導者─受督者」的配對過程，由督導者決定，並未事先瞭解受督者的想法和需要；同時兩位督導者並未經過詳細討論，而是由資深心理師先選擇實習心理師，不確定資深心理師的考量，也未看到是否考量督導者與受督者是否適配的問題。

從案例敘述來看，機構人力有限，指派了資歷相差懸殊的兩位心理師擔任實習生的專業督導，在配對過程並未經過說明，也沒有機會讓實習生表達困惑或意見，因此當維庭對沛文的資歷有質疑，影響到受督者在督導過程的投入、影響到督導效能與維庭的接案表現，進而影響到個案福祉。

2. 督導者之間／實習生之間的競爭動力

本案例中受督者之間的競爭比較明顯，實習心理師維庭為心理相關科系畢業，期許自己有好的表現，會不斷與非相關科系畢業的實習心理師 A 做比較，也會打探 A 在督導過程的學習。這樣的競爭與比較影響到維庭的自我評估、情緒穩定性、對督導者的信任程度、督導關係、在督導過程的投入及專業學習情形。

本案例的督導者之間也存在隱微的競爭動力，自案例敘述，沛文對於要擔任督導者感覺有點壓力，不確定沛文是否還有其他的情緒、想法或作為。沛文若未能覺察自己擔任督導者的信心程度對督導關係、督導進行有哪些影響，可能會受到影響了還不自覺，影響督導效能。

兩位督導者資歷相差懸殊，未見到機構主管是否給予新手督導者協助，新手督導者獨自面對被比較的壓力，也影響受督者進入督導關係的心情與投入程度。

3. 督導者在有效協助受督者學習的能力上需加強

督導者要評估受督者的準備程度：督導者沛文似乎是進行督導之後才發現受督者維庭的能力不符合事先的期待，因此不確定派案時有沒有考量到受督者維庭的能力，有沒有讓其承接與服務超過其能力的案主。

督導者要評估受督者的表現與協助受督者學習：督導者沛文進行督導之後，需持續評估受督者的表現，並依據實際需要調整督導方式；如果沛文認為討論逐字稿有助於協助維庭學習，便說明其必要性、提出具體要求，和受督者討論如何運用逐字稿進行督導；如果沛文認為需要先協助受督者培養個案概念化能力及處理個人狀態的影響，也需要提出來和受督者討論，讓受督者瞭解督導討論的聚焦及用意。

督導者需給予受督者回饋：本案例中，督導者沛文發現受督者需要先培養個案概念化能力及個人狀態的影響；沛文宜用適當的方式給予維庭回饋，並聽聽維庭對這些觀察的想法，共同討論與調整學習目標、督導進行方式。

督導者有責任提升受督者的服務品質，維護案主福祉。沛文第一次擔任督導者，對於是否能夠擔任一位好的督導有其壓力與焦慮；沛文希望能夠與受督者維持良好的關係，因此在面對受督者和自己的意見不同，做出有挑戰意味的行為（不交逐字稿）時，沛文並未積極處理，選擇接受受督者的要求，試圖以鼓勵的方式喚起維庭對督導的重視。案例中維庭在督導

中的投入狀況和接案狀況並未改善，沛文需要有比較積極的作為，維護案主福祉。

4. 受督者對於個人學習亦負有責任

本段討論並非要責怪受督者，而是提醒受督者面對困難時不要凡事都推給結構性問題——督導者權力比較大，受督者無力抵抗，這樣的思考方式對於面對問題、提升個人專業成長，幫助很少。

案例中的維庭為心理相關科系畢業，似乎先認定自己的表現會優於實習心理師 A，在實習過程持續與 A 做比較，這樣的競爭心態頗有討論空間。當個人表現不符合預期，案例中的維庭比較常使用的方式為向外歸因，如：督導者要求謄寫逐字稿沒有用，督導者沒有告訴自己怎麼加強個案概念化能力，要怎麼避免情緒狀況對會談的影響，然後就在督導過程採取不配合的行動策略，並認定督導者的資歷影響自己的學習與進步。

案例中的維庭，需要培養自我覺察與反省的習慣和能力，也需要練習為自己的學習負起部分責任。實習心理師A的學習與成長，除了是督導者的幫助之外，A 是否也做了一些努力？維庭需要思考：自己在接案上的困難，有哪些可以調整的地方？怎麼樣讓督導者沛文更具體瞭解自己的困難，一起討論可以怎麼做？……當督導關係不符合期待，就採用不配合、避重就輕的態度應對，不是合宜、負責的作法。

四 案例分析

（一）與本案例有關之倫理守則

1.《督導倫理守則》（草案）

倫理議題	基本原則	實務指引
督導者的能力	1.6 覺察與反思： 1.6.1 督導者在督導過程中應具備自我覺察與反思能力。 1.6.2 督導者應該覺察自身能力與經驗的限制，督導過程遇到不熟悉的議題，督導者必須尋求專業諮詢。	1.6 覺察與反思： 1.6.1 督導者需對督導角色的責任義務、自身能力的限制、督導關係的內涵與變化、督導介入的成效與品質，以及評量受督者之態度與歷程等具備覺察與反思能力。 1.6.2 督導者若發現個人議題會影響督導工作，需尋求專業諮詢，審慎反思與處理個人議題，必要的時候宜進行個人心理諮商或心理治療。 1.6.3 督導者若發現個人議題影響督導工作，經過處理仍無法改善，影響督導工作進行，督導者需評估與考量暫停督導工作。
督導者的責任	2.1 提升受督者服務品質：督導者負有維護案主福祉與權益之責，應協助受督者提升其專業服務表現。	2.1 提升受督者服務品質：督導者需同時兼顧案主福祉與受督者權益，若兩者無法同時兼顧時，則以案主福祉為優先考量。
	2.2 評估受督者專業準備度：督導者應瞭解受督者的知能與經驗，評估受督者提供的專業服務與其專業訓練與專業能力是否相符。	2.2 評估受督者專業準備度： 2.2.1 督導者宜協助受督者獲得其實務工作所需的專業訓練，提升其專業準備度。 2.2.2 督導者宜提醒機構，讓受督者提供與其專業能力相符的專業服務，或是給予受督者必要的專業訓練。

倫理議題	基本原則	實務指引
督導者的責任	2.3 維護受督者權益： 2.3.1 督導者應維護受督者的知情同意權、受益權及隱私權，並告知受督者保密的範圍與限制。	2.3 維護受督者權益： 2.3.1 督導者維護受督者的知情同意權（內容請見基本原則 3.1 與實務指引 3.1）。 2.3.2 督導者需理解受督者狀態與專業發展需求，與受督者共同建立安全、信任的督導關係。
	2.4 協助受督者學習： 2.4.1 討論督導進行方式：督導者應與受督者一起討論學習目標和督導進行方式，並讓受督者有機會表達對評量方式的意見。 2.4.2 協助學習與評估進展：督導者應依據與受督者共同訂定的學習目標，協助受督者朝向其目標前進，並持續評估他們的進展。	2.4 協助受督者學習： 2.4.2 督導者需定期與受督者討論其學習目標達成的程度。
	2.6 給予受督者回饋：督導者應在督導過程針對受督者的專業表現給予適切的回饋。	2.6 給予受督者回饋： 2.6.1 督導者的回饋內容需包含受督者在專業表現的進展及不足。 2.6.2 督導者回饋受督者在專業表現的進展，協助受督者持續建立專業信心。 2.6.3 督導者回饋受督者在專業表現的不足，提醒受督者改進的方向。
督導關係的建立與終止	3.1 進行知情同意程序：在督導關係開始前，督導者應讓受督者清楚瞭解督導者的專業背景、期待、評量標準與方式，以及受督者的權利與義務。	3.1 進行知情同意程序： 3.1.1 需要告知受督者的內容：督導者的專業背景與經驗、督導者的理論取向與督導模式，對受督者專業能力、修習課程以及所需經驗的要求，對受督者參與督導的期待、評量標準及方式，受督者在督導過程的權利與義務及保密範圍和限制等。

倫理議題	基本原則	實務指引
督導關係的建立與終止		3.1.3 建立與終止督導關係的權利：督導者讓受督者瞭解督導者與受督者皆可以針對督導關係的建立、維持與終止議題提出討論。 3.1.4 瞭解受督者的期待：機構進行督導關係配對時，宜先瞭解受督者的期待，在機構條件允許的範圍內，讓受督者有表達意見或選擇督導者的空間。 3.1.5 知情同意的形式：告知受督者的內容，督導者需當面向受督者說明並一起討論；關於督導結構、雙方權利與義務、評量標準與方式等重要說明，最好能夠以書面形式呈現。
	3.5 覺察與審慎權力運用：督導者不可濫用權力，不可剝削受督者，例如：督導者運用權力要求受督者提供金錢借貸或財務利益，要求受督者提供對督導者的個人服務，提出與督導進行無關的要求；督導者不可與正在進行督導的受督者發展戀情、發生性騷擾或性關係等。	3.5 覺察與審慎權力運用： 3.5.2 督導者需敏感督導關係的變化，適時與受督者討論彼此關係的變化及採取必要的調整。
	3.6 終止督導關係：督導者與受督者均有權利針對督導關係的建立、維持與終止議題提出討論。	3.6 終止督導關係： 3.6.2 督導者或受督者某一方希望結束督導關係時，在決定終止督導關係前，督導者與受督者宜先共同努力解決因差異而引發的問題。 3.6.3 督導者或受督者某一方希望結束督導關係時，需充分討論如何處理。若受督者為實習生，必要時可請受督者的實習課程授課教師參與討論後續處理方式。

倫理議題	基本原則	實務指引
督導關係的建立與終止		3.6.4 經過雙方討論決定終止督導關係，督導者可視情況提供受督者其他資源。 3.6.5 如果經過雙方討論，督導關係無法終止，督導者與受督者宜一起討論後續督導進行的調整與彈性因應。
評量	4.2 記錄與定期回饋：督導者負有評量任務時，應持續評量與記錄受督者的專業實務表現，定期提供回饋。	4.2 記錄與定期回饋： 4.2.2 若受督者為實習生，督導者宜依據實際需要，檢核受督者的實務工作紀錄、影音紀錄或是進行現場觀察。
	4.3 提供改進意見：督導者透過持續評量，若發現受督者專業實務表現上的限制或缺失，應提供改進意見。	4.3 提供改進意見： 4.3.2 督導者透過持續評量，發現受督者在實務表現上有限制或缺失時，可與機構或實習課授課教師一起討論，提供受督者改進與補救的機會。
	4.4 專業把關： 4.4.1 督導者負有評量任務時，應依據受督者的實際專業表現進行評量，決定是否給予通過的評量。 4.4.2 依據評量結果，受督者無法通過評量標準時，應給予受督者參與討論、表達意見與申訴的機會。	
維護案主福祉	5.3 評量與把關：當受督者所提供的專業服務危害到案主福祉時，督導者應採取行動限制受督者繼續提供服務，並知會受督者所屬機構。	5.3 評量與把關：為瞭解與評量受督者的專業服務品質，督導者需瞭解受督者在實務工作上的表現，盡可能定期檢閱受督者的個案紀錄、錄音、錄影或直接觀察其在實務工作上的表現。

2. 《ACA 倫理守則》

倫理議題	ACA 倫理守則
F.1.諮商督導與案主福祉	F.1.a.案主福祉： 諮商督導者的主要職責是監管受督者所提供的服務。諮商督導者監管案主福祉以及受督者的表現與專業發展。為履行這些職責，督導者會定期與受督者見面，回顧受督者的工作，以及幫助他們做好為不同案主服務的準備。受督者有責任理解並遵守 ACA 的倫理守則。
F.2.諮商督導的能力	F.2.a.督導準備： 在提供督導服務之前，諮商師要接受督導方法與技巧方面的培訓。提供督導服務的諮商師定期進行繼續教育活動，包括諮商及督導主題與技巧。
F.4.督導的職責	F.4.a.督導的知情同意： 督導者有責任向受督者說明督導的原則和參與方式。督導者告知受督者應遵守的政策和程序，以及就個別督導者的行動提出正當申訴的機制。使用遠距督導的獨特問題，必要時應包含在文件中。 F.4.d.終止督導關係： 督導者或受督者有權在充分告知的情況下終止督導關係。討論考慮終止的原因，雙方努力解決分歧。如果需要終止督導關係，督導者要做適當轉介到可能的替代督導。
F.5.學生和受督者的責任	F.5.a.倫理責任： 學生和受督者有責任理解和遵守 ACA 倫理守則。學生和受督者對案主負有與專業諮商師同樣的義務。 F.5.b.功能受損： 學生和受督者監控自己的身體、精神或情緒上的功能受損跡象，當這些損害可能傷害到案主或其他人時，避免提供專業服務。學生和受督者通知他們的老師和／或督導者，並尋求協助處理達到專業功能受損程度的問題，也在必要時，限制、暫停或終止他們的專業職責，直到確定他們可以安全恢復工作。
F.6.諮商督導的評估、補救與背書	F.6.a.評估： 在整個督導關係中，督導記錄並持續提供受督者有關其表現的回饋，也安排定期的正式評估會議。

倫理議題	ACA 倫理守則
F.6.諮商督導的評估、補救與背書	F.6.b.守門與補救： 透過初步和持續的評估，督導需覺察對受督者而言可能會影響其實際表現的限制。並在受督者需要的時候提供安全的改進建議。當受督者無法證明能夠為多樣的案主提供稱職的專業諮商服務時，督導者將建議受督者取消實習課程申請諮商機構以及政府或非政府頒發的職業資格證書。督導應尋求諮詢，並詳細記錄其是需要讓受督者退出還是引導受督者接受適當協助之決定。督導應確保受督者在面對這些決定時知道他們還有哪些選擇。

3. 《輔諮學會倫理守則》

倫理議題	輔諮學會倫理守則
7.2.告知督導過程	督導者應向被督導者說明督導的目的、過程、評鑑方式及標準，並於督導過程中給予定期的回饋及改進的建議。
7.4.督導實習	督導學生實習時，督導者應具備督導的資格，善盡督導的責任，使被督導者獲得充分的實務準備訓練和經驗。
7.5.連帶責任	從事諮商師教育與督導者，應確實瞭解並評估學生的專業能力，是否能勝任諮商專業工作。若因教學或督導之疏失而發生有受督導者不稱職或傷害當事人福祉之情事，諮商師教育與督導者應負連帶的倫理責任。
7.9.注意個別差異	諮商師教育者及督導者應審慎評估學生的個別差異、發展潛能及能力限制，予以適當的注意和關心，必要時應設法給予發展或補救的機會。對不適任諮商專業工作者，應協助其重新考慮其學習及生計方向。

4. 《中國心理學會倫理守則》

倫理議題	中國心理學會倫理守則
6 教學、培訓和督導	6.3 從事教學、培訓和督導工作的心理師應基於其教育訓練、被督導經驗、專業認證及適當的專業經驗，在勝任力範圍內開展相關工作，且有義務不斷加強自己的專業能力和倫理意識。督導者在督導過程中遇到困難，也應主動尋求專業督導。

倫理議題	中國心理學會倫理守則
6 教學、培訓和督導	6.5 從事教學、培訓工作的心理師應採取適當措施設置和計劃課程，確保教學及培訓能夠提供適當的知識和實踐訓練，達到教學或培訓目標。 6.8 擔任督導任務的心理師應向被督導者說明督導目的、過程、評估方式及標準，告知督導過程中可能出現的緊急情況，中斷、終止督導關係的處理方法。心理師應定期評估被督導者的專業表現，並在訓練方案中提供反饋，以保障專業服務水準。考評時，心理師應實事求是，誠實、公平、公正地給出評估意見。 6.9 從事教學、培訓和督導工作的心理師應審慎評估其學生、被培訓者或被督導者的個體差異、發展潛能及能力限度，適當關注其不足，必要時給予發展或補救機會。對不適合從事心理諮詢或治療工作的專業人員，應建議其重新考慮職業發展方向。 6.13 承擔教學、培訓或督導任務的心理師對學生、被培訓者或被督導者在心理諮詢或治療中違反倫理的情形應保持敏感，若發現此類情形應與他們認真討論，並為保護尋求專業服務者的福祉及時處理；對情節嚴重者，心理師有責任向本學會臨床心理學註冊工作委員會倫理工作組或其他適合的權威機構舉報。

（二）綜合討論

綜合《督導倫理守則》（草案）、《ACA倫理守則》、《輔諮學會倫理守則》及《中國心理學會倫理守則》之內涵，本案例涉及幾個倫理議題：

1. 督導關係的建立與終止

(1) 督導關係配對：機構裡若有兩位以上的督導者，進行督導關係配對時，宜先瞭解受督者的學習目標、期待，在機構條件允許的範圍內，讓受督者有表達意見或選擇督導者的空間；進行督導關係配對時，盡可能考量「督導者─受督者」的適配程度；若無法完全符合受督者的期待可共同討論彈性處理方式；如：一學期之後交換督導者的可能性。

(2) 知情同意程序：在督導關係開始前，督導者應讓受督者清楚瞭解督導者的督導模式與原則，受督者參與督導的方式與督導者的期待、評量標準及方式，受督者在督導過程的權利與應遵守的政策和程序；督導者讓受督者瞭解若要中斷、終止督導關係的處理方法。

(3) 督導關係的覺察與調整：督導者對督導關係變化保持敏感，如：對相關人員之間存在的隱微動力有所覺察，辨識這些隱微動力產生的影響，敏感督導關係中的權力運用與流動，適時與受督者討論彼此關係的變化及採取必要的調整。

(4) 督導關係終止：督導者或受督者某一方希望結束督導關係時，在決定終止督導關係前，需討論考慮終止的原因，先共同努力解決因差異而引發的問題；經過努力未解決，需充分討論如何處理。若受督者為實習生，可請受督者的實習課程授課教師參與討論後續處理方式。如果經過雙方討論，督導關係無法終止，督導者與受督者需一起討論後續督導進行的調整與彈性因應。

2. 督導者的責任

(1) 提升受督者服務品質：應協助受督者提升其專業服務表現，以維護案主福祉；督導者對受督者是否有違反專業倫理的情況應保持敏感，發現相關情事應與受督者認真討論；督導者應確實瞭解並評估受督者的專業能力是否能勝任諮商專業工作，若因教學或督導之疏失而發生有受督導者不稱職或傷害案主福祉之情事，諮商師教育與督導者應負連帶的倫理責任。

(2) 評估受督者專業準備程度，維護受督者權益：督導者應瞭解受督者的知能與經驗，評估受督者提供的專業服務與其專業訓練與專業能力是否相符；督導者需提醒機構，讓受督者提供與其專業能力相符的專業服務，或是給予受督者必要的專業訓練。督導者需理解受督者狀態與專業發展需求，與受督者共同建立安全、信任的督導關係。

(3) 評量與把關的責任：為瞭解與評量受督者的專業服務品質，督導者需瞭解受督者在實務工作上的表現，盡可能定期檢閱受督者的個案紀錄、錄音、錄影或直接觀察其在實務工作上的表現；當受督者所提供的專業服務危害到案主福祉時，督導者應採取行動限制受督者繼續提供服務，並知會受督者所屬機構。

3. 督導進行與評量

(1) 督導過程要能協助受督者學習：督導者應與受督者一起討論學習目標和督導進行方式，督導者需採取適當措施以確保督導品質與效能，協助受督者朝向其目標前進，定期與受督者討論其學習目標達成的程度，評估受督者學習目標、督導進行方式是否需要調整。

(2) 記錄與定期回饋：督導者負有評量任務時，應持續評量與記錄受督者的專業實務表現，定期提供回饋；督導者的回饋內容需包含受督者在專業表現的進展及不足，協助受督者持續建立專業信心，提醒受督者改進的方向。

(3) 提供改進意見：督導者透過持續評量，若發現受督者專業實務表現上的限制或缺失，應提供改進意見；可與機構或實習課授課教師一起討論，提供受督者發展與補救的機會。必要時可安排定期的正式評估會議。

4. 督導者的能力與限制

(1) 擔任督導角色的準備：擔任督導前要接受督導知能訓練，瞭解督導的方法與重要議題，在能力與經驗的勝任範圍內開展相關工作。若因機構人力限制未能在擔任督導前取得督導資格，在擔任督導的過程中應持續進修督導相關的知能與技巧，不斷加強自己的專業能力和倫理意識。

(2) 能力限制的覺察與改善：督導者需對督導角色的責任義務、自身能力的限制、督導關係的內涵與變化、督導介入的成效與品質等具備覺察與反思能力；督導過程遇到督導上的困難，必須尋求專業諮詢或專業督導。

5. 受督者的責任

(1) 受督者有責任瞭解專業倫理守則的內涵，瞭解自己對案主負有的專業責任與倫理責任。

(2) 受督者要能覺察自己提供專業服務上的限制，避免提供可能影響案主權益的服務；若發現自己的限制與困難，要主動與督導者或教師討論，尋求改善之道。

　　本案例首先要思考的是督導者與受督者配對過程，督導者運用了角色權力，忽略受督者的意見與權力。案例中的配對是由督導者決定且由資深心理師先選擇要督導哪一位實習心理師，在進入督導關係之前，受督者沒有機會：(1) 表達個人的學習目標、對督導的期待；(2) 瞭解督導者的專長、督導方式……等相關背景資訊；(3) 知道「督導者—受督者」分配的考量因素。

　　督導者與受督者配對衍生出來的議題為：相關人員之間的動力，包括兩位實習心理師之間的比較與競爭、督導者之間的比較與競爭。這樣的動力可能明顯、可能隱微，但都會影響相關人員的情緒狀態、對訊息的解讀、對督導關係的進行與投入、彼此互動方式……等，督導者或機構主管若能有所覺察並做適切處理，可以降低人際動力的不利影響。

　　案例中的沛文擔任督導角色之前已經接受過專業訓練，取得督導認證；同時自知經驗不如另一位資深心理師，重新複習接受督導培訓期間的講義，找了督導相關書籍來閱讀，回想自己接受督導的經驗，思考怎麼與受督者建立關係和進行督導討論，在進入督導關係前的準備工作上是盡心的。沛文看重督導關係，瞭解與接納受督者對督導進行方式的意見，考量受督者的情緒與壓力，盡量釋出善意與關心……，這些心意值得尊重與珍惜。

　　案例中的沛文需要思考與調整之處有：(1) 督導過程盡力維護受督者的感受與權益，必須審慎考量受督者維庭提供的服務是否影響到案主福祉，

若維庭的服務品質不佳或所接案主超過其專業能力，沛文有責任更早、更直接的與維庭一起討論如何面對與解決。(2) 沛文指出了維庭不足之處，並且在督導過程持續提醒維庭；從案例敘述來看，沛文似乎較少回饋給維庭有進步的地方，沛文在回饋上可以調整，同時指出受督者有進展和不足之處，讓維庭也可以逐步累積專業信心；對於維庭的限制與不足，沛文需要提供具體的改進意見，幫助維庭逐步改善。(3) 沛文在督導過程遇到一些困難，如：督導聚焦的取捨、督導重點的時間分配、受督者對督導的投入態度變化……等，依照案例敘述沛文多是自己思考與決定因應策略，除此之外沛文可以向有經驗的督導者諮詢，尋求協助。

案例中的受督者亦有需要思考與調整之處。維庭需要清楚認知自己雖是實習心理師，對於案主亦負有專業責任與倫理責任，面對案主常請假、無故不到或是流失的現象，需要更主動的思考或與督導者討論其中可能因素，以及可以如何改進；若督導者提供的協助不符合自己的期待，也可以與實習課程教師討論，盡力找到改善之道。將責任只歸因於督導者的資歷尚淺、關心自己的接案時數不足勝過案主福祉，並不適切。

五 可能的行動策略

（一）案例發生當下可能之行動策略

以下列出在案例發生當下情境可能採用的各種行動策略，每一行動策略是否適切，要考量行動前後的情境脈絡，行動者的行為意圖、目的，以及執行該行動的態度。

1. 督導者沛文

(1) 直接回覆維庭：機構沒有交換督導的先例。

(2) 告訴維庭「機構沒有交換督導的先例」，但願意和維庭一起討論怎麼調整督導進行方式，以更有效幫助維庭。

(3) 跟維庭說明自己在督導過程的善意、努力，和對維庭的觀察與回饋。

(4) 接受維庭的要求，與資深心理師討論下學期交換督導一事。

(5) 沒有直接回覆維庭，先與機構主管討論如何處理維庭「提出交換督導」的要求。

(6) 沒有直接回覆維庭，與資深心理師討論如何處理維庭「提出交換督導」的要求。

(7) 表達：會慎重看待受督者的意願，但需要先與機構主管和資深心理師討論。

(8) 先和維庭討論，瞭解維庭在督導過程的感受，督導過程有幫助或沒有幫上忙的部分，維庭期待督導進行怎麼調整……。

(9) 和維庭討論：會提出交換督導的意見，其考量與感受是……。

(10) 跟維庭說，自己需要沉澱與思考，再給維庭回覆。

(11) 沒有直接回覆維庭，跟機構外資深的專業同儕討論如何處理。

(12) 請機構主管召開會議，邀請資深心理師、實習心理師 A、維庭，和自己一起開會討論如何處理。

2. 受督者維庭

(1) 提出「下學期交換督導」的期待，希望督導者同意。

(2) 提出「下學期交換督導」的期待，同時說明自己的考量。

(3) 瞭解機構安排督導者的考量，堅定說明自己的期待。

(4) 瞭解機構安排督導的考量，說明自己的期待，但不堅持。

(5) 不堅持交換督導的想法，提出自己期待的督導進行方式。

(6) 提出自己在接案過程及督導過程的困難，和督導者一起討論可以怎麼調整。

(7) 將自己在督導過程的困難告知實習課程教師，請教師協助處理。

(8) 將自己在督導過程的困難告知實習課程教師，和教師一起討論如何處理。

(9) 整理與反思自己和那些常請假、無故不到或是流失之案主的互動狀態，提出來與督導者、實習課程教師討論。

(10) 與實習心理師 A 說明希望「下學期交換督導」。

(11) 找另一位督導者（資深心理師）討論「下學期交換督導」的可能性。

3. 另一位督導者（資深心理師）

(1) 說明「機構沒有交換督導的先例」，表明立場後不涉入沛文和維庭的督導關係。

(2) 說明「機構沒有交換督導的先例」，表示願意和沛文一起討論他和維庭的督導關係、督導進行方式，分享個人的督導經驗。

(3) 瞭解沛文和維庭之間的狀況，分享自己會怎麼處理的想法給沛文參考。

(4) 瞭解沛文和維庭之間的狀況，共同討論如何處理目前的困境。

(5) 表達：自己可以與維庭談談，瞭解維庭的想法，再思考後續處理方式。

(6) 提出建議：兩位督導者和維庭一起開會，討論怎麼處理目前困境。

(7) 提出建議：兩位督導者、兩位實習心理師一起開會，討論怎麼處理目前困境。

(8) 請機構主管召開會議來討論如何處理目前困境。

●思●考●

如果你是案例中的受督者維庭、督導者沛文、另一位督導者（資深心理師），

最有可能採取哪些行動策略？最不可能採取哪些行動策略？

請說明你的想法或考量。

（二）未來遇到類似情境，可以多注意的事項

以下提出之行動策略乃依據案例內容以及前述各項討論提出，提供讀

者未來遇到類似情境參考，並非標準答案。鼓勵讀者透過閱讀案例與分析，發展各自面對督導倫理挑戰情境的策略。

1. 機構主管或擔任督導者

　　機構裡若有兩位以上督導者，安排「督導者—受督者」的配對時，需考慮受督者對學習目標、督導期待及對督導關係配對的看法，盡可能考慮督導者與受督者的適配程度；確認配對後，讓受督者瞭解配對的考量，如果受督者有不同想法，可以事先討論是否有可能安排其他配套措施。

　　督導者一起務實的面對可能會影響督導進行的人際動力，對於自己的動心起念保持敏感，正視與審慎處理可能影響督導工作進行的個人狀態或個人議題。

2. 督導者沛文

(1) 督導關係的配對若無法完全符合受督者期待，在督導進行過程，對於受督者的反應、督導關係的發展，保持敏感，適時提出來與受督者一起核對與討論。

(2) 與受督者討論督導進行方式時，讓受督者清楚瞭解謄寫逐字稿的用處與重要性，也提供調整空間，例如選擇想要討論的一段對話來謄寫逐字稿，既有可討論的素材，也不用耗費受督者過多時間。

(3) 督導進行過程，持續評估督導者的要求是否超出受督者時間或能力的負荷；督導者要留意討論重點的聚焦，要求受督者提出的討論資料盡可能妥善使用；定期評估受督者的學習狀況，與受督者討論，適度調整要求或督導進行方式。

(4) 督導者定期給予受督者回饋，給予回饋時指出其不足之處也要讓受督者知道自己的進步。

(5) 受督者的專業服務若影響到案主福祉，督導者有責任讓受督者知道並重視，共同討論問題所在及如何改善。

(6) 督導過程遇到困難，督導者可找能夠協助自己提升督導能力的專業人員進行諮詢或督導。

3. 受督者維庭

(1) 對於督導者的配對安排有疑問，可在適當時機提出來與督導者澄清或進一步討論。

(2) 督導過程若對督導者的要求、督導討論的重點有疑問，亦可以主動提出來詢問或討論，避免用迂迴的方式反應，或用不投入的方式來回應。如：提交逐字稿後沒有時間充分討論，謄寫逐字稿的負荷與壓力，知道自己的問題但不知道如何改善等。

(3) 要正視與反思接案不穩定的情況，先思考可能的因素，並主動提出來與督導者一起討論，探詢改善的方向。

(4) 覺察自己和同儕之間的競爭動力及該動力對自己的影響。

(5) 聽到實習夥伴陳述在督導過程的學習，可以進一步瞭解督導過程的哪些方式或活動帶來學習，分辨哪些是督導者的介入因素，哪些是受督者本身的努力因素，具體釐清自己可以努力的方向及需要督導者提供的協助。

 延伸思考

1. 本案例中，「督導者—受督者」的配對由資深心理師先做決定，請問：

(1) 你對這樣的作法有何感受或想法？

(2) 你認為機構主管需要介入嗎？如果需要，需做哪些介入？

(3) 你還想到其他的處理方式嗎？

請敘述你的思考。

2. 本案例中，兩位督導者、兩位實習心理師之間存在著隱微的競爭動力，請問：

(1) 兩位督導者可以／需要做些什麼處理嗎？

(2) 哪些因素或行為可能會加大這樣的競爭？哪些因素或行為可能會減少這樣的競爭？

請敘述你的思考。

3. 本案例中，受督者維庭有可能為自己做些什麼嗎？

(1) 督導關係建立之初。

(2) 督導進行過程。

(3) 督導者討論案主請假與流失情形。

請敘述你的思考。

4. 本案例中督導者沛文花了不少時間安頓受督者維庭的焦慮情緒：

(1) 哪些情況下，督導者需要處理受督者的情緒狀態？哪些情況下不需要處理？

(2) 受督者個人的情緒狀態若影響其接案穩定性，督導者需要做哪些介入？

(3) 受督者若覺察個人情緒狀態影響接案穩定性，應該做哪些處理？

請敘述你的思考。

5. 本案例沛文與維庭的互動過程，雙方的行動都影響到督導進行。請問：

(1) 維庭採取哪些行動來影響督導進行？

(2) 沛文採取哪些行動來影響督導進行？

(3) 督導過程的權力行使如何共構出來？

請敘述你的思考。

二、督導關係

案例⑦受督者間競爭：督導者的權力運用、團體督導、督導者與受督者關係界線
——孟樺的故事

一 案例內容

　　孟樺從事心理師的工作已經十五年，在學校、醫療單位、社區機構都有豐富的實務經驗，還時常受邀擔任演講的講座和專業培訓課程講師。演講的內容包含提供給一般民眾促進心理健康的主題，專業講座則是已經連續五年針對 A 諮商取向開設系列課程。除了實務與教學工作之外，孟樺也擔任督導者，同時整理自己的經驗撰寫文章投稿期刊，並在去年發表了第一本針對 A 諮商取向的心理專書，頗受好評，此書也翻譯成簡體版在中國大陸出版，因此受邀到中國大陸開設 A 諮商取向的專業講座。

　　巧墨是中國大陸的心理諮詢師，在某心理諮詢中心執業兩年，對於 A 諮商取向頗感興趣，平時就會閱讀相關書籍與參加相關課程，巧墨看過孟樺的著作也報名參加孟樺在中國大陸的講座，聽完孟樺的分享，很希望能定期跟孟樺做心理諮詢工作的交流，在會後和孟樺提出想要邀請他成為督導一事，當時孟樺顧慮到對中國大陸的心理諮詢工作不太熟悉，所以拒絕了此事，但表達對巧墨在學習態度上的欣賞。巧墨事後在社群媒體上分享了自己閱讀孟樺著作以及參與講座的心得，文末還提及了無法邀請到孟樺成為自己督導的惋惜。

　　湫淵也是中國大陸的心理諮詢師，跟巧墨在同一城市的另外一間心理諮詢中心工作，工作年資約兩年左右，本身也對 A 諮商取向有濃厚興趣，所以也參加了孟樺的培訓課程；他看到巧墨在網路上的分享，隨即回文提到自己也對孟樺頗為欣賞，很希望能在孟樺的督導下有更多專業成長，便

主動與巧墨聯繫並討論是否找幾位志同道合的心理諮詢師，集資督導費用，再向孟樺提出線上團體督導的邀請。

巧墨覺得湫淵的提議不錯，便透過網路搜尋到孟樺提供的講座合作可聯繫之電子信箱，向孟樺提出想邀請他帶領線上團體督導的想法。孟樺頗為謹慎，針對中國大陸的環境做了一些瞭解，並請教有相關經驗的人，經過幾個月的討論，最終被巧墨的誠意打動，同意擔任督導者，運用線上團體督導的方式進行討論。

湫淵還找到另外兩位心理諮詢師佳宏、子青一起參與團體督導。佳宏是湫淵的大學同學，目前在另外一個城市工作，子青則是佳宏的同事，兩人私交不錯，所以當佳宏收到湫淵的邀請時，主動詢問子青是否感興趣，便決定一同參與這個難得的團體督導。督導的進行方式為四名受督者每月輪流提案討論，一次時間為九十分鐘，督導費用支付、提醒督導時間與繳交提案資料、調整督導時間等事宜，統一由巧墨處理，巧墨因故無法處理時會請湫淵協助。

團體督導進行得頗為順利，孟樺以及四位受督者都積極投入提案的討論，互相激盪出許多不同的想法，也分享不少各自的實務經驗。經過幾個月的討論，巧墨漸漸觀察到在自己跟湫淵提案時，孟樺的態度比較熱絡，常會提供相關議題的補充資料；佳宏、子青提案時，孟樺的態度比較像公事公辦，有點距離。巧墨雖然覺得自己與湫淵跟孟樺的關係較親近，但仍隱隱有些不安，孟樺在督導討論時多次表示自己的想法跟湫淵頗接近，巧墨在內心猜測著孟樺是不是覺得湫淵比自己優秀些。

佳宏跟子青偶爾會一起討論對這個線上團督的想法，他們都同意團體督導對於專業成長有不少幫助。但兩人都感覺到督導者孟樺在面對巧墨、湫淵的提案還有提問時，回應似乎比較熱絡，情緒支持與關心的部分比較多，還會提供補充資料；在佳宏和子青提案時，態度顯得比較公事公辦，雖然也會詢問與瞭解兩人的想法，多數時候是聽完提問便直接提出個人意見，討論與支持比較少些。

　　佳宏對前述現象覺得還好，他認為促成這個團體督導的是巧墨與湫淵，他們和督導者孟樺在事前的互動比較多，還去參加了孟樺的講座，自然比較熟識些；孟樺並沒有因為跟自己較不熟悉，就用隨便的態度看待自己的提案與提問，每次都還是認真討論。子青的想法不太一樣，督導者孟樺面對不同受督者的態度有明顯落差，讓他有些不舒服，不過每次參與團體督導確實讓自己在專業上有所成長，便忍受著不舒服持續參加團體督導，考慮到佳宏跟湫淵有私交，就沒有跟佳宏說太多自己的感受。

　　孟樺因為自己出版的書籍跟先前講座的良好口碑，持續獲得一些在中國大陸的工作機會，如果剛好拜訪巧墨、湫淵工作的城市，會與兩位受督者約個飯局，趁著聚會聊天，讓孟樺對於中國大陸的心理諮詢產業發展有更深入的瞭解，孟樺開始思考是否要耕耘在中國大陸的市場，有計畫的開設系列的培訓課程。

　　某次聚會孟樺提到此事，並說如果要耕耘中國大陸市場，想選擇巧墨、湫淵工作的城市出發，一方面是自己比較熟悉，二方面是如果能聘請巧墨或湫淵其中一位擔任自己在中國大陸拓展事業的助理，會比較安心，不知道巧墨、湫淵哪位有意願。沒想到巧墨、湫淵都表示有意願，這讓孟樺覺得很開心，不過也苦惱不知道要怎麼選擇，便先感謝兩位的熱情，表達自己會再思考怎麼規劃，有進一步的想法再與他們討論。

　　巧墨和湫淵對於孟樺的邀請都感到興奮，如果能獲得這份工作機會，可以更瞭解孟樺在諮商專業教學上的整體規劃與思考，這跟平常團體督導能學習的東西又不一樣，因此都希望孟樺最後可以選擇自己擔任這份助理工作。孟樺覺得巧墨與湫淵在諮商專業的能力都不錯，依據觀察，巧墨協助團體處理督導費用支付、提醒督導時間與繳交提案資料、調整督導時間等事宜，做事清楚、周延、頗有效率；不過討論過程發現湫淵在專業工作的理念、思維邏輯，跟自己較為接近，比較容易溝通，且能有深入討論，一時間還真難以抉擇。

　　孟樺在思考、猶豫的同時，團體督導持續進行著，不過孟樺發現這幾

次的督導討論氣氛有些變化，過去當大家意見不相同時，比較可以友善的表達與交流，最近巧墨和湫淵的爭辯比較明顯，有時候會要求孟樺或其他兩位夥伴表態，明說比較贊同誰的意見？佳宏的態度沒有什麼變化，但子青的發言變少，對於巧墨和湫淵的爭辯表現出比較沒有耐心的態度。面對團體討論氛圍的變化，孟樺覺得頗懊惱，心想自己是否無意間挑起兩位受督者的競爭？佳宏跟子青有沒有覺察到這樣的變化，他們的感受如何？子青的態度在傳達什麼意涵呢？……

 實務問題

1. 對案例中主要角色孟樺、巧墨及湫淵的考量和作法，你有哪些感受或想法？

2. 如果你是案例中的孟樺：

(1) 覺察到巧墨及湫淵的競爭，會做哪些處理？

(2) 觀察到子青在態度上的變化，會做哪些處理？

(3) 你會怎麼處理尋找合作對象的事情？會考量哪些事情？
    請說明你的想法。

3. 如果你是案例中的受督者巧墨：

(1) 觀察到孟樺多次表達湫淵的想法和他比較接近，你會如何回應或處理？

(2) 如果你想爭取孟樺的助理工作，會做哪些事情？不會做哪些事情？
    請說明你的想法。

4. 如果你是案例中的湫淵：

(1) 觀察到巧墨在團體中比較常和自己爭辯，你會如何回應或處理？

(2) 如果你想爭取孟樺的助理工作，會做哪些事情？不會做哪些事情？

請說明你的想法。

5. 如果你是案例中的受督者子青：

(1) 覺察到督導者孟樺面對不同受督者的態度有明顯落差，你會如何回應或處理？

(2) 你觀察到巧墨愈來愈常與湫淵爭辯，你會如何回應或處理？

請說明你的想法。

三 案例思考

（一）澄清問題或困境

1. 督導者孟樺的困境

(1) 不小心挑起巧墨、湫淵的競爭，影響團體督導的關係與受督者權益

孟樺有意願在中國大陸有計畫的開設系列的培訓課程，需要有位熟悉當地狀況、協助處理相關事務的助理，很自然的想到巧墨和湫淵，在某次聚會隨口提出來徵詢兩人意見，沒想到兩人都有強烈意願。孟樺此舉造成自己的為難不知選擇誰比較好，同時影響到巧墨與湫淵的互動，甚至影響到團體討論的進行。

巧墨和湫淵都想要爭取擔任助理的機會，督導討論時都希望孟樺認可自己的意見，進而認可自己的能力，本是一起激盪不同想法的討論氛圍變得充滿競爭意味，甚至要求督導者表態支持誰，讓原本單純促進專業成長的團體督導變調。團體裡另外兩位受督者佳宏、子青被迫捲入他們的競爭，團體動力與討論氛圍的變化，影響到團體督導成員之間的關係與互動，也影響團體督導進行成效，團體督導如果無法協助受督者有專業成長，無疑是影響受督者權益。

(2) 擔心破壞與巧墨、湫淵的關係，影響工作發展

提出擔任助理的邀請時，並未事先想好對助理的要求與期待（例如工時、工作內容、所應具備的能力等），只是單純徵詢兩人意願，心想其他細節日後再討論，沒想到兩人都有強烈意願，反而不知道該如何選擇與後續處理。

最後不論選擇哪一位，都可能讓另外一位感到失望，甚至破壞關係；包括可能影響自己與其中一人的關係、他們兩人的關係、整個督導成員之間的關係、自己與其他兩位受督者的關係，影響層面頗廣，處理不慎可能會讓這個督導團體難以持續進行，也可能影響到自己其他工作在該城市的推展。

(3) 團體關係的變化影響到佳宏、子青的權益與感受，感到抱歉

最近督導團體的討論氛圍有些變化，影響到督導關係與督導成效，必然會影響到參與成員的專業成長，佳宏、子青一定也感受到這樣的變化。自己沒有妥善處理助理聘任事宜，引發巧墨和湫淵的競爭，影響到佳宏和子青的學習權益，感到非常抱歉。

團體督導是由巧墨和湫淵組織促成，自己跟兩人在督導關係之外還有私人互動，因此熟悉程度比較高；佳宏和子青由於湫淵的牽線而加入，過去不曾接觸，確實不太熟悉。佳宏和子青若知道巧墨和湫淵的競爭是因為我邀請其中一位擔任助理而引起，不知有何感受？是否會認為我對團體成員的照顧與親近程度不一致？

這個情況持續下去對於所有成員都不好，對於佳宏和子青很不公平，需要做些處理才行。要怎麼處理對於整個督導團體的關係與督導討論比較好？在團體中處理，佳宏和子青可能會認為事情與自己無關，不該占用督導討論時間；在團體外處理，可能讓佳宏與子青覺得自己和巧墨、湫淵之間有些秘密，影響團體動力……。

2. 受督者巧墨的困境

(1) 隱約覺得孟樺比較喜歡湫淵，感覺有點不安

透過觀察發覺督導者孟樺對成員的親近程度並不相同。從督導過程提案討論的態度、督導之外的互動，孟樺都與自己、湫淵較為親近，本次邀請助理也只徵詢我們兩人的意見。

雖然如此，孟樺在督導討論時多次表示他的想法跟湫淵頗接近，這是否表示孟樺覺得湫淵比自己優秀些，孟樺是否欣賞、喜歡湫淵多一些？若是如此，孟樺很可能會選擇湫淵擔任助理，很擔心自己就沒有機會了。因此一定要盡力表現，讓督導者看到與認可我的能力。

(2) 無法爭取到助理工作的擔憂與不平

不知道督導者孟樺選擇助理的條件是什麼？自己一直協助處理督導團體的費用支付、提醒督導時間與繳交提案資料、調整督導時間等事宜，這段時間以來自己的處理都很謹慎周全，沒有出錯，孟樺都看在眼裡的。如果他最後沒有選擇自己擔任助理，會覺得自己的能力和這一段時間的付出被否定了。

3. 受督者湫淵的困境

很希望有機會跟孟樺共事，因此非常期待可以爭取到助理工作。巧墨想要爭取助理工作的意願也非常強烈，這個督導團體主要是由他和督導者孟樺接洽，這一段時間督導費用支付、提醒督導時間與繳交提案資料、調整督導時間等事宜，都是由巧墨統一處理，他和孟樺接觸的機會多，兩人關係較為親近，孟樺可能會先選擇他。不確定孟樺選擇助理的條件是什麼，在督導討論時要更積極表現，讓自己的表現更為優秀與突出以獲得孟樺的青睞。

4. 受督者子青、佳宏的困境

(1) 捲入巧墨與湫淵之間的競爭，不知道如何面對的為難

督導團體的討論氣氛原是很好的，最近不知道什麼原因巧墨跟湫淵變得有點爭鋒相對，氣氛很緊張，不時還被要求選邊站，支持誰或不支持誰都不好，要怎麼回應非常為難，現在參加團體督導都會有些壓力。

原先參與這個團體督導為的是增進專業成長，之前雖然有感覺到督導者面對不同受督者的態度有落差，但每次參與討論都讓自己在專業上有些成長，也就不太計較；現在因為巧墨跟湫淵的較勁，讓專業成長的效果打了很大折扣，開始思考繼續參與這個團體督導的意義，考量是否要退出。

(2) 在督導團體中的處境尷尬，有不舒服情緒

這個團體督導本就是由巧墨、湫淵極力促成的，我們是受到邀請後再加入，跟孟樺的關係較不熟悉，討論過程也覺察到督導者孟樺對我們兩人的態度較為疏遠，子青原就有些不舒服的情緒。

從側面得知，孟樺和巧墨、湫淵在督導關係之外還有私人的聚會或互動，我們兩人好像只是為了幫助這個團體督導成立而存在，處境有些尷尬；這一次他們的較勁似乎跟要爭取什麼有關，我們兩人又沒有被告知，沒有被當成督導團體的圈內人，挺不舒服的。

（二）思考案例涉及的潛在議題

1. 團體督導存在複雜的關係與動力

(1) 團體督導的成員之間本就存在交錯的動力關係

個別督導時，督導關係的建立與維持相對單純，只要考量督導者和受督者之間的期待、互動、溝通、協調……。團體督導要建立與維持關係就複雜多了，參與督導團體的成員之間存在關係與動力，督導者與個別成員

之間也存在關係與動力，督導者要觀照的面向以及要考慮的事項比個別督導多出許多。

本案例中的團體督導由巧墨先提出邀請，之後湫淵加入，湫淵邀請大學同學佳宏參與，佳宏再邀約私交不錯的同事子青加入；從案例敘述來看，本督導團體的成員，彼此之間的關係、熟悉程度本就存在很大差異。子青認識佳宏，但和巧墨、湫淵並不熟悉；佳宏和湫淵是同學，但和巧墨不熟悉；巧墨和湫淵有聯繫，一起促成團體督導進行，但事前不認識佳宏和子青；湫淵和巧墨、佳宏有關係，但和子青是不熟悉的。經過仔細梳理，可知這個督導團體的成員之間的原有關係和熟識程度存在很大差異，這樣的狀態對於督導團體進行時的動力存在影響力，這影響力有時顯而易見，有時頗為隱微。

督導者若未能考量或覺察到：成員彼此之間關係對整體督導團體進行的動力之影響，會不自覺形成失衡、未能平衡照顧每一位成員的狀態。

(2) 督導者跟每一位受督者建立關係的脈絡不同，影響督導關係

本案例的督導者和團體督導中的受督者建立關係的脈絡不同，影響督導關係，也影響督導者在團體督導過程與受督者的互動狀態。

督導者孟樺和巧墨最為熟悉，本督導團體是由巧墨和湫淵合力促成，孟樺與他們的互動較多，熟悉程度自然比佳宏和子青高；在督導關係之外，巧墨還會協助督導經費支付事宜，和孟樺有更多聯繫；孟樺還會與巧墨和湫淵約個飯局，做些督導討論之外的交流，其關係就可能更親近些。

原有的關係和熟悉程度不是問題，其中關鍵在於督導者孟樺有沒有覺察到自己與不同受督者間的關係，會怎麼樣影響到在督導過程的討論、互動，是否能夠敏感到督導關係變化與受督者感受，提早發現問題，做必要的調整。從案例敘述來看，督導者孟樺沒有覺察到自己與不同受督者的互動方式存在差異，也沒有覺察到子青的不舒服。

2. 督導關係界線跨越引發的複雜動力

(1) 督導關係界限跨越

　　本案例在兩個面向上出現關係界限跨越的現象：(1) 孟樺拜訪巧墨、湫淵工作的城市時，會與他們約個飯局，聚會聊天，巧墨、湫淵幫助孟樺對於中國大陸的心理諮詢產業發展有更深入的瞭解；這樣的互動從督導關係跨越到私人社交關係。(2) 孟樺想選擇巧墨、湫淵工作的城市，做事業的進一步拓展，並向他們兩人提出邀請，擔任他在中國大陸拓展事業的助理；這樣的邀請從督導關係跨越到工作關係，甚至是商業關係。

(2) 督導關係界限跨越影響了督導者與受督者間的動力

　　從督導關係跨越到私人社交關係，會逐漸影響孟樺和巧墨、湫淵之間的關係，有可能漸漸難以分清他們之間是專業關係還是朋友關係；從督導關係跨越到工作關係或商業關係，會讓情況變得更為複雜，他們之間是專業關係、聘僱關係，還是夥伴關係。

　　若變成朋友關係，督導討論時可能會更顧及人情、面子、和諧等向度，影響專業討論的品質；若變成聘僱關係，督導者和受督者間的權力位階差距更明顯，可能影響受督者在督導過程的表達、揭露、討論，影響受督者的專業成長；若變成商業夥伴關係，督導者可能會需要考量商業利益或合作關係，影響其作為督導者的角色。

　　思考的焦點並非放在可不可以跨越關係界限的問題，最重要的關鍵還是在督導者對於關係界限跨越可能產生的影響有沒有覺察，有沒有做些預防措施以降低潛在風險；或者督導者要重新思考與受督者間的關係怎麼調整或明確界定。

(3) 督導關係界限跨越影響團體督導成員之間的動力

　　如前文所述，在團體督導的脈絡下，督導者要觀照的面向及要考慮的事項比個別督導多出許多，除了考量自己與個別受督者之間的關係，還要

考量與個別受督者的關係對於受督者之間的動力，及整個督導團體動力的影響。

依據案例敘述，本案例的督導者孟樺和受督者巧墨、湫淵在督導關係之外的互動，隱微的影響著他在督導過程與他們討論的投入程度、情感涉入程度，讓佳宏、子青感受到被對待方式的差異；孟樺向巧墨、湫淵提出擔任他在中國拓展事業助理的邀請，引發了兩人之間的競爭，影響到兩人在督導討論過程的態度與參與情形，進而影響佳宏和子青在團體督導中學習的權益及參與的感受。

3. 督導者對權力運用的覺察

本案例中的督導者並未有意圖的運用自己的角色權力來剝削受督者，本案例值得思考的是督導者的專業威望伴隨著角色所傳遞出的權力影響。

案例中的受督者會仔細觀察督導者對待或回應個別成員的方式，評估督導者對自己的看重與親近程度，這個評估歷程通常在心中默默進行，逐漸形成個人的假設。受督者形成的假設很少會提出來與督導者核對，這些假設隱微的影響著受督者的情緒、參與討論情形、與其他成員的關係……。

督導者需要正視自己在督導關係中所擁有的權力，及這些權力可能從哪些行動中流露出來，對受督者產生影響。督導者若覺察到受督者參與情形的狀態或變化，可以主動關心與瞭解，開啟一個開放安全的空間，讓受督者可以表達自己的感受、提出自己的疑問或假設，這樣督導者和受督者可以有誠懇的對話，減低隱微動力對督導關係和督導過程的影響。

4. 受督者對於個人參與團體狀況的覺察與選擇

本案例中的受督者為已經從事心理諮詢工作的工作者，對於自己在團體督導過程的感受與參與方式，可以採取較多主動性。

案例中的子青選擇忍耐不舒服情緒或者減少發言，巧墨選擇在內心猜測孟樺對自己的評價，巧墨和湫淵選擇在督導討論時積極表現、證明自己

觀點更佳，以爭取孟樺的青睞⋯⋯。從督導者責任的角度來思考，會期許督導者孟樺對於這些現象有所覺察，並做適切瞭解與處理；從受督者主動性的角度思考，受督者也可以選擇用不同的方式處理心中疑慮。

四 案例分析

（一）與本案例有關之倫理守則

1. 《督導倫理守則》（草案）

倫理議題	基本原則	實務指引
督導者的能力	1.4 使用電子科技的能力與倫理意識： 1.4.1 督導者在督導過程中，若選擇以線上督導作為督導進行的方式時，督導者應瞭解使用電子科技涉及的倫理議題，並具有處理緊急狀況／危機狀況的能力。 1.4.2 使用電子相關設備存取督導資料時，督導者應注意所涉及的倫理議題，並提醒受督者。	1.4 使用電子科技的能力與倫理意識： 1.4.1 督導者需要瞭解電子科技與社群媒體的發展、使用範圍及相關倫理議題。 1.4.2 若受督者在必要的情形下需要使用電子科技進行心理諮商／心理治療服務，督導者需提醒與確認受督者注意相關的倫理議題。 1.4.3 若督導者需運用電子科技進行督導，則督導者需瞭解相關的倫理議題保護受督者與案主。
	1.6 覺察與反思： 1.6.1 督導者在督導過程中應具備自我覺察與反思的能力。	1.6 覺察與反思： 1.6.1 督導者需對督導角色的責任義務、自身能力的限制、督導關係的內涵與變化、督導介入的成效與品質，以及評量受督者之態度與歷程等具備覺察與反思能力。
督導關係的建立與終止	3.2 界定督導關係：督導者應清楚地界定其與受督者的專業關係。	3.2 界定督導關係： 3.2.1 督導者需盡量避免與正在進行督導之受督者發展非專業關係（例如：商業關係、僱傭關係、會影響督導進行的社交關係⋯⋯等）。

倫理議題	基本原則	實務指引
督導關係的建立與終止	3.3 審慎處理多重關係： 3.3.1 面對無法避免的多重關係，督導者與受督者應審慎評估這些關係是否會損及受督者和案主權益與福祉，並採取必要的預防措施。	3.3 審慎處理多重關係： 3.3.1 面對無法避免的多重關係（如師生、行政督導、同事、雙重督導等），督導者需審慎的與受督者討論不同關係的性質、責任與期待，在督導時間、督導場地上做出區分，以降低潛在的角色衝突。 3.3.2 如果督導者與受督者可能有督導關係之外的非專業關係，雙方皆需仔細澄清關係發展的意圖，討論可能的利益與風險，經過審慎評估後才建立關係，並採取適當的預防措施。
	3.5 覺察與審慎權力運用：督導者不可濫用權力，不可剝削受督者，例如：督導者運用權力要求受督者提供金錢借貸或財務利益，要求受督者提供對督導者的個人服務，提出與督導進行無關的要求；督導者不可與正在進行督導的受督者發展戀情、發生性騷擾或性關係等。	3.5 覺察與審慎權力運用： 3.5.1 督導者需覺察在督導過程，自己如何使用權力及使用權力的方式是否恰當。 3.5.2 督導者需敏感督導關係的變化，適時與受督者討論彼此關係的變化及採取必要的調整。

2. 《ACA 倫理守則》

倫理議題	ACA 倫理守則
C.3.廣告和招攬案主（無直接關聯，但有提醒作用）	C.3.d.透過工作招攬： 諮商師不會使用他們工作的地方或機構的隸屬關係來為他們的私人執業來招攬案主、督導或諮詢工作。 C.3.f.向服務對象推廣： 諮商師不會利用諮商、教學、訓練或督導關係，以某程度來說有點迷惑欺騙的方式來推銷他們的產品或培訓活動，或對脆弱易受影響的人施加不正當的影響來進行推銷。然而，諮商教育者可能會採用他們為教學目的編寫的教科書。

倫理議題	ACA 倫理守則
F.2.諮商督導的能力	F.2.c.線上督導： 在使用科技方式進行督導時，諮商督導者要具備使用這些科技的能力。督導採取必要的預防措施，以保護透過任何電子方式傳送所有訊息的隱私。
F.3.督導關係	F.3.a.拓展傳統的督導關係： 諮商督導清楚定義和維持他們與受督者的倫理專業、個人及社會關係。督導者會考慮將現有的督導關係以任何形式超越常規的風險與好處。在拓展這些界線時，督導採取適當的專業預防措施，以確保他們的判斷不會受損，不會發生任何傷害。

3. 《輔諮學會倫理守則》

倫理議題	輔諮學會倫理守則
7.3.雙重關係	諮商師教育者應清楚地界定其與學生及被督導者的專業及倫理關係，不得與學生或被督導者介入諮商關係，親密或性關係。（參看 2.2.4.d；2.2.4.e）

4. 《中國心理學會倫理守則》

倫理議題	中國心理學會倫理守則
6 教學、培訓和督導	6.3 從事教學、培訓和督導工作的心理師應基於其教育訓練、被督導經驗、專業認證及適當的專業經驗，在勝任力範圍內開展相關工作，且有義務不斷加強自己的專業能力和倫理意識。督導者在督導過程中遇到困難，也應主動尋求專業督導。 6.10 承擔教學、培訓和督導任務的心理師有責任設定清楚、適當、具文化敏感度的關係界限；不得與學生、被培訓者或被督導者發生親密關係或性關係；不得與有親屬關係或親密關係的專業人員建立督導關係；不得與被督導者捲入心理諮詢或治療關係。 6.11 從事教學、培訓或督導工作的心理師應清楚認識自己在與學生、被培訓者或被督導者關係中的優勢，不得以工作之便利用對方為自己或第三方謀取私利。

（二）綜合討論

綜合《督導倫理守則》（草案）、《ACA倫理守則》、《輔諮學會倫理守則》及《中國心理學會倫理守則》之內涵，本案例涉及幾個倫理議題：

1. 督導者有責任設定清楚、適當、具文化敏感度的關係界限

(1) 督導者應清楚界定與維持他們與受督者間的專業、個人及社會關係。盡量避免與正在進行督導之受督者發展非專業關係（例如：商業關係、僱傭關係、會影響督導進行的社交關係……等）。

(2) 如果督導者與受督者可能跨越專業關係界限，發展督導關係之外的非專業關係，雙方皆需仔細澄清關係發展的意圖，討論與評估拓展關係界限時可能的利益與風險，經過審慎評估後才建立關係，並採取適當的預防措施，以確保不會傷害受督者或案主的權益。

2. 督導者要覺察自己的權力與審慎運用

(1) 從事督導工作的心理師應清楚認識自己與受督者關係中的權力優勢，不得以工作之便利用對方為自己或第三方謀取私利。

(2) 督導者需覺察在督導過程，自己如何使用權力及使用權力的方式是否恰當。

(3) 督導者需敏感督導關係的變化，適時與受督者討論彼此關係的變化及採取必要的調整。

(4) 從事督導工作的心理師不宜運用角色權力或不當手法，向受督者推銷自己的產品、諮詢或其他培訓課程。

3. 督導者應具備覺察與反思能力

督導者需對督導角色的責任義務、自身能力的限制、督導關係的內涵

與變化、督導介入的成效與品質等具備覺察與反思能力。透過開放的對話與討論，進行必要的調整。

依據案例敘述，督導者孟樺接受線上督導邀請的態度頗為謹慎，他評估自己對於受督者工作內容與工作環境的熟悉程度，並未立刻答應；第二次接到邀約時，先對受督者的工作環境進行瞭解並請教有相關經驗的人，經過幾個月的討論才答應。但從案例敘述，不確定孟樺是否具備團體督導的知能與實務經驗，他是否瞭解進行線上團體督導可能涉及的倫理議題，以及有沒有對受督者提出必要的提醒。

本案例特別需要思考與討論的是督導關係界限的議題。案例中的團體督導是由受督者巧墨和湫淵的居中聯繫、邀約才得以促成，督導者孟樺和兩位受督者有較多聯繫因而較為熟悉，本是人之常情。作為團體督導的督導者，孟樺若能於事前多做一些考量或準備，有助於團體督導關係與督導成效的維持，例如：團體督導進行前，對於所有成員都做些聯繫，特別是原先並不認識的佳宏和子青，主動瞭解他們對於加入團體督導的期待、是否有疑問或疑慮等；團體督導進行過程，對於自己與每一位受督者互動的態度與方式、受督者的感受或反應，都多些敏感性，盡量平衡照顧每一位受督者。

案例中的督導者孟樺由於先前的結識，與受督者巧墨、湫淵有督導關係之外的私人互動，以及基於原有關係建立起的熟識程度與信任感優先邀約他們擔任工作夥伴，從文化脈絡的角度來思考，是可以理解的。但是作為團體督導的督導者，孟樺依然有責任對於關係界限跨越之後的影響作更多考量，以維護受督者的權益，進而維護案主權益。督導關係界限跨越會對督導者與個別受督者的關係產生影響，也會對於團體督導參與者彼此之間的關係產生影響，這樣的影響會漸漸影響團體督導討論的品質與成效，督導者需要正視。

孟樺提出擔任助理工作的邀約時若是多做些考量，也有助於減少巧墨

和湫淵的猜測和競爭，減低對於團體督導整體關係的衝擊。例如：事先思考助理可能的工作內涵，與自己需要的協助，有比較清楚的表達；瞭解巧墨和湫淵都有意願之後，盡快思考怎麼回應或處理等。

巧墨私下對於孟樺對自己和湫淵的評價有些猜測，但並未詢問或求證；子青對於孟樺對待受督者的態度有些不舒服，也並未提出來讓督導者瞭解，選擇忍耐。基於重視關係和諧、避免衝突的文化價值觀，可以理解他們的選擇且予以尊重；從解決問題的角度來思考，面對在團體督導中的疑慮或不舒服情緒，受督者可以有不同的選擇，如：在合適時機用敦厚的方式提出來，幫助督導者瞭解受督者的疑慮，讓彼此有機會澄清與對話，有助於團體督導關係的調整與維持，有助於督導討論品質的提升。

五 可能的行動策略

（一）案例發生當下可能之行動策略

以下列出在案例發生當下情境可能採用的各種行動策略，每一行動策略是否適切，要考量行動前後的情境脈絡，行動者的行為意圖、目的，以及執行該行動的態度。

1. 督導者孟樺

(1) 團體督導結束後，私下且分別與巧墨、湫淵聯繫，詢問他們的感受與狀態。

(2) 團體督導結束後，私下與巧墨、湫淵聯繫，詢問他們的感受與狀態。

(3) 團體督導結束後，私下與佳宏和子青聯繫，詢問他們在團體督導中的感受與狀態。

(4) 在團體督導過程提出自己對團體動力的觀察，請受督者也表達他們的觀察。

(5) 在團體督導過程提出自己對團體動力的觀察，表示會私下和個別受督者

聯繫，瞭解他們的想法。

(6) 在團體督導過程提出自己對團體動力的觀察，詢問受督者希望如何討論目前督導團體的動力狀態。

(7) 在團體督導過程提出自己對團體動力的觀察，對於之前自己可能有些疏忽表達抱歉，詢問受督者希望如何討論目前督導團體的動力狀態。

(8) 不提出個人對團體動力的觀察，在團體督導討論過程介入，指出巧墨和湫淵的意見各自有的優點、可以如何整合。

(9) 不提出個人對團體動力的觀察，在團體督導討論過程介入，協助巧墨和湫淵對話。

(10) 不提出個人對團體動力的觀察，在團體督導討論過程介入，邀請佳宏和子青表達自己的意見。

2. 受督者巧墨和湫淵

(1) 覺察自己與對方爭辯的行為，主動調整。

(2) 覺察自己與對方爭辯的行為，私下做討論，看看如何解決僵局。

(3) 覺察自己的感受和行為，各自私下找孟樺討論，表達自己的心情與猜測。

(4) 覺察自己的感受和行為，私下找孟樺討論，希望三人一起討論如何解決目前狀況。

(5) 各自私下找孟樺，表達自己想要爭取助理一職的意願。

(6) 持續在團體督導時盡力表現，以獲得孟樺的青睞。

(7) 私下找佳宏或子青，尋求團體督導討論時的支持。

(8) 考慮退出團體督導，私下找孟樺進行個別督導。

3. 受督者子青和佳宏

(1) 從旁觀察，不介入巧墨和湫淵的爭辯，等待督導者孟樺處理。

(2) 不介入巧墨和湫淵的爭辯，減少發言與參與。

(3) 考慮退出團體督導。

(4) 巧墨和湫淵爭辯時，出來打圓場。

(5) 巧墨和湫淵爭辯時，適時表達自己的意見。

(6) 指出巧墨和湫淵爭辯的現象，請督導者處理。

(7) 指出巧墨和湫淵爭辯的現象，大家一起討論如何處理。

(8) 私下與孟樺聯繫，表達對團體督導狀況的感受或意見。

如果你是案例中的督導者孟樺、受督者巧墨、湫淵、佳宏、子青，
最有可能採取哪些行動策略？最不可能採取哪些行動策略？
請說明你的想法或考量。

（二）未來遇到類似情境，可以多注意的事項

　　以下提出之行動策略乃依據案例內容以及前述各項討論提出，提供讀者未來遇到類似情境參考，並非標準答案。鼓勵讀者透過閱讀案例與分析，發展各自面對督導倫理挑戰情境的策略。

1. 督導者孟樺

(1) 評估自己進行團體督導的知能與實務經驗，進一步補充相關知能或瞭解進行團體督導涉及的倫理議題，在團體督導進行前預作準備或必要提醒。

(2) 評估自己進行線上督導的知能與實務經驗，進一步補充相關知能或瞭解進行線上督導涉及的倫理議題，在團體督導進行前預作準備或必要提醒。

(3) 團體督導進行前，對於每一位受督者參與團體督導的動機、期待、對督導進行方式的想法或疑問……等都進行瞭解，必要時主動與每一位受督

者做些聯繫。

(4) 團體督導進行過程，定期評估團體動力的變化、受督者參與狀況，或者請受督者提供回饋，依據評估結果或回饋意見，對於團體督導進行做必要的調整。

(5) 自己和部分受督者有督導關係之外的私人互動，審慎觀察這樣的互動對彼此關係、團體督導過程的影響，若發覺有影響需做必要的處理或調整。

(6) 提出助理工作邀約之前，可以做更周延的考量與處理：思考這個邀約對自己和個別受督者關係的可能影響，與對受督者彼此關係的可能影響；思考要怎麼表達或提出邀約，以及怎麼回應與決定邀請誰擔任助理；具體討論如何減少工作關係對督導關係的影響……等。

2. 受督者

對於督導者的作法、督導團體動力若有疑慮、猜測或情緒，可先自行澄清整理，區分屬於個人要處理的範疇，及要在督導團體討論處理的範疇。然後在合適的時機提出個人的疑慮、猜測、情緒或期待，一方面幫助督導者瞭解自己的狀態，一方面讓成員之間有機會澄清與對話，避免不必要的誤解影響團體督導的關係與進行，讓團體督導可以發揮更多促進專業成長的功能。

 延伸思考

1. 團體督導的脈絡比個別督導複雜許多，請問擔任團體督導的督導者，比擔任個別督導的督導者：

(1) 需要增加哪些知能？

(2) 需要增加哪些準備？

請敘述你的思考。

2. 在團體督導的脈絡，受督者之間可能出現競爭的動力，請問：

(1) 哪些因素可能促進受督者之間的競爭？

(2) 受督者之間的競爭，對於團體督導進行會有哪些影響？

(3) 受督者之間的競爭，對於受督者在團體中的學習與權益會有哪些影響？

(4) 督導者對於受督者之間的競爭，需要採取介入行動嗎？

　　請敘述你的思考。

3. 本案例的督導者在督導關係之外，會與其中部分受督者有私下的聚會聊天。請問：

(1) 督導者與受督者有這樣私下的聚會，你抱持的態度為何？

(2) 若督導者要與受督者私下的聚會，需要注意哪些事項？

(3) 哪些情況下，督導者與受督者私下的聚會並不合適？

　　請敘述你的思考。

4. 本案例的督導者計畫邀請其中一位受督者擔任自己在中國大陸拓展事業版圖的助理。請問：

(1) 對於案例中督導者的作法，你抱持的態度為何？

(2) 若督導者要邀請其中一位受督者擔任自己的助理，需要注意哪些事項？

(3) 哪些情況下，督導者邀請其中一位受督者擔任自己的助理並不合適？

　　請敘述你的思考。

二、督導關係

案例⑧督導關係界限：督導關係界限跨越、督導者權力運用
——筱嵐的故事

 案例內容

　　筱嵐大學畢業之後陸續在國小擔任代理輔導教師之職，未來希望可以參與國小輔導教師甄試，擔任正式教職。為了提升諮商輔導的專業能力，取得心理師證照，他考進心理諮商相關研究所進修碩士學位。筱嵐在研究所進修期間，期許自己把握每一個學習的機會，豐富與提升專業知能。面對碩三駐地實習機構的挑選，他相當謹慎，希望全職實習機構裡有具備豐富實務經驗的督導，協助自己在專業上更進一步的突破與精進。

　　張辰具有諮商心理師證照，目前在某國小擔任專任輔導老師，對兒童發展階段之任務與需求、學校輔導工作的推展與執行以及校園裡系統合作之啟動……等議題，具備豐富專業知能與實務經驗，頗獲好評。今年張辰服務的學校開始招募全職實習生，由張辰擔任督導，協助有興趣在國小從事諮商輔導工作的學生，理解校園場域，累積實務經驗。筱嵐得知張辰的經歷，非常希望能夠進入該校進行全職實習，接受張辰的督導。

　　筱嵐用心準備應徵全職實習生的書面資料，在審查書面資料時張辰對筱嵐印象深刻，積極推薦他進入第二階段的面試。筱嵐收到面試通知的同時，還收到張辰鼓勵他好好準備的郵件，令他非常感動。面試時筱嵐果真表現優異，順利錄取，進入張辰服務的學校進行為期一年的全職實習，接受張辰的督導。到實習機構報到後，筱嵐向張辰表達感謝：謝謝督導給予的鼓勵與機會，讓自己可以進入學校實習。張辰表示很欣賞筱嵐的能力與努力，因此向其他審查委員推薦錄取筱嵐，筱嵐聽了之後，更加感謝張

辰。

筱嵐與張辰的督導關係順利建立與展開，張辰相當關心筱嵐的工作狀況，協助他釐清接案的困惑，不藏私地分享實務經驗，有時還協助處理受輔學生的狀況，短短時間筱嵐在專業上有明顯進步，獲益良多。張辰也很關心筱嵐的生活狀況，不時詢問與關心他的心情、下班後的生活安排、論文撰寫狀況等。如果校外有不錯的研習課程，張辰會主動替筱嵐報名，讓他可以請公假參加研習，一開始筱嵐很高興，實習期間還可以有專業進修的機會，真是太幸運了。

漸漸地筱嵐開始覺得有點困擾，有些他想參加的研習課程，張辰會說這些課程不值得參加，建議他去參加其他課程；有時張辰沒有問過筱嵐就替他報名某些課程，影響筱嵐事先安排好的工作規劃。筱嵐知道督導者是替自己著想、為自己好，告訴自己要惜福，也就沒有向張辰提出自己的困擾。張辰更加頻繁的找筱嵐討論個案狀況，中午時間也常常邀他共進午餐，邊吃飯邊討論工作與個案情形，讓筱嵐沒有休息的時間；有一次筱嵐委婉的表示中午想安靜、沉澱一下，張辰說：「沒有關係啊，吃完午餐你就可以去休息。」但張辰時常熱切地分享自己的想法和經驗，超過午間休息時間。

隨著兩人更加熟悉，在督導過程張辰有時會談起自己在工作上的煩惱，常常希望聽聽筱嵐的意見，筱嵐覺得有點為難，非常謹慎的回應，張辰誇獎他擁有良好的專業人員特質，加上這麼努力，未來肯定會成為優秀的心理師。張辰告訴筱嵐，學校會有專任輔導教師的缺額，他會協助與支持筱嵐甄選上這個職缺。

筱嵐對張辰的感覺變得有點矛盾，他佩服張辰的專業能力與實務經驗，也感謝張辰的鼓勵與提攜；同時又覺得張辰好像干涉了自己的學習與時間安排，面對張辰談起工作上的抱怨常常不知道怎麼回應。筱嵐很想跟張辰談談，又擔心會讓督導者不高興，影響日後參與輔導教師的甄選。他選擇先不表達自己的感受，但行動上做了一些調整，例如：用工作上的理

由減少與張辰一起吃午餐、減少與張辰一起參加研習活動，比較少回應張辰對工作的抱怨等。

張辰感受到筱嵐的變化，但不明白是怎麼回事。他是第一年擔任督導者，很想好好照顧與幫助受督者，為受督者考量很多，幫助他在專業方面有所成長，關心他的生活與情緒，還關心他未來的工作；為了不讓受督者覺得彼此是上對下的關係，也分享自己的苦惱，想讓受督者覺得彼此可以像朋友一樣的互動……。但最近筱嵐好像在躲著自己，他沒有體會到自己的用心嗎？張辰有些難過也有些挫折。

張辰決定直接找筱嵐談談，他跟筱嵐說：「你最近是不是在躲我？到底怎麼了？我們需要好好談談。為了不影響上班時間，也不希望其他同事有所猜疑，看哪一天下班後，我們去吃個飯，好好聊聊！」聽完張辰的話，筱嵐有些緊張，不知道該怎麼回覆比較好……。

 ## 二 實務問題

1. 對案例中主要角色張辰、筱嵐的判斷和作法，你有哪些感受或想法？

2. 如果你是案例中的筱嵐：

(1) 發現督導者未經同意替自己安排研習課程，造成困擾時。

(2) 發現督導者增加討論頻率，影響休息時間時。

(3) 面對督導者討論個人工作困擾，要求你表達意見時。

你會怎麼回應督導者？哪些想法會表達？哪些想法不一定會表達？
請說明你的想法。

3. 如果你是案例中的筱嵐，面對督導者邀約吃飯聊聊：

(1) 你會做哪些回應或處理？

(2) 事先會做哪些準備嗎？

請說明你的想法。

4. 如果你是案例中的張辰，面對受督者筱嵐的變化：

(1) 你有哪些猜測或假設？

(2) 你想跟受督者討論什麼？

(3) 你希望這個談話可以達到什麼目標？

　　請說明你的想法。

5. 如果你是案例中的張辰，若是受督者筱嵐沒有接受吃飯的邀約，後續會做哪些回應或處理？

　　請說明你的想法。

 案例思考

（一）澄清問題或困境

1. 受督者筱嵐的困境

(1) 可能會破壞督導關係的擔心

　　督導者似乎發現自己和他互動的方式有改變，很擔心督導者會生氣，影響後續的督導關係。

　　督導者邀自己吃飯、聊聊，要怎麼回應？不確定是否可以將心理的真正感受說出來，或者哪些部分可以說，哪些部分不可以說，很擔心沒有處理好會讓督導關係更惡化。

(2) 可能會影響實習成績與未來工作機會的焦慮

　　督導關係若是破壞了，可能會對自己的實習及未來發展造成很大的影響，如：實習成績評量、未來應徵本校專任輔導教師職缺、本校其他教師對自己的看法、應徵其他工作時該機構徵詢督導者意見……等。對於督導

關係可能破壞而衍生一連串的影響，感到焦慮。

(3) 面對督導者有矛盾的感受

當初是因為督導者的賞識與推薦，自己才能進入這所學校實習；進入學校實習之後，督導者也提供許多學習的機會和諮商輔導工作上的協助，督導者這麼幫忙，自己還這樣，似乎給人不知感恩的印象，是不是應該配合督導一些？感覺到督導者有點難過，心中有抱歉、愧疚之感。

但督導者的一些作法，確實造成自己的困擾，對於要怎麼反應讓督導者知道，感到為難與不安；實習尚未結束，還要相處一段時間，不確定要怎麼面對督導者比較好。

2. 督導者張辰的困境

(1) 面對受督者的行為改變有複雜情緒

自己花了許多心力在照顧和幫助受督者，幫助他在專業方面有所成長，關心他的生活與情緒，還關心他未來的工作；為了不讓受督者覺得彼此是上對下的關係，讓彼此的互動像朋友。自己這麼替受督者著想，不明白受督者何以要躲著自己，對受督者的反應感到難過、挫折。

同時對受督者的行為反應也有些生氣，覺得自己的好意被踐踏與忽視。心裡想著：現在的年輕人是否不知道感恩？

因此很想要弄清楚怎麼回事，到底問題出在哪裡。

(2) 對個人判斷能力與督導能力的懷疑

不確定同事們有沒有發現筱嵐和自己的關係改變，以及對這樣的改變會怎麼想。

當初是自己極力向同事推薦錄取筱嵐為實習生，現在竟然發生這樣的狀況，難道自己對人的判斷有誤？如果自己對人的判斷沒有問題，督導關係何以發展成目前的狀態，難道是自己的督導能力有問題？

張辰一方面對自己的判斷能力和督導能力有所懷疑，一方面擔心同事的觀點與評價。

(3) 後續不知道要怎麼和受督者互動

自己是第一年擔任督導者，很想好好照顧與協助實習生，因此主動幫他爭取許多機會，為他考量很多事情。

兩人的督導關係發展到目前的狀況，自己的心情很受影響。後續還要和筱嵐相處，要再和過去一樣的全心照顧他，有些困難，如果變得有距離，又和自己期待中的督導關係不同，有點不知道要怎麼互動。

（二）思考案例涉及的潛在議題

1. 督導關係界限跨越造成影響

本案例中的督導者張辰有些作法會有逾越督導關係界限之疑慮：(1) 在受督者應徵全職實習生的過程中，督導者寄信鼓勵他，已經逾越作為審查者的角色責任；(2) 督導者關心受督者的生活狀態是好意，但關心的程度與涉入程度需要拿捏；(3) 督導者自行替受督者決定要參加哪些研習課程、不要參加哪些課程，超過了督導者的權責，也干涉了受督者的學習計畫；(4) 督導者以討論案例為名，在督導時間之外頻繁的與受督者討論，混淆了專業關係與社交關係；(5) 督導者向受督者透露個人工作上的苦惱，造成角色混淆。

跨越關係界限會影響案主權益，也會影響受督者權益。督導者利用午餐時間與受督者討論案例，討論場所與時間不適切，會衍生討論品質不佳、案主隱私權未被維護等議題；受督者的休息時間被占用，影響其精神狀況與接案品質，這些都可能影響到案主權益。督導者過多涉入受督者學習與時間的安排，影響受督者學習的自主性，影響受督者完成工作任務的時間規劃，間接對受督者的服務品質產生影響。

2. 督導者未覺察個人權力與運用

前述跨越督導關係界限的行為，都與督導者在督導關係中的權力與運用有關。

督導者運用審查者的權力，給予受督者進入第二階段的面試及取得實習生資格的機會；督導者運用其行政上的權力，提供受督者研習機會，進而替受督者決定參加哪些研習；督導者以督導角色的權力，決定增加案例討論的時間，掌握討論時的發言權與發言內容；督導者運用其校內專任人員的權力，告知受督者未來學校會有專任輔導教師的缺額，他會協助與支持筱嵐甄選上這個職缺。從案例敘述來看，督導者這些行為的出發點是善意為多，但督導者似乎並未覺察自己在使用權力，未思考使用這些權力可能的影響。

在督導者的推薦之下，受督者得以進入該校進行全職實習，受督者感謝督導者之餘，也可能感受到督導者握有生殺大權，加上督導者表達會協助他甄選上專任輔導教師缺額，兩人在督導關係中的權力不均等便更明顯，這會使受督者在督導討論過程即使有意見或疑問，也不敢提出來。另一種狀況是，受督者期待獲得督導者的讚賞，也相信督導者安排的用心良苦，變得過度順從，失去專業的反思能力。

受督者有其專業發展階段與需求、有其個人的學習經驗與待補足之處，督導者需要與受督者一起討論學習目標、學習計畫與督導進行方式等議題。案例中的張辰較多用自己的考量來替受督者決定，未將受督者的意見納入。

3. 督導者未對個人行為意圖進行反思

案例中的督導者張辰為受督者付出很多，看得出他想照顧受督者的善意；但這樣的付出似乎是督導者單方面的決定與作為，並未與受督者討論這些幫助是不是受督者需要的。從案例敘述來看，督導者的某些作為逐漸

造成受督者的困擾，督導者卻沒有覺察。

　　督導者需要對督導關係變化、督導介入成效保持敏感，持續評估，並有所反思。以本案例為例，督導者張辰這麼照顧受督者筱嵐，是否也有督導者自身的需求？張辰為新手督導，可能很想要成為一位「好督導」，因此不自覺的用自己的意思來「幫助」受督者，用「我為你好」的理由替受督者做決定，甚至愈來愈逾越界限的去干擾或干涉受督者的學習、時間規劃。忘記受督者是一個獨立個體，有其需要、意見想法，也有他該盡的責任。

四 案例分析

（一）與本案例有關之倫理守則

1.《督導倫理守則》（草案）

倫理議題	基本原則	實務指引
督導者的能力	1.1 接受專業訓練：擔任督導者應參與督導相關訓練、進修督導相關知能。	1.1 接受專業訓練： 1.1.2 督導者需於擔任督導前接受督導相關訓練，若因職責所需，未能在擔任督導前接受訓練，則在擔任督導者的過程中需參與督導相關訓練，進修督導相關知能。
	1.6 覺察與反思： 1.6.1 督導者在督導過程中應具備自我覺察與反思的能力。 1.6.2 督導者應該覺察自身能力與經驗的限制，督導過程遇到不熟悉的議題，督導者必須尋求專業諮詢。	1.6 覺察與反思： 1.6.1 督導者需對督導角色的責任義務、自身能力的限制、督導關係的內涵與變化、督導介入的成效與品質，以及評量受督者之態度與歷程等具備覺察與反思能力。 1.6.2 督導者若發現個人議題會影響督導工作，需尋求專業諮詢，審慎反思與處理個人議題，必要的時候宜進行個人心理諮商或心理治療。

倫理議題	基本原則	實務指引
督導者的能力		1.6.3 督導者若發現個人議題影響督導工作，經過處理仍無法改善，影響督導工作進行，督導者需評估與考量暫停督導工作。
督導者的責任	2.3 維護受督者權益： 2.3.1 督導者應維護受督者的知情同意權、受益權與隱私權，並告知受督者保密的範圍與限制。	2.3 維護受督者權益： 2.3.2 督導者需理解受督者狀態與專業發展需求，與受督者共同建立安全、信任的督導關係。
督導關係的建立與終止	3.1 進行知情同意程序：在督導關係開始前，督導者應讓受督者清楚瞭解督導者的專業背景、期待、評量標準與方式，以及受督者的權利與義務。	3.1 進行知情同意程序： 3.1.1 需要告知受督者的內容：督導者的專業背景與經驗、督導者的理論取向與督導模式，對受督者專業能力、修習課程以及所需經驗的要求，對受督者參與督導的期待、評量標準及方式，受督者在督導過程的權利與義務及保密範圍和限制等。 3.1.5 知情同意的形式：告知受督者的內容，督導者需當面向受督者說明並一起討論；關於督導結構、雙方權利與義務、評量標準與方式等重要說明，最好能夠以書面形式呈現。
	3.2 界定督導關係：督導者應清楚地界定其與受督者的專業關係。	3.2 界定督導關係： 3.2.1 督導者需盡量避免與正在進行督導之受督者發展非專業關係（例如：商業關係、僱傭關係、會影響督導進行的社交關係……等）。
	3.3 審慎處理多重關係： 3.3.1 面對無法避免的多重關係，督導者與受督者應審慎評估這些關係是否會損及受督者和案主權益與福祉，並採取必要的預防措施。	3.3 審慎處理多重關係： 3.3.1 面對無法避免的多重關係（如師生、行政督導、同事、雙重督導等），督導者需審慎的與受督者討論不同關係的性質、責任與期待，

倫理議題	基本原則	實務指引
督導關係的建立與終止		在督導時間、督導場地上做出區分，以降低潛在的角色衝突。 3.3.2 如果督導者與受督者可能有督導關係之外的非專業關係，雙方皆需仔細澄清關係發展的意圖，討論可能的利益與風險，經過審慎評估後才建立關係，並採取適當的預防措施。
	3.5 覺察與審慎權力運用：督導者不可濫用權力，不可剝削受督者，例如：督導者運用權力要求受督者提供金錢借貸或財務利益，要求受督者提供對督導者的個人服務，提出與督導進行無關的要求；督導者不可與正在進行督導的受督者發展戀情、發生性騷擾或性關係等。	3.5 覺察與審慎權力運用： 3.5.1 督導者需覺察在督導過程，自己如何使用權力及使用權力的方式是否恰當。 3.5.2 督導者需敏感督導關係的變化，適時與受督者討論彼此關係的變化及採取必要的調整。

2. 《ACA 倫理守則》

倫理議題	ACA 倫理守則
F.3.督導關係	F.3.a. 拓展傳統的督導關係： 諮商督導清楚定義和維持他們與受督者的倫理專業、個人及社會關係。督導者會考慮將現有的督導關係以任何形式超越常規的風險與好處。在拓展這些界線時，督導採取適當的專業預防措施，以確保他們的判斷不會受損，不會發生任何傷害。 F.3.d. 朋友或家人： 督導者與無法讓自己維持客觀的個體建立督導關係是被禁止的。

3.《輔諮學會倫理守則》

倫理議題	輔諮學會倫理守則
7.1.專業倫理知能	從事諮商師教育、訓練或督導之諮商師，應熟悉與本職相關的專業倫理，並提醒學生及被督導者應負的專業倫理責任。
7.3.雙重關係	諮商師教育者應清楚地界定其與學生及被督導者的專業及倫理關係，不得與學生或被督導者介入諮商關係，親密或性關係。（參看 2.2.4.d；2.2.4.e）

4.《中國心理學會倫理守則》

倫理議題	中國心理學會倫理守則
6 教學、培訓和督導	6.10 承擔教學、培訓和督導任務的心理師有責任設定清楚、適當、具文化敏感度的關係界限；不得與學生、被培訓者或被督導者發生親密關係或性關係；不得與有親屬關係或親密關係的專業人員建立督導關係；不得與被督導者捲入心理諮詢或治療關係。 6.11 從事教學、培訓或督導工作的心理師應清楚認識自己在與學生、被培訓者或被督導者關係中的優勢，不得以工作之便利用對方為自己或第三方謀取私利。

（二）綜合討論

綜合《督導倫理守則》（草案）、《ACA倫理守則》、《輔諮學會倫理守則》及《中國心理學會倫理守則》之內涵，本案例涉及幾個倫理議題：

1. 督導者的責任

督導者需理解受督者狀態與專業發展需求，與受督者共同建立安全、信任的督導關係，維護受督者的受益權。

2. 督導關係的建立與界定

(1) 在督導關係開始前，督導者應讓受督者清楚瞭解督導者的專業背景與經驗，督導者的督導模式，對受督者參與督導的期待，受督者在督導過程的權利與義務等。告知受督者的內容，督導者需當面向受督者說明並一起討論。

(2) 諮商督導者有責任定義清楚、適當、具文化敏感度的關係界限，維持他們與受督者的倫理、專業、個人及社會關係。不得與受督者介入諮商關係，親密或性關係，不得與有親屬關係或親密關係的專業人員建立督導關係，亦需盡量避免與正在進行督導之受督者發展非專業關係（例如：商業關係、僱傭關係、會影響督導進行的社交關係……等）。

(3) 面對無法避免的多重關係（如行政督導、同事等），督導者需審慎的與受督者討論不同關係的性質、責任與期待，在督導時間、督導場地上做出區分，以降低潛在的角色衝突。

(4) 如果督導者與受督者可能有督導關係之外的非專業關係，雙方皆需仔細澄清關係發展的意圖，討論可能的利益與風險，經過審慎評估後才建立關係，督導者有責任採取適當的預防措施，以確保不會發生任何傷害。

3. 督導者覺察與審慎運用權力

從事督導工作的心理師應清楚認識自己在與受督者關係中的權力優勢，不得以工作之便利用對方為自己或第三方謀取私利。督導者需覺察在督導過程，自己如何使用權力及使用權力的方式是否恰當；督導者需敏感督導關係的變化，適時與受督者討論彼此關係的變化及採取必要的調整。

4. 督導者的督導能力與反思能力

(1) 擔任督導者應參與督導相關訓練、進修督導相關知能及督導相關倫理議題。督導者需於擔任督導前接受督導相關訓練，若因職責所需，未能在

擔任督導前接受訓練，則在擔任督導者的過程中需參與督導相關訓練，進修督導相關知能。

(2) 督導者需對督導角色的責任義務、自身能力的限制、督導關係的內涵與變化、督導介入的成效與品質等具備覺察與反思能力；督導者應覺察自身能力與經驗的限制，督導過程遇到不熟悉的議題，督導者必須尋求專業諮詢；督導者若發現個人狀況會影響督導工作，需尋求專業諮詢，審慎反思與處理個人議題。

　　案例中的督導者張辰與受督者筱嵐安排固定時間進行督導，針對筱嵐的接案情形進行討論，必要時協助處理受輔學生的狀況；督導者協助受督者在專業知能方面有所成長，也關心受督者的生活狀況，提供專業進修機會，督導者對受督者是關心的、善意的、願意協助的。

　　本案例出現的狀況是督導關係界限的逐漸跨越：督導者不時詢問與關心受督者的個人生活狀況；督導者對受督者的專業學習有愈來愈多的涉入，甚至自行替受督者決定報名課程；督導者頻繁的與受督者接觸與討論，在督導時間之外討論案例，甚至占用到受督者休息時間；督導者向受督者訴說工作上的苦惱，並要求受督者表達意見……等。督導者並未覺察到關係界限跨越的現象，也沒有覺察跨越界限對受督者專業服務及個人的影響。

　　案例中的督導者張辰以自己的角度來詮釋與展現善意，不知不覺中運用了作為督導者的權力：在第二階段面試之前寄鼓勵信給受督者筱嵐，錄取之後讓筱嵐知道是自己積極推薦，他才得以錄取；實習過程替受督者爭取研習機會；甚至告知筱嵐自己可以協助他甄選專任輔導教師……。督導者何以將這些訊息告知受督者？督導者告知這些訊息，加大了督導者與受督者之間的權力距離，這樣的權力往往會讓受督者不敢表達自己的需要、想法或疑問，不敢違逆督導者的決定，漸漸影響到受督者的權益。

　　案例中的張辰初任督導者，不確定是否接受過督導知能訓練，從案例

敘述來看，他對督導者角色的準備程度有加強的空間。張辰的各項作為之出發點可能善意居多，但他在督導關係、督導討論過程較多表達個人判斷與決定的態度，較少與受督者討論、瞭解受督者的需要與意見。督導者的作為可能也夾雜了個人初任督導的焦慮，想要成為好督導、希望和受督者拉近關係的需求⋯⋯，從案例敘述來看，張辰對於自己行為的意圖、對督導關係與受督者的影響缺少覺察與反思。

案例中的受督者筱嵐為實習生身分，在督導關係中權力位階確實較低，但並不表示受督者完全無法作為，完全沒有責任。筱嵐可先釐清自己在督導關係中的感受（包括對督導者既感謝、又困擾的複雜心情），對督導關係、督導討論方式的期待，為可能的溝通機會預作準備。溝通機會可能是筱嵐找合適時機主動表達，可能是實習課程教師拜訪機構，可能是督導者邀請討論。

五　可能的行動策略

（一）案例發生當下可能之行動策略

以下列出在案例發生當下情境可能採用的各種行動策略，每一行動策略是否適切，要考量行動前後的情境脈絡，行動者的行為意圖、目的，以及執行該行動的態度。

1. 受督者筱嵐

(1) 跟督導者解釋：自己沒有躲著督導者，只是最近比較忙。

(2) 跟督導者道歉，希望督導不要誤會與生氣，自己會調整。

(3) 當下就告知督導者，自己在督導關係中的感受與困擾。

(4) 當下就告訴督導者，自己對督導者和督導關係的期待。

(5) 接受督導者的建議，約時間吃飯討論。

(6) 接受督導者一起討論的建議，但希望在校內約時間討論。

(7) 謝謝督導關心與願意討論，爭取一些思考的時間，整理自己的想法。

(8) 與督導者討論之前，先做些釐清與準備。

(9) 向實習課程教師諮詢，討論怎麼處理和督導者的關係。

(10) 向同學諮詢，討論怎麼處理和督導者的關係。

(11) 請實習課程教師代為向督導者溝通。

2. 督導者張辰

(1) 沒有和筱嵐討論，拉開與筱嵐的距離，不再給予這麼多關心，只做工作上的討論。

(2) 直接安排吃飯的時間與地點，與筱嵐討論。

(3) 詢問筱嵐對討論時間與地點的意見，安排與筱嵐討論。

(4) 討論時，說明與堅持自己的好意，持續用相同的方式「照顧」筱嵐。

(5) 討論時，說明自己的好意，但調整態度，不再如之前一樣給筱嵐這麼多關心。

(6) 討論時，先聽聽筱嵐的感受或想法，調整與筱嵐互動的方式。

(7) 討論前先做些準備：覺察與釐清自己內在的感受、想法，以及對督導關係的期待；辨別哪些是個人的需求，需要自己處理與安頓，哪些可以與受督者一起討論；思考：要與筱嵐討論什麼？怎麼討論？

(8) 討論前，與機構內的主管或同儕討論。

(9) 討論前，向經驗豐富的督導者諮詢。

如果你是案例中的受督者筱嵐、督導者張辰，
最有可能採取哪些行動策略？最不可能採取哪些行動策略？
請說明你的想法或考量。

（二）未來遇到類似情境，可以多注意的事項

　　以下提出之行動策略乃依據案例內容以及前述各項討論提出，提供讀者未來遇到類似情境參考，並非標準答案。鼓勵讀者透過閱讀案例與分析，發展各自面對督導倫理挑戰情境的策略。

1. **督導者張辰**

(1) 擔任督導者之前，敏於覺察自己初任督導的情緒，釐清個人對督導角色／督導關係的信念與期待；參與督導知能課程，向有經驗的督導者諮詢。

(2) 建立督導關係之初，與受督者分享個人對督導角色、督導關係的信念與期待，並瞭解受督者對督導角色、督導關係的期待。

(3) 督導進行過程，督導者提供對話空間，定期與受督者討論彼此對督導進行方式、督導關係的看法或感受，看看需要做哪些調整。

(4) 督導者對於督導關係界限的跨越，保持敏感度，審慎考量在界限跨越過程自身的意圖及界限跨越後對受督者、督導關係、督導進行的影響。

(5) 督導者需持續培養自我覺察與反思的能力與習慣，例如：更審慎評估哪些事情適合跟受督者討論，哪些不適合；若覺察到自己說出不適合說的話，就要更小心。

(6) 審慎覺察與面對個人議題對督導關係的影響，並做必要的處理。必要時接受資深督導者的督導或參加督導者的同儕督導。

2. **受督者筱嵐**

(1) 覺察到督導關係的變化或不適、督導者對自己專業發展的介入與干擾、對督導者出現矛盾的感覺時，更誠實面對，思考與釐清怎麼回事。

(2) 可以將自己的感受、困擾與實習課程教師討論，尋求專業意見，共同商量怎麼處理。

(3) 調整與督導者互動方式的同時，也要思考與整理自己對督導關係的感受、想法與期待，準備好後可與督導討論，適度表達自己的狀況或期望。

六 延伸思考

1. 部分督導者和受督者在建立督導關係之前，已經有其他的關係，如：督導者是受督者的指導教授、授課教師、面試者、評分者、關係良好的前輩等。請思考：

(1) 這些過去的關係對於督導關係可能會有哪些影響？

(2) 督導者和受督者需要做哪些準備或處理，以降低過去關係的不利影響。

請敘述你的思考。

2. 閱讀本案例後，你對於跨越或拓展專業關係界限的議題，有哪些想法？

請敘述你的思考。

3. 閱讀本案例後，你看到：

(1) 督導者有哪些權力？

(2) 督導者的權力對受督者、督導關係、督導進行產生哪些影響？

(3) 督導者要如何覺察自己運用權力的方式？

請敘述你的思考。

4. 本案例中的督導者為新手督導：

(1) 新手督導如何覺察與安頓自己的焦慮？

(2) 新手督導如何辨識自己對待受督者的方式，是受督者的需要？還是個人需求？

請敘述你的思考。

5. **以本案例來看，實習機構主管並未介入督導關係與督導進行。**

(1) 實習機構主管需要關心或瞭解哪些事情？

(2) 哪些情況下，實習機構主管需要介入處理？

　　請敘述你的思考。

二、督導關係

案例⑨督導關係界定：界限跨越與多重關係、督導者權力運用、督導者的覺察與反思
——梓妍的故事

一 案例內容

　　梓妍擔任心理師 12 年後，決定自己成立心理諮商所。梓妍的個性開朗豪爽，很容易和他人熱絡起來，親和力頗高，擔任心理師期間建立了不少人脈，成立心理諮商所得到很多專業界朋友的支持，有不少人都參與心理諮商所的業務。梓妍在業界小有名氣，時常受邀到各機構去演講或開設專業培訓課程，頗受歡迎，他的名氣對心理諮商所的經營幫助很大。諮商所的業務發展得很好，梓妍自己的工作亦愈來愈忙碌。

　　昊瑜上過梓妍的培訓課程，課程中許多觀點讓他非常受用，他很佩服梓妍的實務經驗與專業能力，培訓課程後昊瑜曾經與梓妍小小交談，表示希望有機會接受梓妍的督導。梓妍告知心理諮商所將會招募一位全職實習生，自己會親自擔任實習生的督導，歡迎昊瑜來參加甄選。昊瑜認真準備資料與面試，通過激烈的競爭，被甄選進入梓妍的心理諮商所進行為期一年的駐地實習。

　　面試時梓妍以所長的身分說明：實習內容主要為直接服務的個別諮商，自己會親自擔任實習生的督導者；為了讓實習生學習社區機構的運作模式，瞭解社區機構的案主類型，實習生需要安排幾個時段坐在櫃臺協助接電話、做諮商預約及接待工作。昊瑜聽後，覺得在諮商所的學習很豐富，對於未來一年的實習頗為期待。

　　正式督導之前，梓妍先和昊瑜約了時間作些初步討論，瞭解昊瑜對督導與實習的期待、學習目標、需要的協助……等。討論過程梓妍瞭解到：

昊瑜在經濟上有些壓力，需要自行籌措學費與生活費，於是詢問若有工讀機會，他是否有意願參與，昊瑜很高興的表示非常願意跟著梓妍學習。

實習開始之後，梓妍觀察昊瑜一段時間，發現昊瑜的學習態度認真，領悟性頗高，工作時很主動，能力也不錯，對他相當欣賞。於是梓妍開始邀請昊瑜擔任專業培訓課程的助理或轉介一些兼職工作給他，這些工作通常是在週末，並不影響他的實習工作。昊瑜相當感激梓妍，覺得自己很幸運遇到一個這麼好的督導，一方面可以有些收入來支應生活費用，一方面可以參與不同的專業學習課程，因此對於梓妍交代的事情都盡快完成、盡力做好。

漸漸地，梓妍請昊瑜做的事情增加了，除了專業培訓課程當天到場幫忙，還會請昊瑜事前協助準備課程教材、課後整理討論資料與學員回饋等，這些事情逐漸占用到週間時間。最近幾週，梓妍常常在昊瑜值班、處理諮商預約名單的時候，要求昊瑜協助修改課程教材內容，或找補充資料，而且時間很趕，昊瑜需要放下實習工作，先做梓妍交代的事情。梓妍對昊瑜的信任度提高，也就更常請他幫忙做事情，昊瑜愈來愈常覺得分不清楚被交辦的事情是屬於實習生的工作？還是助理的工作？

這些情況增加了昊瑜的工作壓力，壓縮他的工作時間，影響其接案的事前準備、當下精神狀況與事後整理。昊瑜愈來愈感到困擾，但是他不好意思也不敢跟梓妍提出來，擔心梓妍認為他過於計較，日後不再介紹工作給他，或者會影響實習的評分。

心理諮商所的業務發展得很順利，梓妍的工作也更加忙碌，排定好的督導時間常常無法順利進行，需要更動時間，或縮短討論時間，到後來常常延期或取消，昊瑜有點擔心，萬一遇到比較困難的或有緊急狀況的案例，無法即時討論怎麼辦？他跟梓妍表達自己的擔心，梓妍安慰他說：「這一段時間你與我一起工作，我覺得你的能力不錯，沒有問題的，我對你有信心，不要緊張。如果真的有急事，就用通訊軟體跟我聯繫與討論。」聽督導這樣說，昊瑜對於用通訊軟體討論案例是否合適感到困惑，

對於自己的專業學習受限頗為不安，但考量到與督導的關係，擔心讓梓妍失望、擔心影響日後的工讀機會，沒有再堅持。

過了兩週，實習課程教師表示：為了具體瞭解學生在實習機構接受督導的情況，期末時請每一位學生分享自己在機構接受督導的情況與學習心得。昊瑜不知道要怎麼報告才好，可以如實說目前督導時間不穩定，用通訊軟體討論嗎？這樣好像在說督導的壞話，其實督導對自己滿照顧的。如果沒有如實說明督導情況，會不會有問題？昊瑜有點焦慮……

 實務問題

1. **對案例中主要角色梓妍、昊瑜的考量和作法，你有哪些感受或想法？**

2. **如果你是案例中的昊瑜：**

(1) 梓妍交辦的工作影響到實習工作、個人時間安排時，你會如何回應或處理？

(2) 督導者說：「若有急事可以用通訊軟體聯繫與討論。」你會如何回應或處理？

請說明你的想法。

3. **如果你是案例中的昊瑜，得知要在實習課程分享自己在機構接受督導的情況與學習心得，你會如何回應或處理？**

請說明你的想法。

4. **如果你是案例中的梓妍，假設得知受督者的實習課程教師要求實習生報告在實習機構接受督導的情況與學習心得，你會怎麼處理？**

請說明你的想法。

案例思考

（一）澄清問題或困境

1. 受督者昊瑜的困境

(1) 在實習課不知如何報告自己接受督導的經驗

不確定在實習課的課堂報告中，怎麼說明督導進行狀況才好，要如實說？還是不要明說真實狀況？如果如實說明目前進行督導的時間並未固定，督導說緊急狀況用通訊軟體聯繫，擔心會讓課程教師或同學覺得機構督導梓妍不盡責，或覺得自己的學習不紮實；若是讓督導者梓妍誤會自己說他的壞話，很焦慮會讓梓妍不高興。

如果沒有說明督導進行的實際狀況，未來若案主發生緊急狀況，擔心自己要負很大的責任；同時也擔心日後被老師發現督導進行的實際情況，會被老師認為自己不誠實。

(2) 督導結構不穩定，擔心影響接案狀況與專業成長

督導時間愈來愈常異動或沒有進行，無法定期與督導者進行討論，不確定自己的接案情況是否有不妥之處，和有哪些需要調整的地方；督導者梓妍雖表示相信自己的能力，但內心很不安。

對自己的評估能力沒有信心，萬一沒有做到必要的預警或預防措施，讓案主發生危險該怎麼辦，同時也擔心自己的專業學習和專業成長受限，會影響自己未來的生涯發展。梓妍說有急事可以用通訊軟體聯繫與討論，對於這樣的處理方式存有很多疑惑和不安，擔心案主的訊息不小心被洩漏，會違反專業倫理。

(3) 工讀工作影響到實習工作的時間與品質

督導者梓妍（所長）提供工讀的機會，讓自己可以參與不同的專業學

習課程，有更多學習，一方面可以有些收入來支應生活費用，本來是非常感謝梓妍的。

但督導交辦的工作愈來愈多，漸漸很難區分哪些是屬於工讀工作的範疇，哪些是屬於實習工作的範疇；督導者要求完成工作的時間愈來愈趕，不得不放下手邊正在進行的事情，去完成督導交辦的工作，然後再另外花時間做完實習生要做的事情。

這樣的情況增加了工作負荷與壓力，時間時常不夠用，影響到工作的完成時效與品質；同時讓自己沒有充足的心力做接案前的準備和接案後整理，甚至在接案時也出現精神難以集中的情況，很擔心會影響到接案品質與案主權益。

(4) 不敢破壞和督導的關係

對督導結構不穩定的擔心，以及工讀工作影響到實習工作時間與品質的狀況，理應跟督導者說明或討論，但心中有許多顧慮，不敢提出來。

督導者都說相信自己的能力，如果還一直要求定期進行督導，擔心會讓督導者梓妍覺得自己很麻煩，影響他對自己的印象，還是不要煩他好了；梓妍說有急事可以用通訊軟體聯繫與討論，心中很焦慮案主的訊息會不小心透露出去；如果和督導者說明自己的焦慮，又擔心梓妍覺得自己不信任他。督導者是信任自己才將許多工作交給自己處理，如果說出自己的工作壓力和對工作內容難以區分的疑慮，可能會讓梓妍失望。

由於督導者對自己的信任、欣賞和照顧，自己才能在實習期間還有工讀機會，因此很擔心會讓督導者失望、不高興，影響督導者對自己的評價而不再轉介工作給自己，也擔心會影響實習成績的評量。

2. 督導者梓妍要面對的問題

(1) 督導者可能並未覺察到自己要面對的問題

從案例敘述來看，督導者梓妍可能尚未覺察到自己要面對的問題。這

就意味著梓妍尚未覺察自己跨越督導關係界限，模糊督導角色定位，逐漸影響到受督者的權益和案主權益，這個並未覺察困境的現象是很危險的。

(2) 擔心他人對自己專業態度的觀感

如果梓妍在昊瑜提出報告前知道受督者的實習課程教師要求學生報告在實習機構接受督導的情況與學習心得，可能出現疑慮：實習課程教師為什麼要學生做這樣的報告，目的何在？也可能出現不被信任的生氣。

受督者昊瑜會怎麼報告督導情況呢？是否適合與實習生討論該怎麼報告？如果實習生如實說明目前督導進行的狀況，自己可能會被看成不負責任的督導者，如果跟實習生討論怎麼修飾或說明，好像在教學生說謊也不適切，有些為難。

在意受督者的報告內容，會影響實習課程教師、其他學生對心理諮商所和自己的觀感，進而影響諮商所與自己的聲譽，甚至影響到日後學生到諮商所來實習的意願。

如果梓妍事後才得知昊瑜的實習課程教師要求學生報告接受機構督導的情形與學習心得，對於受督者沒有事先跟自己討論報告內容一事，既困惑又生氣。昊瑜是怎麼報告的？他的報告是否會影響課程教師或其他學生對諮商所和自己的觀感？受督者昊瑜又是怎麼看待我這個督導者呢？

(3) 未善盡督導職責的疑慮

最近諮商所的業務和自己的工作都比較繁忙，約定好的督導時間常常臨時有事情需要處理，因此督導時間改了好幾次；自己有持續在觀察受督者的表現，發現昊瑜的能力不錯，接案情形也頗穩定，沒有太大的問題，也告訴受督者若有緊急狀況可以如何聯繫，留意受督者的學習狀況。

但若用嚴謹的角度來看，確實並未維持穩定的督導架構，沒有檢閱受督者昊瑜的接案記錄、逐字稿或錄音，對於其接案的具體狀況瞭解有限，也不確定昊瑜是否有其他困難……，這些情況都可能讓他人認為自己未善

盡督導者的責任。

（二）思考案例涉及的潛在議題

1. 督導關係界限不清楚

　　案例中梓妍和昊瑜的關係多重而複雜，是督導者與受督者的關係，是實習機構主管與實習生的關係，還有雇主與受聘者的僱傭關係。多重關係中梓妍擁有的權力也更為多重複雜，在這樣的關係下，昊瑜擔心讓梓妍失望、不高興、不滿意，影響其工讀機會與實習成績，很難真實的表達需要、期待與困難，也很難表達真正的意見。

2. 督導關係界限跨越影響受督者權益

　　督導關係界限不清楚明顯影響受督者的權益。首先遇到的情況是：梓妍交付給昊瑜的一些工作，如：蒐集與準備梓妍上課的課程教材、整理討論資料與學員回饋，到底是屬於實習機構內的事務還是梓妍自己的私人事務？是用所長的角色交付工作，還是用雇主的身分交付工作？當梓妍交付的工作影響到實習生本來的實習工作內容，實習生昊瑜需要花更多時間與心力來完成，也影響到工作品質。

　　督導者提供受督者額外的收入與學習機會，滿足受督者經濟上與專業學習上的需要；也就因為如此，當工作內容界定不清楚或工作量超過負荷時，受督者不敢提出來詢問或討論，反倒壓縮到處理實習工作與接案的心力，出現本末倒置的狀況。

　　當督導者因為忙碌，時常更動排定好的督導時間、縮短討論時間、延期或取消，受督者即使感到不安或有疑慮，迫於前述關係界限不清、權力不平衡的狀況，受督者只能無奈接受督導者的安排，不容易積極表達與爭取。未能定期進行督導，影響受督者的學習權益，無法瞭解與評估受督者的服務品質，影響案主權益。

3. 督導者未善盡督導者責任

督導者應該與受督者定期進行督導，協助受督者學習，瞭解受督者的服務狀況，提升受督者的服務品質與維護案主福祉。案例中的督導者梓妍因為自己工作忙碌，未與受督者昊瑜定期進行督導，審慎瞭解受督者的具體服務狀況，在維護受督者權益與案主權益上沒有善盡職責。

在考量跨越督導關係界限時，督導者有責任評估跨越界限的潛在利益與風險，並與受督者一起討論，做必要的預防。案例中的梓妍似乎沒有先評估關係界限跨越是否適切，跨越關係界限之後也沒有覺察角色界定不清楚與多重關係產生的影響，在督導關係的界定與維持上未能善盡督導者的責任。

督導者需敏感受督者的身心狀況，協助調整工作負荷或安排，以免影響受督者的接案品質。案例中的梓妍似乎以個人的工作需要為優先，交付並要求昊瑜盡快完成，昊瑜為了不辜負督導者的信任與欣賞，極力配合，影響到實習工作與接案狀況。案例中的梓妍未盡責保護受督者及維護受督者的接案品質。

督導者需要具備專業倫理意識，提醒受督者該有的倫理責任。案例中的督導者梓妍告訴受督者昊瑜，若有急事可以用通訊軟體討論案例，但並未討論如何保護案主隱私及對案例資料進行保密，思慮不夠周延，也未做良好示範。

四 案例分析

（一）與本案例有關之倫理守則

1. 《督導倫理守則》（草案）

倫理議題	基本原則	實務指引
督導者的能力	1.4 使用電子科技的能力與倫理意識： 1.4.1 督導者在督導過程中，若選擇以線上督導作為督導進行的方式時，督導者應瞭解使用電子科技涉及的倫理議題，並具有處理緊急狀況／危機狀況的能力。 1.4.2 使用電子相關設備存取督導資料時，督導者應注意所涉及的倫理議題，並提醒受督者。	1.4 使用電子科技的能力與倫理意識： 1.4.1 督導者需要瞭解電子科技與社群媒體的發展、使用範圍及相關倫理議題。 1.4.2 若受督者在必要的情形下需要使用電子科技進行心理諮商／心理治療服務，督導者需提醒與確認受督者注意相關的倫理議題。 1.4.3 若督導者需運用電子科技進行督導，則督導者需瞭解相關的倫理議題保護受督者與案主。
	1.6 覺察與反思： 1.6.1 督導者在督導過程中應具備自我覺察與反思的能力。	1.6 覺察與反思： 1.6.1 督導者需對督導角色的責任義務、自身能力的限制、督導關係的內涵與變化、督導介入的成效與品質，以及評量受督者之態度與歷程等具備覺察與反思能力。
督導者的責任	2.1 提升受督者服務品質：督導者負有維護案主福祉與權益之責，應協助受督者提升其專業服務表現。	2.1 提升受督者服務品質：督導者需同時兼顧案主福祉與受督者權益，若兩者無法同時兼顧時，則以案主福祉為優先考量。
	2.2 評估受督者專業準備度：督導者應瞭解受督者的知能與經驗，評估受督者提供的專業服務與其專業訓練與專業能力是否相符。	2.2 評估受督者專業準備度： 2.2.1 督導者宜協助受督者獲得其實務工作所需的專業訓練，提升其專業準備度。

倫理議題	基本原則	實務指引
督導者的責任		2.2.2 督導者宜提醒機構，讓受督者提供與其專業能力相符的專業服務，或是給予受督者必要的專業訓練。
	2.3 維護受督者權益： 2.3.1 督導者應維護受督者的知情同意權、受益權及隱私權，並告知受督者保密的範圍與限制。	2.3 維護受督者權益： 2.3.2 督導者需理解受督者狀態與專業發展需求，與受督者共同建立安全、信任的督導關係。 2.3.5 為維護督導品質，使受督者可以得到合理的協助與回饋，督導者宜考量個人的時間、心力及能夠投入的程度，評估督導者所能負荷之合宜督導時數及人數。
	2.4 協助受督者學習： 2.4.1 討論督導進行方式：督導者應與受督者一起討論學習目標和督導進行方式，並讓受督者有機會表達對評量方式的意見。 2.4.2 協助學習與評估進展：督導者應依據與受督者共同訂定的學習目標，協助受督者朝向其目標前進，並持續評估他們的進展。	2.4 協助受督者學習： 2.4.1 督導者需提供討論空間，讓受督者表達對評量標準與方式的意見。若評量標準與方式無法改變，需讓受督者瞭解各項要求背後的原因；若評量標準與方式可以改變，宜經充分討論進行適度的調整。 2.4.2 督導者需定期與受督者討論其學習目標達成的程度。 2.4.3 督導者需依據受督者的學習目標適時提供受督者多元化的理論知識與實務技巧。
	2.7 危機處理：當案主出現危機或觸法情事，督導者應提醒受督者進行必要的預警、通報或處遇。	2.7 危機處理： 2.7.1 受督者在危機評估與處理過程，督導者需提醒受督者瞭解機構的資源跟政策，將案主情況與機構內人員討論。 2.7.2 若受督者為實習生時，在危機處理的過程，督導者可視實際需要提供受督者聯繫方式或提供另一位可及時協助的督導者之聯繫資訊，協助受督者處理危機事件。

倫理議題	基本原則	實務指引
督導關係的建立與終止	3.1 進行知情同意程序：在督導關係開始前，督導者應讓受督者清楚瞭解督導者的專業背景、期待、評量標準與方式，以及受督者的權利與義務。	3.1 進行知情同意程序： 3.1.1 需要告知受督者的內容：督導者的專業背景與經驗、督導者的理論取向與督導模式，對受督者專業能力、修習課程以及所需經驗的要求，對受督者參與督導的期待、評量標準及方式，受督者在督導過程的權利與義務及保密範圍和限制等。 3.1.5 知情同意的形式：告知受督者的內容，督導者需當面向受督者說明並一起討論；關於督導結構、雙方權利與義務、評量標準與方式等重要說明，最好能夠以書面形式呈現。
	3.2 界定督導關係：督導者應清楚地界定其與受督者的專業關係。	3.2 界定督導關係： 3.2.1 督導者需盡量避免與正在進行督導之受督者發展非專業關係（例如：商業關係、僱傭關係、會影響督導進行的社交關係……等）。
	3.3 審慎處理多重關係： 3.3.1 面對無法避免的多重關係，督導者與受督者應審慎評估這些關係是否會損及受督者和案主權益與福祉，並採取必要的預防措施。	3.3 審慎處理多重關係： 3.3.1 面對無法避免的多重關係（如師生、行政督導、同事、雙重督導等），督導者需審慎的與受督者討論不同關係的性質、責任與期待，在督導時間、督導場地上做出區分，以降低潛在的角色衝突。 3.3.2 如果督導者與受督者可能有督導關係之外的非專業關係，雙方皆需仔細澄清關係發展的意圖，討論可能的利益與風險，經過審慎評估後才建立關係，並採取適當的預防措施。

倫理議題	基本原則	實務指引
督導關係的建立與終止	3.5 覺察與審慎權力運用：督導者不可濫用權力，不可剝削受督者，例如：督導者運用權力要求受督者提供金錢借貸或財務利益，要求受督者提供對督導者的個人服務，提出與督導進行無關的要求；督導者不可與正在進行督導的受督者發展戀情、發生性騷擾或性關係等。	3.5 覺察與審慎權力運用： 3.5.1 督導者需覺察在督導過程，自己如何使用權力及使用權力的方式是否恰當。 3.5.2 督導者需敏感督導關係的變化，適時與受督者討論彼此關係的變化及採取必要的調整。
評量	4.1 評量標準與方式： 4.1.1 督導者負有評量任務時，應明確瞭解受督者的工作機構或授課教師訂定的評量標準與方式。 4.1.2 督導者負有評量任務時，應清楚的讓受督者瞭解督導者的評量標準、方式與評量結果的應用。	4.1 評量標準與方式： 4.1.1 督導評量的進行，除了督導者評量受督者，也給予機會讓受督者對督導關係、督導歷程、督導成效進行評量。 4.1.2 督導者與受督者雙方，可依據督導過程的階段性評量結果，共同討論督導目標、督導進行方式、評量方式，及督導關係需做哪些調整。
	4.2 記錄與定期回饋：督導者負有評量任務時，應持續評量與記錄受督者的專業實務表現，定期提供回饋。	4.2.1 督導者需定期記錄對受督者的評量、建議與協助。 4.2.2 若受督者為實習生，督導者宜依據實際需要，檢核受督者的實務工作紀錄、影音紀錄或是進行現場觀察。
維護案主福祉	5.2 知情同意與保密： 5.2.4 選擇以電子科技作為督導進行的輔助工具，督導者與受督者應共同採取必要的措施，以保護所有資料傳送的隱密性。	
	5.3 評量與把關：當受督者所提供的專業服務危害到案主福祉時，督導者應採取行動限制受督者繼續提供服務，並知會受督者所屬機構。	5.3 評量與把關：為瞭解與評量受督者的專業服務品質，督導者需瞭解受督者在實務工作上的表現，盡可能定期檢閱受督者的個案紀錄、錄音、錄影或直接觀察其在實務工作上的表現。

2. 《ACA 倫理守則》

倫理議題	ACA 倫理守則
F.1.諮商督導與案主福祉	F.1.a.案主福祉： 諮商督導者的主要職責是監管受督者所提供的服務。諮商督導者監管案主福祉以及受督者的表現與專業發展。為履行這些職責，督導者會定期與受督者見面，回顧受督者的工作，以及幫助他們做好為不同案主服務的準備。受督者有責任理解並遵守 ACA 的倫理守則。
F.2.諮商督導的能力	F.2.c.線上督導： 在使用科技方式進行督導時，諮商督導者要具備使用這些科技的能力。督導採取必要的預防措施，以保護透過任何電子方式傳送所有訊息的隱私。
F.3.督導關係	F.3.a.拓展傳統的督導關係： 諮商督導清楚定義和維持他們與受督者的倫理專業、個人及社會關係。督導者會考慮將現有的督導關係以任何形式超越常規的風險與好處。在拓展這些界線時，督導採取適當的專業預防措施，以確保他們的判斷不會受損，不會發生任何傷害。
F.4.督導的職責	F.4.a.督導的知情同意： 督導者有責任向受督者說明督導的原則和參與方式。督導者告知受督者應遵守的政策和程序，以及就個別督導者的行動提出正當申訴的機制。使用遠距督導的獨特問題，必要時應包含在文件中。 F.4.b.突發事件和缺席： 督導者應與受督者溝通跟督導聯繫的程序並建立讓受督者能與之聯絡的方式，或在督導不在的時候，轉向待命留守的督導來協助處理危機事件。
F.5.學生和受督者的責任	F.5.b.功能受損： 學生和受督者監控自己的身體、精神或情緒上的功能受損跡象，當這些損害可能傷害到案主或其他人時，避免提供專業服務。學生和受督者通知他們的老師和／或督導者，並尋求協助處理達到專業功能受損程度的問題，也在必要時，限制、暫停或終止他們的專業職責，直到確定他們可以安全恢復工作。

倫理議題	ACA 倫理守則
F.6.諮商督導的評估、補救與背書	F.6.a.評估： 在整個督導關係中，督導記錄並持續提供受督者有關其表現的回饋，也安排定期的正式評估會議。 F.6.b.守門與補救： 透過初步和持續的評估，督導需覺察對受督者而言可能會影響其實際表現的限制。並在受督者需要的時候提供安全的改進建議。當受督者無法證明能夠為多樣的案主提供稱職的專業諮商服務時，督導者將建議受督者取消實習課程申請諮商機構以及政府或非政府頒發的職業資格證書。督導應尋求諮詢，並詳細記錄其是需要讓受督者退出還是引導受督者接受適當協助之決定。督導應確保受督者在面對這些決定時知道他們還有哪些選擇。

3. 《輔諮學會倫理守則》

倫理議題	輔諮學會倫理守則
7.3.雙重關係	諮商師教育者應清楚地界定其與學生及被督導者的專業及倫理關係，不得與學生或被督導者介入諮商關係，親密或性關係。（參看 2.2.4.d；2.2.4.e）

4. 《中國心理學會倫理守則》

倫理議題	中國心理學會倫理守則
6 教學、培訓和督導	6.1 心理師從事教學、培訓和督導工作旨在促進學生、被培訓者或被督導者的個人及專業成長和發展，教學、培訓和督導工作應有科學依據。 6.3 從事教學、培訓和督導工作的心理師應基於其教育訓練、被督導經驗、專業認證及適當的專業經驗，在勝任力範圍內開展相關工作，且有義務不斷加強自己的專業能力和倫理意識。督導者在督導過程中遇到困難，也應主動尋求專業督導。 6.7 擔任培訓任務的心理師在進行相關宣傳時應實事求是，不得誇大或欺瞞。心理師應有足夠的倫理敏感性，有責任採取必要措施保護被培訓者個人隱私和福祉。心理師作為培訓項目負責人時，應為該項目提供足夠的專業支持和保證，並承擔相應責任。

倫理議題	中國心理學會倫理守則
6 教學、培訓和督導	6.8 擔任督導任務的心理師應向被督導者說明督導目的、過程、評估方式及標準，告知督導過程中可能出現的緊急情況，中斷、終止督導關係的處理方法。心理師應定期評估被督導者的專業表現，並在訓練方案中提供反饋，以保障專業服務水準。考評時，心理師應實事求是，誠實、公平、公正地給出評估意見。 6.10 承擔教學、培訓和督導任務的心理師有責任設定清楚、適當、具文化敏感度的關係界限；不得與學生、被培訓者或被督導者發生親密關係或性關係；不得與有親屬關係或親密關係的專業人員建立督導關係；不得與被督導者捲入心理諮詢或治療關係。 6.11 從事教學、培訓或督導工作的心理師應清楚認識自己在與學生、被培訓者或被督導者關係中的優勢，不得以工作之便利用對方為自己或第三方謀取私利。

（二）綜合討論

綜合《督導倫理守則》（草案）、《ACA倫理守則》、《輔諮學會倫理守則》及《中國心理學會倫理守則》之內涵，本案例涉及幾個倫理議題：

1. 督導關係的界定與維持

(1) 督導者有責任清楚界定其與受督者的專業與倫理關係，設定清楚、適當、具文化敏感度的關係界限。

(2) 督導者需盡量避免與正在進行督導之受督者發展非專業關係（例如：商業關係、僱傭關係、會影響督導進行的社交關係……等）。

(3) 面對無法避免的多重關係，督導者與受督者應審慎評估這些關係是否會損及受督者和案主權益與福祉，並採取必要的預防措施。

(4) 如果督導者與受督者可能要發展督導關係之外的非專業關係，雙方皆需仔細澄清關係發展的自身意圖，討論可能的利益與風險，經過審慎評估後才可以建立關係，並採取適當的專業預防措施，以確保不發生傷害。

(5) 督導者需覺察與受督者於督導關係中的權力差異，督導者不可濫用權力，不可剝削受督者，例如：督導者運用權力要求受督者提供金錢借貸或財務利益，要求受督者提供對督導者的個人服務，提出與督導進行無關的要求，利用對方為自己或第三方謀取私利等。

(6) 如果對受督者而言，關係界限的跨越可能帶來潛在利益時，需採取如同諮商師對待個案般的預防措施。在考慮進入一段督導關係以外之關係前，督導應者和受督者事先討論關係界限跨越的因應方法，詳細記錄其互動的合理性、潛在的利弊及對受督者、督導關係的影響。

2. 督導者的責任

(1) 督導者負有維護案主福祉與權益之責，應審慎評估受督者提供的專業服務品質，協助提升其專業服務表現。為履行這個責任，督導者要定期與受督者見面，審視與檢閱受督者的專業服務情形。

(2) 督導者應瞭解受督者的專業知能與經驗，評估受督者提供的專業服務與其專業訓練與專業能力是否相符；督導者要協助受督者獲得其實務工作所需的專業訓練，提升其專業準備度。

(3) 督導者需敏感與覺察受督者的狀態，與受督者共同建立安全、信任的督導關係。

(4) 督導者需讓受督者瞭解被評量的標準、項目與方式；並提供討論空間，讓受督者表達對評量標準與方式的想法或困惑。

(5) 督導者應依據與受督者共同訂定的學習目標，協助受督者朝向其目標前進，並持續評估他們的進展，定期與受督者討論其學習目標達成的程度，提供回饋或改進意見。

(6) 督導者要讓受督者瞭解案主若出現危機狀況的處理方式。

(7) 督導者有責任維護案主福祉，包括維護案主與案主資料的隱私權，確認案主接受適切的服務。

(8) 為維護督導品質，使受督者得到合理的協助與回饋，督導者需考量個人

的時間、心力及能夠投入的程度，評估個人所能負荷之合宜督導時數及人數。

3. 督導者的倫理意識

(1) 督導者需要瞭解電子科技、社群媒體、通訊軟體的發展、使用範圍及相關倫理議題。

(2) 使用電子相關設備存取督導資料，或運用通訊軟體傳遞訊息時，督導者應注意所涉及的倫理議題，採取必要措施保護受督者和案主，也提醒受督者保護案主隱私。

(3) 督導者有責任加強自己的倫理意識。

4. 督導者的覺察與反思

(1) 督導者需對督導角色的責任義務、自身時間心力的限制、督導關係的內涵與變化、督導介入的成效與品質，以及個人進行評量的態度與歷程等具備覺察與反思能力。

(2) 對關係界限跨越的個人意圖、個人對權力的運用有所反思，對關係界限跨越的影響有所覺察，並做必要的調整。

5. 受督者的責任

受督者需認清自己的專業責任與倫理責任，不可因為個人利益而影響案主福祉。

案例中的督導者梓妍對於實習生昊瑜多所照顧，熱心提供工作機會，協助實習生減輕經濟壓力、安心實習，出發點是為實習生昊瑜著想。梓妍的初衷為善意，但在關係界限跨越之前與之後的評估、反思都需要更為審慎，才不至於產生滑坡現象，不知不覺間影響了受督者與案主的權益。

梓妍請受督者昊瑜擔任課程助理，兩人之間有了僱傭關係，梓妍轉介工讀機會給昊瑜，兩人之間就有了利益關係；這些情況一開始對受督者昊

瑜似乎是有利的，因此昊瑜也頗為高興與感謝。督導者梓妍有責任對於前述多重關係對於督導關係的可能影響，做更審慎的考量後再做決定，若確定要跨越關係界限也要採取必要的預防措施。

從案例敘述來看，梓妍要求昊瑜做的事情逐漸有些公私不分，愈來愈多工作是為其個人服務，影響到諮商所的工作進度與品質、受督者的工作時間與心力、受督者對案主的服務品質。梓妍對於這些情況似乎沒有覺察，當然也就不會反思個人行為的適切性，愈來愈滑向違反倫理界限那一端。

梓妍工作忙碌之後，嚴重影響到督導架構的維持，沒有定期與昊瑜進行討論，沒有具體瞭解受督者的接案情形，沒有給予受督者必要的回饋或提醒，明顯影響受督者與案主的權益；面對受督者對緊急狀況處理的不安，簡單回應用通訊軟體來討論，這樣的回應並未考慮相關倫理議題，頗為不妥。梓妍需要正視與考量自己的時間、心力，若無法善盡督導責任，則不宜再擔任督導角色。

案例中的受督者昊瑜，看似只能配合與接受督導者的決定，沒有什麼選擇空間，實際上仍有需要審慎反思的地方。昊瑜接受了督導者梓妍額外的恩惠，以致於在關係中的權力位置更為失衡；從案例敘述來看，每當昊瑜有困惑、困難、需求時，會優先考量和督導者的關係及自己未來的工讀機會，以致於並未將自己的困難與需求讓督導者瞭解，時日久了便影響到自己的專業學習與成長，也影響自己提供的專業服務品質。

五 可能的行動策略

（一）案例發生當下可能之行動策略

以下列出在案例發生當下情境可能採用的各種行動策略，每一行動策略是否適切，要考量行動前後的情境脈絡，行動者的行為意圖、目的，以及執行該行動的態度。

1. 受督者昊瑜

(1) 工讀工作影響到實習工作的時間與品質：

　①自行協調時間運用與安排，增加工作效率。

　②自行調整工作方式，先完成實習工作，對於督導者的要求不再有求必應。

　③先完成督導者交辦的事務，再處理實習的工作內容。

　④告知督導者目前正在處理諮商所的某項事務，詢問要先處理哪一項工作。

　⑤另約時間和督導者討論「工讀工作影響到實習工作的時間與品質」的情形，討論如何處理。

　⑥跟實習課程教師討論，如何處理目前的狀況。

(2) 督導者說可以用通訊軟體討論個案：

　①接受督導者的安排與說法，有需要時就用通訊軟體進行聯繫與討論。

　②接受督導者的安排與說法，但有疑問時盡量在見面討論時提出來。

　③把握與督導者一起工作的機會，提出疑問進行討論。

　④具體表達自己有定期見面討論的需要。

　⑤詢問督導者，除了用通訊軟體聯繫，還有沒有其他替代方案。

　⑥跟實習課程教師討論，如何處理目前的狀況。

(3) 實習課程教師要求報告在機構接受督導的情況與學習心得：

　①與督導者梓妍說明實習課程教師的要求，一起討論如何在課堂上報告。

　②先思考自己計畫在課堂上怎麼報告，跟督導者梓妍說明，聽取梓妍的意見。

　③先思考幾個報告方式，評估各個方式的利弊，跟督導者梓妍討論，聽取梓妍的意見。

　④自行思考與決定在課堂上怎麼報告，不跟梓妍討論。

⑤私下與同學討論在課堂上怎麼報告，不跟梓妍討論。

⑥私下跟實習課程教師說明與討論，決定在課堂上報告的方式。

2. 督導者梓妍

(1) 事前得知受督者的實習課程教師要求學生報告接受機構督導的情況與心得：

①告知昊瑜，希望他在課堂上如何提出報告。

②與昊瑜討論：在課堂上如何提出報告。

③與昊瑜討論：瞭解實習課程教師提出此項要求的用意與脈絡，討論在課堂上如何提出報告。

④與昊瑜討論提出報告事宜之後，自行調整督導進行頻率與方式。

⑤與昊瑜討論提出報告事宜之後，自行調整與昊瑜的關係界限，減少其他工作的轉介。

⑥與昊瑜討論提出報告事宜之後，自行調整與昊瑜的工作界限，減少其他工作對實習工作的干擾。

⑦與昊瑜討論提出報告事宜之後，詢問昊瑜對督導關係、督導進行方式的感受與想法。

⑧與昊瑜討論提出報告事宜之後，詢問昊瑜對督導關係、督導進行方式的感受與想法，一起討論如何調整。

(2) 事後才得知受督者的實習課程教師要求學生報告接受機構督導的情況與心得：

①詢問昊瑜：他怎麼報告？

②詢問昊瑜：他怎麼報告？何以沒有來與自己討論？

③詢問昊瑜：他怎麼報告？瞭解昊瑜沒有來與自己討論的原因，以及他對督導關係、督導進行方式的感受與想法。

④沒有與昊瑜討論，自行調整督導進行頻率與方式。

⑤沒有與昊瑜討論，自行調整與昊瑜的工作界限，減少其他工作對實習

工作的干擾。

⑥沒有與昊瑜討論，自行調整與昊瑜的關係界限，減少其他工作的轉介。

⑦詢問昊瑜對督導關係、督導進行方式的感受與想法，一起討論如何調整。

如果你是案例中的受督者昊瑜、督導者梓妍，
最有可能採取哪些行動策略？最不可能採取哪些行動策略？
請說明你的想法或考量。

（二）未來遇到類似情境，可以多注意的事項

以下提出之行動策略乃依據案例內容以及前述各項討論提出，提供讀者未來遇到類似情境參考，並非標準答案。鼓勵讀者透過閱讀案例與分析，發展各自面對督導倫理挑戰情境的策略。

1. 督導者梓妍

(1) 儘管是出於善意，轉介工作給受督者之前：

①需考量如何區分自己和受督者之間的不同角色關係與界限（「督導者與受督者」、「所長與實習生」、「雇主與助理」），以及要怎麼處理以避免界限模糊。

②向受督者說明，不同角色關係之間可能的相互影響，和受督者一起討論他是否要接受這樣的工作轉介。

③若受督者還是需要與期待工作轉介，在邀請受督者擔任助理時，先明確討論工作內容為何，一起審慎討論怎麼減少對督導關係、實習工作關係的影響。

(2) 督導者需要持續留意：清楚區辨交付給受督者的工作性質，找方法維持明確的界限，避免公私混淆；在交付工作內容有調整或增加時，要先與受督者討論。

(3) 對督導關係的變化保持敏感；留意受督者在督導關係中的表現，避免誤用自己的權力。

(4) 堅持維持穩定督導結構，善盡督導者責任：

①督導者有責任維持穩定督導結構，維護受督者與案主的權益。

②若覺察自己工作忙碌，需審慎考量與抉擇：調整工作安排以維持督導結構，或是改由其他人員擔任督導角色。

③若機構內沒有合適的督導人選，日後不宜再招募實習生。

(5) 對倫理考量與倫理實踐更謹慎。

①對於維護案主福祉與隱私權的考量與作為，要更謹慎。

②提醒與示範倫理考量與倫理行動。

2. 受督者昊瑜

(1) 覺察到工作壓力影響接案品質時，需正視自己的身心狀況對專業服務品質的影響：

①檢核與評估工作壓力來源，看看與哪些因素有關。

②需要採取必要的作為以維持個人狀況的平穩；例如：減低額外兼職工作、與督導者討論自己的工作負荷與壓力……

(2) 向督導者清楚說明對督導穩定進行的需要，讓督導者具體瞭解自己在接案過程的困難、需要的協助等；不可為了想維持在督導者心中的良好印象，沒有說明困難。

(3) 若有經濟上的需要：

①找尋有實習津貼的機構。

②找實習機構之外的工讀機會。

③承接實習機構的工讀機會前，先思考在同機構實習跟打工可能會帶來

什麼影響，評估自己能否做到不影響實習工作。

(4) 若覺察到助理工作關係影響到督導關係，思考如何與督導者進行討論。

(5) 可以考慮與實習課程教師討論遇到的狀況，聽取處理意見。

(6) 覺察與思辨：自己在案主福祉與個人需要之間的選擇。

六 延伸思考

1. 案例中的督導者梓妍轉介工作給自己的受督者，協助他減輕經濟壓力。

對於梓妍的作法，你的觀點為何？

請敘述你的思考。

2. 案例中的督導者梓妍因為工作忙碌，逐漸更動督導進行的穩定結構。

哪些因素可能讓督導者逐漸疏忽自己的責任？你對這樣的現象有哪些省思？

請敘述你的思考。

3. 督導者能夠覺察自己的行為意圖、倫理界限跨越、督導關係變化、個人權力運作……等情形，是倫理判斷與倫理實踐過程很重要的一步。

督導者要怎麼提升自我覺察與反省的能力？

請敘述你的思考。

4. 案例中的受督者昊瑜，擔心督導者不高興、對他失望，會不再介紹工作給他或影響實習的評分，因而沒有選擇表達自己的困難。

如果你處在本案例受督者昊瑜的立場，你會如何考量或選擇？

請敘述你的思考。

5. 督導者是否一定不能跟受督者發展督導以外的關係？

本案例描述了多重關係對督導關係的影響，目前你對多重關係抱持的觀點為何？

請敘述你的思考。

二、督導關係

案例⑩督導關係建立與終止：雙重督導、案主福祉與隱私權、督導關係建立與終止
——文志的故事

一 案例內容

　　文志是某機構附設諮商中心的心理師，專長為認知行為取向治療，已經執業十年以上，在諮商以及督導兩方面資歷均相當豐富，對於機構的組織文化也相當熟悉，同事形容文志的督導風格較為嚴肅，對全職實習心理師的要求相當嚴格。文志認為專業訓練應該嚴格，才能夠讓實習生快速熟悉與適應機構文化，並且在專業發展上有所學習與成長，過去幾年來這樣的風格確實讓多位實習生在短時間內就適應機構文化並有所成長。今年文志又再度被機構指派擔任全職實習生的專業督導。

　　曉因就讀心理諮商相關研究所，今年碩三，要到機構進行駐地實習。他在學習過程相當投入與認真，但一直都對自己的專業表現感到焦慮，擔心自己的專業能力沒有辦法幫助到案主；曉因將到文志任職的機構進行實習，機構指派文志擔任曉因駐地實習期間的專業督導。

　　討論實習契約時，文志清楚表達：(1)他期待曉因能夠盡快適應機構文化，跟上工作團隊的腳步，提供案主更好的專業服務，因此討論過程會比較多提醒曉因需要持續改進的地方；(2)他使用認知行為取向的觀點與技術進行專業工作，督導時也會用這個取向的觀點進行案例討論。曉因聽了文志的說明很緊張，但沒有提出個人的擔心和想法，抱持著學習的心態和文志展開督導討論。

　　曉因對認知行為取向很不熟悉，加上他感覺文志較為嚴格，在督導過程不敢提出自己的想法與困難，主要是聽文志解說或提醒。經過一段時

間，曉因一直跟不上督導者的腳步與要求，對於認知行為取向也缺乏興趣，沒有辦法將督導者提供的意見順利運用在接案過程，甚至發生案主認為會談沒有任何進展而終止諮商的情況。

曉因感到相當挫折，又覺得文志很嚴格，不敢將遇到的困境提出來討論，深怕說出來後會讓文志覺得自己不夠認真、找藉口，而影響實習成績。他和同學討論自己的困境，同學建議他自費另外找督導，在同學的推薦下，他決定自行付費聘請另一位督導美華。

美華的督導風格較為支持與溫暖，他鼓勵曉因運用自己熟悉的理論取向來工作，督導討論時會提出曉因做得好、有進步的地方，也會提醒他需要改進、調整的地方。和美華進行督導後，曉因受到鼓勵與肯定，也可以得到具體的指引，接案情況逐漸穩定，信心也逐漸提升，他相當開心。

在某一場研討會上美華和文志剛好都出席，兩人有一段時間沒有見面，利用休息時間交換分享各自的工作狀況，美華無意間提起其中一位受督者目前在文志服務的機構中實習，文志進一步詢問得知是曉因。文志得知這個訊息後相當驚訝和生氣，曉因沒有和文志討論，就私自將機構內的個案資訊帶離，與機構外的督導討論，文志認為曉因的行為嚴重違反了專業倫理，侵犯到案主的權益。

回到機構，文志詢問曉因自行找機構外督導的事情是否屬實，曉因只好將實情全盤托出，文志認為實習生的行為嚴重影響案主的權益，與機構主管討論，計畫終止曉因的實習。曉因知道之後非常驚慌，找美華討論該怎麼處理目前狀況……。

實務問題

1. **對案例中主要角色文志、美華、曉因的判斷和作法，你有哪些感受或想法？**

2. **如果你是案例中的文志：**

(1) 得知機構的實習生私下找機構外人員擔任督導，討論機構內的個案，你會如何處理？

(2) 案例中的文志計畫終止曉因的實習，你的看法如何？

請說明你的思考。

3. **如果你是案例中的美華，知道文志因為曉因私下找自己當督導，計畫終止曉因的實習，你可能會採取哪些行動？請說明你的看法。**

4. **如果你是曉因，知道專業督導文志計畫終止自己的實習，你可能會採取哪些行動？請說明你的看法。**

 案例思考

（一）澄清問題或困境

1. 受督者曉因的困境

(1) 可能會被終止實習的焦慮與無助

　　自行找機構外督導者的事件讓機構內督導非常生氣，機構內督導者計畫要終止自己的實習。如果被終止實習了該怎麼辦？實習到一半被終止實習，會影響日後再找實習機構，萬一無法完成實習，會影響報考心理師的資格，事態非常嚴重。

看起來機構內督導者做了決定，自己似乎沒有什麼決定權與發言權，不知道可以找誰幫忙。

(2) 可能被判定違反專業倫理的不安

機構內督導說自己的行為嚴重違反專業倫理，侵犯到案主的權益，似乎犯了很大的錯，心裡感到非常慚愧與抱歉。

擔心實習課程教師知道了，會怎麼看自己，擔心無法通過實習課程；也擔心其他同學、機構內其他人員知道這件事，會如何評論自己。更擔心自己被貼上「違反專業倫理」的標籤，影響日後找實習機構或找工作。

(3) 對於督導關係與自身權益的困惑

自己是為了增加專業能力、提升服務品質以維護案主權益，才自行付費找督導，接受督導後確實提升了專業效能及服務品質，這樣真的做錯了嗎？不也是維護案主權益的作為？機構內督導文志並沒有告訴自己：機構內的個案資料不可以帶出去，自己在進行督導時很小心的維護案主的隱私權，這樣有違反專業倫理嗎？

自己之所以會去找機構外督導，是因為不熟悉也不喜歡督導者慣用的理論取向觀點，督導者嚴厲的督導風格，讓自己不敢如實表達的困境；文志的督導方式影響到自己的學習及諮商專業成長，當督導者的督導方式不適合受督者時，受督者只能配合嗎？

2. 機構內督導文志的困境

(1) 被視為未善盡督導責任的擔心

不可以將案主資料／資訊帶離機構，明明是基本常識，受督者卻做出這麼離譜的事情，感到震驚與生氣；擔心機構主管、機構同事對這件事情的評價，擔心他們認為是自己擔任督導者的失職。

(2) 個人督導能力被質疑的不安

　　受督者說是因為不適應自己的督導方式及自己過於嚴格嚴肅，才會自費找機構外督導，似乎在說個人督導能力與督導風格有問題。過去這麼多年這樣進行督導都沒有問題，何以今年就出現問題？難道真的是個人的督導風格、督導方式有不適切的地方？

(3) 未察覺受督者狀況的懊惱

　　受督者偷偷的去找其他的督導，自己竟然沒有覺察，若不是和美華聊天，他無意間提起這件事情，自己不知還會被欺瞞多久。很懊惱自己沒有提早察覺受督者的狀況。

3. 機構外督導美華的困境

(1) 說出督導曉因之事引發風波的自責與愧疚

　　由於自己不經意和文志說起督導曉因的事情，才引發這麼大的風波，可能還會害得曉因被終止實習，對受督者的影響太大了。很後悔說出這件事情，對文志、曉因都造成很大衝擊。

(2) 進入督導關係前未做明確核對的懊惱

　　當初曉因來找自己時，一心只想著幫助實習心理師穩定的學習，可以提升專業能力與專業信心，沒有想太多便答應擔任督導。進入督導關係前如果對於相關訊息（如：受督者是否有機構內督導，何以還要找機構外督導，機構對於受督者找機構外督導的態度與政策……等）多做一些瞭解和釐清，就不會惹出現在的事情了。

　　事情發展到目前狀況，造成受督者這麼大的危機，讓機構內督導非常生氣，也擔心會影響其他機構對自己的看法。

(3) 如何協助受督者及維持督導關係的為難

曉因目前遇到這麼大的困境，自己似乎應該幫忙，但個人要用什麼立場表達意見或介入，相當為難；對於文志有這麼大的反應與用終止實習來處理有些困惑，但在這個時間點似乎也沒有立場去和文志對話。

如果沒能協助曉因度過難關，要怎麼面對與處理後續的督導關係，也是另一個挑戰。

（二）思考案例涉及的潛在議題

1. 督導風格與督導者的權力對受督者權益的影響

本案例中的機構內督導文志，有其熟悉與慣用的理論取向，督導過程較多指出受督者需要改進之處，態度較為嚴格。從案例敘述來看，督導者在進入督導關係前對個人督導方式與理論觀點做了說明，但並未與受督者一起討論。

案例中的受督者曉因無法消化與運用督導者提供的理論取向觀點，進而影響到服務品質，導致案主流失的問題；礙於督導者態度嚴格，受督者不敢在督導關係中提出自己的困難，自行想方法面對接案困境。受督者解決困境的方法為自費聘請機構外督導，從案例敘述來看這個方法確實讓受督者提升了專業知能與服務品質。

本案例中督導者的權力運用展現在幾個地方：(1) 督導者決定督導方式與運用的理論取向；(2) 督導者的評量權力與角色權力，讓受督者不敢提出自己的困難或疑問；(3) 督導者並未去瞭解受督者在督導過程的學習狀況、在接案過程遇到的困境，而是讓受督者跟隨他的步調；(4) 督導者得知受督者找機構外督導討論案例，並未進一步思考如何協助受督者面對困難，而是計畫要終止曉因的實習。督導角色本就具有權力，督導者的權力運用對受督者的利益影響甚大。

2. 督導者具有專業責任與倫理責任

機構內督導者文志有責任協助受督者學習，提升其服務品質，因此需要能夠覺察督導關係的變化及受督者的學習、服務狀況；若發現受督者的學習或服務狀況出現困難，要一起討論，思考解決之道。機構內督導亦有責任提醒受督者機構政策和應盡的倫理責任，如：維護案主隱私、受益權等。

案例中的文志似乎較少主動與受督者討論其學習和服務狀況，似乎也沒有特別提醒受督者該注意的倫理責任。機構外督導美華對於機構政策與倫理議題的敏感度也需要再加強，如：(1) 受督者正在機構進行實習，要瞭解實習生在機構接受督導的狀況及機構對於實習生自費找督導及評量的相關政策，審慎評估是否進入督導關係；(2) 美華需要考慮雙重督導對於督導關係、受督者的可能影響與風險；(3) 美華需要維護受督者的隱私權，需要謹慎評估哪些訊息可以透露，哪些訊息不宜透露。

3. 督導過程與終止實習過程中受督者的權益

如前所述，案例中的督導者文志單方面說明個人的督導方式與理論觀點，並未進一步瞭解受督者的準備程度、對督導的期待、學習目標等，未讓受督者瞭解他有哪些權益（如：是否可以表達對督導進行方式的意見）；督導者也未主動瞭解受督者的學習狀況與服務狀況，共同討論是否需要調整督導進行方式，以有效協助受督者學習。

機構內督導文志得知受督者曉因沒有事先報備，就自行聘請機構外督導，將機構案主的資訊攜離機構與其討論，很快地以違反專業倫理的理由，計畫終止受督者的實習；在過程中並未充分理解受督者會這樣做所遇到的困難，審慎評估受督者行為對案主的實質影響，和受督者一起討論怎麼改進與處理。

4. 受督者的責任

受督者在督導關係中權力位階確實較低，由於督導者有評量的權力，許多實習生對於要提出自己的意見會有較多考量與顧慮。

但是受督者依然需要適時讓督導者知道自己的困難，才能一起討論解決方式；遇到和督導之間的溝通困難，不宜只和同學討論，最好與實習課程教師討論，處理上會更為周延。

四 案例分析

（一）與本案例有關之倫理守則

1. 《督導倫理守則》（草案）

倫理議題	基本原則	實務指引
督導者的能力	1.6 覺察與反思： 1.6.1 督導者在督導過程中應具備自我覺察與反思的能力。	1.6 覺察與反思： 1.6.1 督導者需對督導角色的責任義務、自身能力的限制、督導關係的內涵與變化、督導介入的成效與品質，以及評量受督者之態度與歷程等具備覺察與反思能力。
督導者的責任	2.1 提升受督者服務品質：督導者負有維護案主福祉與權益之責，應協助受督者提升其專業服務表現。	
	2.2 評估受督者專業準備度：督導者應瞭解受督者的知能與經驗，評估受督者提供的專業服務與其專業訓練與專業能力是否相符。	2.2 評估受督者專業準備度： 2.2.1 督導者宜協助受督者獲得其實務工作所需的專業訓練，提升其專業準備度。 2.2.2 督導者宜提醒機構，讓受督者提供與其專業能力相符的專業服務，或是給予受督者必要的專業訓練。

倫理議題	基本原則	實務指引
督導者的責任	2.3 維護受督者權益： 2.3.1 督導者應維護受督者的知情同意權、受益權及隱私權，並告知受督者保密的範圍與限制。	2.3 維護受督者權益： 2.3.1 督導者維護受督者的知情同意權（內容請見基本原則3.1 與實務指引3.1）。 2.3.2 督導者需理解受督者狀態與專業發展需求，與受督者共同建立安全、信任的督導關係。 2.3.3 督導者需覺察自己與受督者在文化背景、理論取向、價值觀等各方面的差異，並尊重彼此之間的差異。 2.3.6 督導者需維護受督者的隱私權，若涉及評量、危機處理及案主福祉等情況，需透露督導過程討論的訊息，需向受督者說明保密的範圍與限制。
	2.4 協助受督者學習： 2.4.1 討論督導進行方式：督導者應與受督者一起討論學習目標和督導進行方式，並讓受督者有機會表達對評量方式的意見。 2.4.2 協助學習與評估進展：督導者應依據與受督者共同訂定的學習目標，協助受督者朝向其目標前進，並持續評估他們的進展。	2.4 協助受督者學習： 2.4.1 督導者需提供討論空間，讓受督者表達對評量標準與方式的意見。若評量標準與方式無法改變，需讓受督者瞭解各項要求背後的原因；若評量標準與方式可以改變，宜經充分討論進行適度的調整。 2.4.2 督導者需定期與受督者討論其學習目標達成的程度。 2.4.3 督導者需依據受督者的學習目標適時提供受督者多元化的理論知識與實務技巧。
	2.5 提升受督者倫理意識：督導者應協助提升受督者的倫理意識、倫理敏感度、責任感及增強其倫理判斷的能力。	2.5 提升受督者倫理意識： 2.5.1 督導者協助受督者提升其專業知能與倫理意識外，需示範並培養受督者面對心理諮商／心理治療工作應有的態度、堅持與敬業精神等。

倫理議題	基本原則	實務指引
督導者的責任	2.6 給予受督者回饋：督導者應在督導過程針對受督者的專業表現給予適切的回饋。	2.6 給予受督者回饋： 2.6.1 督導者的回饋內容需包含受督者在專業表現的進展及不足。 2.6.2 督導者回饋受督者在專業表現的進展，協助受督者持續建立專業信心。 2.6.3 督導者回饋受督者在專業表現的不足，提醒受督者改進的方向。
督導關係的建立與終止	3.1 進行知情同意程序：在督導關係開始前，督導者應讓受督者清楚瞭解督導者的專業背景、期待、評量標準與方式，以及受督者的權利與義務。	3.1 進行知情同意程序： 3.1.1 需要告知受督者的內容：督導者的專業背景與經驗、督導者的理論取向與督導模式，對受督者專業能力、修習課程以及所需經驗的要求，對受督者參與督導的期待、評量標準及方式，受督者在督導過程的權利與義務及保密範圍和限制等。 3.1.2 督導者需要瞭解的內容：若督導者與受督者不在同一個機構服務，督導者需與受督者討論服務機構對個案資料攜出、個案資訊揭露之相關規定，並提醒受督者遵守。 3.1.3 建立與終止督導關係的權利：督導者讓受督者瞭解督導者與受督者皆可以針對督導關係的建立、維持與終止議題提出討論。 3.1.4 瞭解受督者的期待：機構進行督導關係配對時，宜先瞭解受督者的期待，在機構條件允許的範圍內，讓受督者有表達意見或選擇督導者的空間。

倫理議題	基本原則	實務指引
督導關係的建立與終止		3.1.5 知情同意的形式：告知受督者的內容，督導者需當面向受督者說明並一起討論；關於督導結構、雙方權利與義務、評量標準與方式等重要說明，最好能夠以書面形式呈現。
	3.3 審慎處理多重關係： 3.3.2 當督導者知悉受督者同時接受其他心理師督導時，應與受督者一起審慎評估與討論彼此的關係和權責，並採取必要的措施維護案主及受督者的權益與福祉。	
	3.5 覺察與審慎權力運用：督導者不可濫用權力，不可剝削受督者，例如：督導者運用權力要求受督者提供金錢借貸或財務利益，要求受督者提供對督導者的個人服務，提出與督導進行無關的要求；督導者不可與正在進行督導的受督者發展戀情、發生性騷擾或性關係等。	3.5 覺察與審慎權力運用： 3.5.1 督導者需覺察在督導過程，自己如何使用權力及使用權力的方式是否恰當。 3.5.2 督導者需敏感督導關係的變化，適時與受督者討論彼此關係的變化及採取必要的調整。
	3.6 終止督導關係：督導者與受督者均有權利針對督導關係的建立、維持與終止議題提出討論。	3.6 終止督導關係： 3.6.1 督導者與受督者在文化與專業議題出現重大差異，難以繼續一起工作時，得經過討論而終止督導關係。 3.6.2 督導者或受督者某一方希望結束督導關係時，在決定終止督導關係前，督導者與受督者宜先共同努力解決因差異而引發的問題。 3.6.3 督導者或受督者某一方希望結束督導關係時，需充分討論如何處理。若受督者為實習生，必要時可請受督者的實習課程授課教師參與討論後續處理方式。

倫理議題	基本原則	實務指引
督導關係的建立與終止		3.6.4 經過雙方討論決定終止督導關係，督導者可視情況提供受督者其他資源。 3.6.5 如果經過雙方討論，督導關係無法終止，督導者與受督者宜一起討論後續督導進行的調整與彈性因應。
評量	4.1 評量標準與方式： 4.1.2 督導者負有評量任務時，應清楚的讓受督者瞭解督導者的評量標準、方式與評量結果的應用。	4.1 評量標準與方式： 4.1.1 督導評量的進行，除了督導者評量受督者，也給予機會讓受督者對督導關係、督導歷程、督導成效進行評量。 4.1.2 督導者與受督者雙方，可依據督導過程的階段性評量結果，共同討論督導目標、督導進行方式、評量方式，及督導關係需做哪些調整。
	4.3 提供改進意見：督導者透過持續評量，若發現受督者專業實務表現上的限制或缺失，應提供改進意見。	4.3 提供改進意見： 4.3.2 督導者透過持續評量，發現受督者在實務表現上有限制或缺失時，可與機構或實習課授課教師一起討論，提供受督者改進與補救的機會。
	4.4 專業把關： 4.4.2 依據評量結果，受督者無法通過評量標準時，應給予受督者參與討論、表達意見與申訴的機會。	4.4 專業把關： 4.4.2 督導者若要提出不給予受督者通過或認可的建議，為求審慎，可視需要諮詢其他相關人員意見；諮詢過程須注意維護案主及受督者之隱私權。
維護案主福祉	5.2 知情同意與保密： 5.2.1 督導者應提醒受督者向案主說明：自己是在接受督導的情況下提供心理諮商／心理治療服務，督導過程可能會揭露哪些內容，督導對於諮商進行的幫助與可能影響。 5.2.2 督導者應提醒受督者維護案主的各項權益；受督者必須告知案主保密限制、個案紀錄的保存、取得與運用方式、運用權限。	5.5 知情同意與保密： 5.2.1 相關紀錄，包括案主基本資料與會談紀錄、錄影、錄音等都需受到嚴謹的保護。督導者需提醒受督者提供督導討論資料時應經過匿名處理，去除可以辨識案主及相關人員個人資訊的資料。

2. 《ACA 倫理守則》

倫理議題	ACA 倫理守則
F.1.諮商督導與案主福祉	F.1.c.知情同意和案主權利： 督導者使受督者瞭解案主權利，包過在諮商關係中保護案主的隱私和秘密。受督者提供案主專業的資訊揭露，並告知案主督導過程會如何影響保密限度。受督者讓案主知道誰將會獲得諮商相關的紀錄，以及這些紀錄將如何被保存、傳輸或其他方式查看。
F.4.督導的職責	F.4.a.督導的知情同意： 督導者有責任向受督者說明督導的原則和參與方式。督導者告知受督者應遵守的政策和程序，以及就個別督導者的行動提出正當申訴的機制。使用遠距督導的獨特問題，必要時應包含在文件中。 F.4.d.終止督導關係： 督導者或受督者有權在充分告知的情況下終止督導關係。討論考慮終止的原因，雙方努力解決分歧。如果需要終止督導關係，督導者要做適當轉介到可能的替代督導。
F.5.學生和受督者的責任	F.5.b.功能受損： 學生和受督者監控自己的身體、精神或情緒上的功能受損跡象，當這些損害可能傷害到案主或其他人時，避免提供專業服務。學生和受督者通知他們的老師和／或督導者，並尋求協助處理達到專業功能受損程度的問題，也在必要時，限制、暫停或終止他們的專業職責，直到確定他們可以安全恢復工作。
F.6.諮商督導的評估、補救與背書	F.6.b.守門與補救： 透過初步和持續的評估，督導需覺察對受督者而言可能會影響其實際表現的限制。並在受督者需要的時候提供安全的改進建議。當受督者無法證明能夠為多樣的案主提供稱職的專業諮商服務時，督導者將建議受督者取消實習課程申請諮商機構以及政府或非政府頒發的職業資格證書。督導應尋求諮詢，並詳細記錄其是需要讓受督者退出還是引導受督者接受適當協助之決定。督導應確保受督者在面對這些決定時知道他們還有哪些選擇。

3. 《輔諮學會倫理守則》

倫理議題	輔諮學會倫理守則
7.2.告知督導過程	督導者應向被督導者説明督導的目的、過程、評鑑方式及標準，並於督導過程中給予定期的回饋及改進的建議。
7.5.連帶責任	從事諮商師教育與督導者，應確實暸解並評估學生的專業能力，是否能勝任諮商專業工作。若因教學或督導之疏失而發生有受督導者不稱職或傷害當事人福祉之情事，諮商師教育與督導者應負連帶的倫理責任。
7.9.注意個別差異	諮商師教育者及督導者應審慎評估學生的個別差異、發展潛能及能力限制，予以適當的注意和關心，必要時應設法給予發展或補救的機會。對不適任諮商專業工作者，應協助其重新考慮其學習及生計方向。

4. 《中國心理學會倫理守則》

倫理議題	中國心理學會倫理守則
6 教學、培訓和督導	6.2 心理師從事教學、培訓和督導工作時應持多元的理論立場，讓學生、被培訓者或被督導者有機會比較，並發展自己的理論立場。督導者不得把自己的理論取向強加於被督導者。 6.7 擔任培訓任務的心理師在進行相關宣傳時應實事求是，不得誇大或欺瞞。心理師應有足夠的倫理敏感性，有責任採取必要措施保護被培訓者個人隱私和福祉。心理師作為培訓項目負責人時，應為該項目提供足夠的專業支持和保證，並承擔相應責任。 6.8 擔任督導任務的心理師應向被督導者説明督導目的、過程、評估方式及標準，告知督導過程中可能出現的緊急情況，中斷、終止督導關係的處理方法。心理師應定期評估被督導者的專業表現，並在訓練方案中提供反饋，以保障專業服務水準。考評時，心理師應實事求是，誠實、公平、公正地給出評估意見。 6.9 從事教學、培訓和督導工作的心理師應審慎評估其學生、被培訓者或被督導者的個體差異、發展潛能及能力限度，適當關注其不足，必要時給予發展或補救機會。對不適合從事心理諮詢或治療工作的專業人員，應建議其重新考慮職業發展方向。

倫理議題	中國心理學會倫理守則
6 教學、培訓和督導	6.12 承擔教學、培訓或督導任務的心理師應明確告知學生、被培訓者或被督導者，尋求專業服務者有權瞭解提供心理諮詢或治療者的資質；他們若在教學、培訓和督導過程中使用後者的信息，應事先徵得其同意。 6.13 承擔教學、培訓或督導任務的心理師對學生、被培訓者或被督導者在心理諮詢或治療中違反倫理的情形應保持敏感，若發現此類情形應與他們認真討論，並為保護尋求專業服務者的福祉及時處理；對情節嚴重者，心理師有責任向本學會臨床心理學註冊工作委員會倫理工作組或其他適合的權威機構舉報。

（二）綜合討論

綜合《督導倫理守則》（草案）、《ACA倫理守則》、《輔諮學會倫理守則》及《中國心理學會倫理守則》之內涵，本案例涉及幾個倫理議題：

1. 督導者的責任

(1) 督導者有責任維護案主福祉與權益，應協助受督者提升其專業服務品質。

(2) 督導者應審慎評估學生的個別差異，瞭解受督者的知能與經驗，評估受督者提供的專業服務與其專業訓練與專業能力是否相符；督導者需要協助受督者獲得其實務工作所需的專業訓練，提升其專業準備度與服務品質。

(3) 督導者應維護受督者的知情同意權、受益權及隱私權，並告知受督者保密的範圍與限制。督導者需維護受督者的隱私權，若涉及評量、危機處理及案主福祉等情況，需透露督導過程討論的訊息，需向受督者說明保密的範圍與限制。

(4) 督導者需理解受督者狀態與專業發展需求，與受督者共同建立安全、信任的督導關係；督導者需要覺察自己與受督者在理論取向方面的差異，

並尊重彼此之間的差異，讓受督者有機會發展自己的理論觀點，不宜強加自己的理論觀點給受督者。

(5) 督導者應協助受督者學習。督導者應與受督者一起討論學習目標和督導進行方式，協助受督者朝向其目標前進，並定期與受督者討論其學習目標達成的程度，因應受督者的需要調整督導進行方式。

(6) 督導者應在督導過程針對受督者的專業表現給予適切的回饋；督導者的回饋內容需包含受督者在專業表現的進展及不足，協助受督者建立專業信心，也提醒受督者可以持續學習與改進的方向。

(7) 督導者應協助提升受督者的倫理意識、倫理敏感度、責任感及增強其倫理判斷的能力。對受督者在心理諮詢或治療中違反倫理的情形保持敏感，若發現相關情事應與他們認真討論，做必要處理以保護案主。

2. 督導關係的建立與終止

(1) 在督導關係開始前，督導者應讓受督者清楚瞭解督導者的專業背景、督導原則和進行方式、受督者應遵守的政策和程序、評量標準與方式、危機處理或使用遠距督導等特定情況的處理，以及受督者的權利與義務，如針對督導進行、評量結果的申訴管道或機制。督導者要讓受督者瞭解督導者與受督者皆可以針對督導關係的建立、維持與終止議題提出討論，以及處理方式。

(2) 若督導者與受督者不在同一個機構服務，督導者需與受督者討論服務機構對個案資料攜出、個案資訊揭露之相關規定，並提醒受督者遵守。

(3) 審慎處理多重關係：當督導者得知受督者同時接受其他心理師督導時，應與受督者一起審慎評估與討論彼此的關係和權責，並採取必要的措施維護案主及受督者的權益與福祉。

(4) 督導者需覺察在督導過程，自己如何使用權力及使用權力的方式是否恰當；督導者需敏感督導關係的變化，適時與受督者討論彼此關係的變化及採取必要的調整。

(5) 督導者與受督者均有權利針對督導關係的建立、維持與終止議題提出討論。督導者或受督者某一方希望結束督導關係時，在決定終止督導關係前，督導者與受督者宜需充分討論如何處理，先共同努力解決因差異而引發的問題；若受督者為實習生，必要時可請受督者的實習課程授課教師參與討論後續處理方式。

3. 評量

(1) 督導者負有評量任務時，應清楚的讓受督者瞭解督導者的評量標準、方式與評量結果的應用。督導評量的進行，除了督導者評量受督者，也給予機會讓受督者對督導關係、督導歷程、督導成效進行評量；督導者與受督者雙方，可依據督導過程的階段性評量結果，共同討論督導目標、督導進行方式、評量方式，及督導關係需做哪些調整。

(2) 督導者透過持續評量，發現受督者專業實務表現上的限制或缺失，應評估受督者的個別差異、發展潛力、能力限制，提供改進意見；必要時可與機構或實習課授課教師一起討論，提供受督者改進與補救的機會。

(3) 督導者若要提出不給予受督者通過或認可的建議，為求審慎，可視需要諮詢其他相關人員意見，諮詢過程須注意維護案主及受督者之隱私權；同時應給予受督者參與討論、表達意見與申訴的機會。

4. 維護案主福祉

(1) 督導者應提醒受督者向案主說明：自己是在接受督導的情況下提供心理諮商／心理治療服務，督導過程可能會揭露哪些內容，督導對於諮商進行的幫助與可能影響。

(2) 督導者提醒受督者瞭解案主權利，包括在諮商關係保護案主的隱私。受督者要告知案主督導過程會如何影響保密限度、誰將會看到諮商相關的紀錄，以及這些紀錄將如何被保存、傳輸或查看。

5. 督導者的能力

督導者需對督導角色的責任義務、自身能力的限制、督導關係的內涵與變化、督導介入的成效與品質，以及評量受督者之態度與歷程等具備覺察與反思能力。

6. 受督者的責任

受督者需要覺察自身各種狀況，若發現自己的狀況可能會影響專業服務，要告知督導者或教師，尋求協助。

本案例中的督導者文志，希望幫助實習生盡快適應實習機構並在專業發展上有所學習與成長，督導態度較為嚴肅，對實習生的要求較為嚴格，這樣的督導方式，確實讓多位實習生在短時間內就適應機構文化並有所成長，其出發點為善意且過去的督導成效不錯，文志因此延續自己的督導方式可以理解，也需要尊重。在進入督導關係之前文志有清楚說明自己的督導原則與進行方式，若能和受督者曉因一起討論，聽取受督者的想法，在共同建構學習目標、督導進行方式上的處理會更為周延；不確定文志是否在進入督導關係之前具體說明評量的標準與方式，包括哪些情況下可能會不通過實習或終止實習，如果可以具體說明，在維護受督者知情同意權上會做得更完備。

督導者需要持續評估受督者的表現，給予適度回饋，案例中的文志給予回饋時較多提醒受督者的不足，較少回饋受督者有進展之處，在給予回饋的內容與向度上可以多做些平衡。文志在評估受督者的表現時，不確定是否同時提出改進意見；督導者若能從受督者的表現來思考督導進行對受督者的協助程度，是否有需要調整的地方，可以及早做必要的介入處理。

實習生曉因自行找機構外督導美華討論後，在與文志的討論過程理應會有些改變跡象，文志若能對督導關係的變化更為敏感些，在有所覺察後

就提出來討論，或許可以更早瞭解曉因找美華督導一事，不至於聽到美華提及時如此震驚。

文志對於受督者的行為是否違反倫理，案主權益是否被侵犯，保持高度警覺，這一點是文志負責任的表現，但是計畫終止實習的決定看起來相當匆促，從案例敘述沒有看到要和受督者一起討論的計畫。如果文志事先並未告知曉因機構資料的保護政策，需要先明確說明或教導，進而瞭解案主資料被應用的範圍、方式，文志直接給曉因定罪並處罰的作法有待商榷。本案例中的文志需要對督導關係的變化、督導介入的成效、個人對權力的使用等面向有更多的覺察與思考。

案例中的美華基於幫助實習心理師穩定學習與協助其提升專業能力和專業信心的心意，決定擔任曉因的督導者，出發點是良善的；而且從曉因的立場來看，美華確實提供了很具體、重要的幫助。美華可以處理得更審慎的部分有：(1) 他和受督者不在同一個機構服務，需與受督者討論服務機構對個案資料攜出、個案資訊揭露之相關規定，並提醒受督者遵守；(2) 瞭解曉因在機構內接受督導的狀況，何以要自費請督導，與曉因討論雙重督導對受督者和案主的可能影響，並討論怎麼處理較為周延；(3) 在研討會不經意說出自己和曉因的督導關係，在維護受督者隱私權上，確實有再思考空間。

五　可能的行動策略

（一）案例發生當下可能之行動策略

以下列出在案例發生當下情境可能採用的各種行動策略，每一行動策略是否適切，要考量行動前後的情境脈絡，行動者的行為意圖、目的，以及執行該行動的態度。

1. 機構內督導者文志

(1) 將曉因的狀況向機構主管報告，由機構主管做出裁決。

(2) 與機構內部專業同儕一起討論，怎麼處理曉因的狀況。

(3) 與曉因實習課程教師聯繫，共同討論怎麼處理曉因的狀況。

(4) 讓曉因說明：另外找一位督導的原因與考量，和機構外督導的督導進行情況，包括督導方式、頻率、資料傳遞與使用情形、是否有保護案主隱私的措施……，作為評估是否終止實習的依據。

(5) 與曉因討論：在督導關係中的感受、困難，需要的協助，可以如何改善或彌補目前的狀況。

(6) 與美華一起討論，聽聽美華的意見。

(7) 與機構主管討論：機構對督導配對、實習生自費聘請機構外督導的政策。

(8) 向曉因明確說明機構政策與立場，提供其改進意見，及後續的評估標準。

(9) 若決議不終止實習，思考後續如何和曉因維持督導關係。

(10) 若決議不終止實習，和曉因討論後續督導進行如何調整。

2. 機構外督導者美華

(1) 主動與文志聯繫，說明自己與曉因督導的情形，包括督導方式、頻率、資料傳遞與使用情形、對案主隱私維護的措施……等。

(2) 主動與文志聯繫，一起討論如何處理曉因的狀況。

(3) 給予曉因情緒支持，陪伴曉因經歷這段不確定會不會失去實習資格的歷程。

(4) 與曉因討論，後續可以有哪些行動方案。

(5) 與曉因討論，後續可以有哪些行動方案，及自己可以幫上忙的地方與作法。

(6) 與曉因討論，是否要暫停督導關係。

3. 受督者曉因

(1) 請美華協助向文志說明、求情。

(2) 和美華一起討論，可以如何面對與處理目前狀況。

(3) 諮詢實習課程教師，討論後續處理問題。

(4) 整理自己對這件事情的思考：尋找機構外督導過程的倫理考量與作為、維護案主福祉上有考量處及未考量處、自己可以做的補救措施……，主動與機構督導、機構主管說明。

(5) 等候機構決定；開始思考找新的實習機構。

思考

如果你是案例中的受督者曉因、機構內督導者文志、機構外督導者美華，最有可能採取哪些行動策略？最不可能採取哪些行動策略？
請說明你的想法或考量。

（二）未來遇到類似情境，可以多注意的事項

以下提出之行動策略乃依據案例內容以及前述各項討論提出，提供讀者未來遇到類似情境參考，並非標準答案。鼓勵讀者透過閱讀案例與分析，發展各自面對督導倫理挑戰情境的策略。

1. 機構內督導者文志

(1) 重新檢視自己的督導方式、督導風格，及對受督者的可能影響，在不違背專業原則與專業品質的前提下，思考可以調整、討論的空間。例如：督導目標與進行方式、理論取向的應用、回饋的向度等。

(2) 進入督導關係之前，更留意知情同意程序的進行，將必要的訊息告知受督者，主動詢問受督者的理解程度、想法或疑慮。

(3) 觀察與評估受督者的發展階段、學習風格、特質，更多移動到「協助受督者學習」的位置，並非完全讓受督者配合督導者的理論取向或作法，或跟隨督導者步調學習。

(4) 對於個人風格的長處與限制、督導關係或受督者反應的變化、督導介入的成效與品質、個人的情緒與價值觀，督導角色擁有的權力與行使，有更多的覺察與反思，做必要的討論與調整。

2. 機構外督導者美華

(1) 若知道受督者在機構實習，需要多瞭解：受督者在機構中接受督導的情形、自費找機構外督導的考量、機構督導是否知道實習生自費請督導、機構對於實習生找機構外督導的政策、案主資料處理規範、評量權責……等訊息，以評估是否適合進入督導關係。

(2) 受督者若無法清楚說明前述訊息，與受督者討論需要先去瞭解哪些資訊，再一起討論是否適合進入督導關係。

(3) 若評估可以進入督導關係，提醒受督者遵守機構規範與倫理規範。

(4) 在督導關係中，審慎評估督導關係的變化，對雙重督導的影響保持敏感，謹慎處理。

(5) 與受督者先討論有哪些資訊需要被保密，哪些是保密例外。

(6) 在維護受督者隱私權上，要更為謹慎。

3. 受督者曉因

(1) 曉因在進行實習前，可先瞭解實習相關資訊與受督者的權利義務，若督導者提供的訊息不清楚，督導過程可以適時提出討論。

(2) 進入督導關係前，可事先整理與思考個人的學習目標、對督導的期待，適時提出與督導者討論。

(3) 督導過程遇到困惑、困難，需練習具體說明自己的困難或需要，提出來與督導者討論。

(4) 要做比較大的決定之前（如：自費找機構外督導者），宜與實習課程教師討論，做比較周延的考量與處理。

(5) 要做比較大的決定之前（如：自費找機構外督導者），可主動瞭解實習機構的相關政策與規範。

六　延伸思考

1. 從專業倫理的角度思考，你對於曉因找機構外督導者的作法，有哪些想法？

請敘述你的思考。

2. 案例中的文志，督導風格較嚴格，較多表達實習心理師需要改進的地方，有明確的治療取向：

(1) 從受督者的角度思考，面對這樣的督導者可以做哪些準備，提升學習效果？

(2) 從督導者的角度思考，可以做哪些調整，以兼顧個人工作原則和受督者的學習效果？

請敘述你的思考。

3. 督導者與受督者之間的適配性

(1) 要怎麼評估督導者與受督者之間的適配性？

(2) 督導者與受督者之間的適配性可以提升嗎？

請敘述你的思考。

4. **接受督導似乎不像接受諮商那麼需要保密，本案例的困境產生乃源自於美華不小心說出自己督導的受督者在文志服務的機構中實習：**

(1) 你對於美華的「不小心」，有哪些想法？

(2) 督導者是否可以讓他人知道自己的督導對象有哪些人？哪些訊息可以透露，哪些訊息不可透露？

　　請敘述你的思考。

5. **督導者如何使用其權力：**

(1) 你看到案例中的文志如何在使用作為督導者的權力？

(2) 你對文志使用權力的方式、時機，有何看法？

　　請敘述你的思考。

案例⑪多位督導：督導權責的區分、督導者的督導能力、回饋與評量
——永擎的故事

 案例內容

　　傳承高中的輔導團隊陣容堅強，專任輔導教師均具有心理師證照，對學生輔導工作非常投入，頗得到校內行政團隊、教師與學生的信任。他們有意願傳承校園輔導工作的經驗，為培育校園輔導工作的新血盡一份心力，在一位教授的引介之下，面試了一位準備進行碩三全職實習的研究生永擎，同意永擎進入該校進行實習。

　　永擎為心理相關系所研究生，正準備進行碩三全職實習。永擎應徵實習機構的過程不太順利，眼看著同學陸陸續續找到實習機構，心裡很是著急，正巧從系上教授那裡得知，有一所高中的輔導團隊有意願指導實習生，在教授的引介之下去面試，幸運的得到進入該校進行全職實習的機會，永擎很高興也很珍惜。

　　傳承高中的輔導室除了主任輔導教師之外，還有三位專任輔導教師：鄭華（負責高一學生輔導）、亞桐（負責高二學生輔導）、睿祺（負責高三學生輔導）。三位輔導教師擁有多年的實務工作經驗，但尚未接受督導培訓，為了避免受限於各人限制，讓受督者可以有比較完整的學習，三人決定一起擔負起督導之責。

　　學期開始之前，三位督導者和永擎一起開會，說明：永擎參與高一、高二學生的個別諮商工作，協助高三的生涯團體進行，高一的接案與鄭華討論，高二的接案與亞桐討論，小團體事宜與睿祺討論，由三位老師共同進行督導。永擎很感謝三位老師都願意擔任督導者，給他指導，很期待開

始實習後有豐富的學習。

鄭華和亞桐接案時，各有自己較為熟悉與常用的理論取向，他們與永擎討論案例時，較常用自己熟悉的理論取向來進行個案概念化、形成處遇策略，他們會具體說明自己的思考，但也都表示：這些想法提供給永擎做參考，永擎可以依照自己的理論取向來進行會談。剛開始督導時，永擎想到可以同時跟兩位老師學習不同的理論取向，很期待也很興奮，但實際接案與持續督導一段時間，就出現困惑與困難；實際上永擎尚未形成自己的理論取向，他覺得兩位老師的觀點都很有道理，面對案主時兩種理論觀點都會跑出來，不知道應該要用哪一種觀點去理解案主及進行會談，覺得有點混亂和不知所措。

鄭華和亞桐覺得永擎的學習態度很好，但仔細瞭解他的會談歷程，發現永擎常常停頓與沉默，不知道如何讓談話持續；他和案主的對話缺少前後一致的邏輯，東問一句、西問一句，談話難以持續與深入，詢問永擎提問或回應的意圖，他常常說不出來。鄭華和亞桐都關心過永擎是否有困難，永擎也說不清楚自己的困難是什麼，只說還在適應與消化老師指導的內容。兩位督導對於永擎的表現也很困惑。

永擎的提案資料和會談紀錄繳交、該完成的交辦事項（如：團體方案規劃），開始出現延遲的狀況，延遲的情況愈來愈明顯，睿祺也來詢問鄭華和亞桐，永擎到底出了什麼問題，實習後的表現和面試時怎麼差距這麼大？詢問永擎有什麼困難，是否需要幫忙，他都說還好，會盡快適應。

永擎對於自己延遲繳交各項紀錄及交辦事項的情況，非常自責與焦慮；好不容易找到實習機構，三位督導者都很樂意指導與幫助自己，自己怎麼這麼不爭氣？表現不好也會對不起引介的教授。但每週要分別和三位老師進行督導，而且督導的時間會變動（需要配合督導者的工作狀況調整），常常事情做一半就被打斷，做好的時間規劃常常難以執行；老師們會分別交辦一些事情，最近很多事情擠在一起，都不知道要先做哪一項工作才好。是自己能力不足嗎？我的表現會不會讓老師們失望，後悔收了我

當實習生？永擎不知道該怎麼處理眼前的狀況，便找實習課程教師討論，課程教師表示想去拜訪機構與督導，請永擎事先徵詢機構主任與督導者的意願，永擎聽了很不安，擔心課程教師拜訪機構會讓督導者覺得自己在告狀，因此遲遲沒有跟督導者討論。

學期結束前一個月，三位督導者約了時間討論對永擎的評量事宜，他們核對了對永擎的觀察：(1) 在專業服務與相關行政工作的表現，與面試時的評估有很大的落差；(2) 無法說清楚其困難與所需要協助，一再表達需要時間來適應；(3) 永擎的表現並不理想，影響到受輔學生、參與小團體學生的權益……。督導者考慮給予勉強通過的評量，若下學期未能改善便考慮給予不通過的評量。

三位督導者一起約談永擎，將評量結果告知，並將觀察到的情況回饋給他，詢問永擎有沒有什麼想法；永擎沒有說話，沉默許久，隔了好一會兒他說：我的實習課程教師想要來拜訪督導，不知道你們是否願意？

實務問題

1. 對案例中主要角色永擎、督導者（鄭華、亞桐、睿祺）的考量和作法，你有哪些感受或想法？

2. 如果你是案例中的永擎：

(1) 覺察到自己在接案過程的混亂和困惑時，會做哪些處理？

(2) 覺察到自己延遲繳交各項紀錄及交辦事項時，會做哪些處理？

(3) 聽到督導者告知評量結果與觀察回饋時，會怎麼回應？
　　請說明你的想法。

3. 如果你是案例中的督導者（鄭華、亞桐、睿祺）：

(1) 觀察到受督者的個別會談狀況出現困難，或工作進度延遲時，會做哪些

處理？

(2) 告知受督者評量結果與觀察回饋後，受督者表達實習課程教師想來拜訪，會做哪些回應？

請說明你的想法。

4. 如果你是案例中的實習課程教師：

(1) 若實習機構歡迎你去拜訪，你會和實習機構討論哪些事宜？

(2) 若實習機構表示沒有拜訪的必要，你會怎麼回應或處理？

請說明你的想法。

三 案例思考

（一）澄清問題或困境

1. 受督者永擎的困境

(1) 面對實習成績評量結果的焦慮

　　三位督導者一致認為自己的表現不理想，還影響到受輔學生和參與小團輔學生的權益，下學期如果狀況沒有改善，就沒辦法通過實習。聽到這樣的評量結果感到非常錯愕，不知如何回應。

　　很擔心自己的表現影響到當初引介自己來面試老師對自己的印象；很擔心下學期再沒有通過評量無法完成全職實習；若沒有完成實習就需要再找實習機構。想到要找實習機構過程的困難，非常焦慮。

(2) 不知如何改善表現，對個人專業能力產生懷疑

　　原本想說跟著不同理論取向的督導者學習可以增進專業上的成長，沒想到同時接受兩種不同取向之督導者的督導，讓自己變得很混亂，面對案主時不知道要用哪一種觀點來進行個案概念化和思考介入方向，只好想到什麼用什麼。為什麼會這樣混亂呢？自己也說不清楚，難道真的是自己能

力不足？

　　督導者常問我在諮商中的回應和介入的意圖，我沒辦法回答，因為我也不知道；督導者問我需要什麼幫助，我還是沒辦法回答，因為我不知道問題出在哪裡。原以為只要有多一點的時間適應以及消化督導們的指導，情況就會好轉，實際上愈來愈混亂常常沒辦法思考。督導者說下學期需要改善，可是真的不知道該如何著手改善。

　　自己已經很努力還是沒辦法讓督導者滿意，到底怎麼回事？找實習機構過程不順利，可能真的是自己能力不夠好，好不容易獲得實習機會想要好好表現，實習成績竟然是勉強通過。

(3) 面對督導者出現複雜情緒

　　感謝督導們提供實習機會，自己很努力學習，希望不要讓督導者失望，不想讓督導者後悔收了能力不好的實習生進來。

　　實習表現不符合督導者的期待，一方面感到抱歉，好像讓督導者失望了；一方面也有點委屈，自己的努力為什麼沒有被看到。

　　有些問題不是自己造成的，像：督導時間常常變動，自己安排好的進度都被打亂；督導們各自交代要完成的事情，都不管我手上有沒有其他事情要做，學期中之後常常遇到在短時間內要完成不同督導者交代的事情，我不確定這些事項的輕重緩急，很難安排工作計畫，有時候正在趕一項工作，又收到新的任務……，督導們為什麼不先做協調？

　　無法如期完成繳交資料、紀錄，以及完成交辦事項，是有點不應該，但我已經很努力了，督導們為什麼沒有看到我的努力，為什麼沒有想到他們也有點責任？

(4) 對實習課程教師介入的期待與擔心

　　自己將困難跟實習課程老師討論，實習課程教師願意幫忙，心裡覺得有點安慰，但也擔心他來拜訪實習機構後，不知道會有什麼結果。

雖然實習課程老師願意幫忙，還是擔心老師會覺得我很麻煩，同學們實習都很順利，只有我遇到問題，老師和同學會怎麼看我？

如果實習課程教師到機構拜訪，老師會說什麼？擔心督導者覺得自己在背後告狀，會更不高興。如果機構督導沒有意願讓老師來拜訪，那自己要怎麼辦？

2. 三位督導者要面對的問題

(1) 對受督者的表現落差感到困惑

當初面試時覺得受督者永擎很有誠意要學習，態度很不錯，才同意永擎進入學校實習一年，實習後永擎的實際表現和當初印象、預期表現差距很大，不確定是怎麼回事，也困惑當初的評估是否有失誤。

督導們都很願意協助永擎，花了不少時間和他討論，提供不少參與活動的機會讓他體驗和學習，並不斷詢問他需要哪些協助……。從結果看起來效果並不好，不確定問題出在哪裡，也不知道要怎麼幫助永擎學習，督導們既困惑又挫折。

(2) 對缺乏督導資格與經驗的心虛和不安

我們尚未接受過督導培訓，同時都是第一次擔任督導者，不確定是否真的督導能力和督導經驗都不足，影響到受督者的學習。就因為擔心自己的能力限制會影響受督者權益，才決定一起擔任督導者，讓受督者有比較完整的學習；我們三人時常一起討論督導永擎的狀況，也不斷詢問他需要哪些協助，盡量幫助他學習。

永擎的學習態度是不錯，何以實際表現會有這麼大的落差？督導者有評量與把關的責任，受督者的專業表現不理想，是否讓永擎通過實習感到為難。

受督者表現不佳的問題到底出在哪裡？是受督者的問題或是督導者的問題？受督者沒有辦法說清楚其困難，不知道要怎麼協助他，下學期受督

者的表現若沒有改善要怎麼辦？

(3) 擔心實習課程教師的觀點、評價

向受督者說明評量結果的時候，永擎突然提到實習課程老師希望來機構拜訪，不知道受督者在這個時候提出來是想表達什麼，也不知道實習課程教師何以要來拜訪。實習生在課堂上說了什麼嗎，他跟實習課程教師說了什麼嗎，擔心實習課程教師對學校與輔導團隊有誤解，擔心該系師生對學校及輔導團隊的評價。

3. 實習課程教師要面對的問題

學生在機構實習遇到困難需要進一步瞭解與溝通，同時有三位督導者確實讓學生為難，但聽起來實習機構的督導很用心在幫助學生，一方面需要讓督導者理解實習生的為難，一方面不希望讓機構督導覺得學校端對他們不信任，造成不必要的誤解，影響學生和機構督導的關係，需要思考怎麼適切表達與溝通。

學生延遲徵詢機構督導者的意願，在說明評量結果時才表達我想去拜訪機構，擔心讓督導者誤以為學校教師想要干涉機構的評量結果，需要考量怎麼樣降低不必要的誤解，共同解決問題。

（二）思考案例涉及的潛在議題

1. 多位督導者衍生的議題

(1) 討論個案的理論依據

受督者同時與兩位督導者討論個案，兩位督導者的理論依據不同，受督者在短期內難以消化並整合，確實會造成他在專業學習與實務應用上的混淆，影響接案的品質；兩位督導者雖表達永擎可以依照自己的理論取向來進行會談，以受督者的發展階段來思考，他尚未能夠形成個人的理論取向，不容易在不同理論之間取捨或整合。

(2) 多頭馬車：工作交付與時間安排未做事先規劃

受督者有三位督導，三位督導者都有評量的權力，當工作交付與完成時限有所衝突，受督者不知道要怎麼安排優先順序。

督導結構不穩定，督導時間常要配合督導者工作狀況調整而變動，又同時面對三位督導者，在時間安排、訊息接收上都容易出現混亂的狀況，影響受督者的工作節奏。

(3) 督導者的權責劃分

案例中的三位督導者，似乎沒有區分由哪一位擔任永擎的主要督導者，對永擎的工作負荷、時間安排、專業表現進行整合的瞭解與評估。督導者各自從自己的角度交付任務、訂定工作期限，不容易理解從受督者的角度理解其困難。

受督者在實習機構遇到困難，不知道要跟哪一位督導者討論，得罪哪一位督導都不好，便選擇不說。

2. 督導者的專業能力與責任

(1) 引導受督者形成個人的概念化與處遇計畫

案例中的督導者鄭華和亞桐討論個案時較多用分享的方式，希望可以尊重受督者自己的理論取向，初衷是良善的。但是受督者尚未形成自己的理論取向，需要督導者引導與協助，逐漸整理，才能夠清楚自己的概念化歷程。

督導者有責任評估受督者的專業發展階段與實務準備度，需要用合適的方式引導受督者，協助其學習與提升專業能力。

(2) 評估與處理多重督導關係的影響

督導者需要敏覺同時有多位督導時，存在著多重關係，會對受督者及督導關係產生影響。案例中的三位督導者對同時有多位督導者可能引發的

問題似乎並未覺察。

督導者需要評估多重關係對受督者的益處及潛在問題，預做處理；若事先未覺察與預做處理，發生狀況後三位督導者要共同討論，妥善處理多位督導者衍生的多重關係所引發的議題和影響。

(3) 協助受督者表達與因應其困難

受督者遇到困難時，不一定可以清楚說明其困難所在或需要哪些協助。可能原因包括：受督者真的不知道問題出在哪裡，受督者不知道該如何適切的表達，受督者不敢表達……。

督導者觀察到受督者的表現不如預期或者出現困難，詢問受督者是方法之一，督導者若能進一步評估、思考影響受督者表現的相關因素，提出來與受督者討論，協助受督者貼近自己的狀態與經驗；若受督者是不敢表達，督導者的開放態度就更為重要。

3. 受督者的權益與責任

督導關係建立之初，督導者需讓受督者瞭解安排三位督導的考量及益處，也需讓受督者瞭解有多位督導可能會遇到的問題，以及可以怎麼處理。在行使知情同意過程需讓受督者瞭解評量會如何進行，三位督導各自負責的評量項目、標準與方式。

受督者要對自身狀態有所覺察，若發現自己的狀況可能影響接案品質或案主福祉時，需要正視問題，主動尋求協助。受督者需要澄清自己的困難所在，練習表達來讓督導者瞭解，以尋求解決方法。

四 案例分析

（一）與本案例有關之倫理守則

1.《督導倫理守則》（草案）

倫理議題	基本原則	實務指引
督導者的能力	1.1 接受專業訓練：擔任督導者應參與督導相關訓練、進修督導相關知能。	1.1 接受專業訓練： 1.1.1 督導訓練內容包括：督導理論與模式、督導方法與技巧、督導關係與過程、專業倫理與督導實習等。 1.1.2 督導者需於擔任督導前接受督導相關訓練，若因職責所需，未能在擔任督導前接受訓練，則在擔任督導者的過程中需參與督導相關訓練，進修督導相關知能。 1.1.3 除了督導相關知能，督導者亦需要持續進修心理諮商／心理治療相關的知能與技巧。
	1.2 專業知能：督導者對於所督導的議題應具備相關知能。	1.2 專業知能： 1.2.1 督導者督導的議題／內容與方式不宜超過督導者本身所受的訓練及能勝任的程度。 1.2.2 督導者所提供的知識與技巧需要能夠反映當前研究發現、實務需要或社會文化現況。
	1.6 覺察與反思： 1.6.1 督導者在督導過程中應具備自我覺察與反思的能力。 1.6.2 督導者應該覺察自身能力與經驗的限制，督導過程遇到不熟悉的議題，督導者必須尋求專業諮詢。	1.6 覺察與反思： 1.6.1 督導者需對督導角色的責任義務、自身能力的限制、督導關係的內涵與變化、督導介入的成效與品質，以及評量受督者之態度與歷程等具備覺察與反思能力。

倫理議題	基本原則	實務指引
督導者的責任	2.1 提升受督者服務品質：督導者負有維護案主福祉與權益之責，應協助受督者提升其專業服務表現。	2.1 提升受督者服務品質：督導者需同時兼顧案主福祉與受督者權益，若兩者無法同時兼顧時，則以案主福祉為優先考量。
	2.2 評估受督者專業準備度：督導者應瞭解受督者的知能與經驗，評估受督者提供的專業服務與其專業訓練與專業能力是否相符。	2.2 評估受督者專業準備度： 2.2.1 督導者宜協助受督者獲得其實務工作所需的專業訓練，提升其專業準備度。 2.2.2 督導者宜提醒機構，讓受督者提供與其專業能力相符的專業服務，或是給予受督者必要的專業訓練。
	2.3 維護受督者權益： 2.3.1 督導者應維護受督者的知情同意權、受益權及隱私權，並告知受督者保密的範圍與限制。	2.3 維護受督者權益： 2.3.1 督導者維護受督者的知情同意權（內容請見基本原則3.1 與實務指引3.1）。 2.3.2 督導者需理解受督者狀態與專業發展需求，與受督者共同建立安全、信任的督導關係。 2.3.3 督導者需覺察自己與受督者在文化背景、理論取向、價值觀等各方面的差異，並尊重彼此之間的差異。
	2.4 協助受督者學習： 2.4.1 討論督導進行方式：督導者應與受督者一起討論學習目標和督導進行方式，並讓受督者有機會表達對評量方式的意見。 2.4.2 協助學習與評估進展：督導者應依據與受督者共同訂定的學習目標，協助受督者朝向其目標前進，並持續評估他們的進展。	2.4 協助受督者學習： 2.4.1 督導者需提供討論空間，讓受督者表達對評量標準與方式的意見。若評量標準與方式無法改變，需讓受督者瞭解各項要求背後的原因；若評量標準與方式可以改變，宜經充分討論進行適度的調整。 2.4.2 督導者需定期與受督者討論其學習目標達成的程度。 2.4.3 督導者需依據受督者的學習目標適時提供受督者多元化的理論知識與實務技巧。

倫理議題	基本原則	實務指引
督導者的責任	2.6 給予受督者回饋：督導者應在督導過程針對受督者的專業表現給予適切的回饋。	2.6 給予受督者回饋： 2.6.1 督導者的回饋內容需包含受督者在專業表現的進展及不足。 2.6.2 督導者回饋受督者在專業表現的進展，協助受督者持續建立專業信心。 2.6.3 督導者回饋受督者在專業表現的不足，提醒受督者改進的方向。
督導關係的建立與終止	3.1 進行知情同意程序：在督導關係開始前，督導者應讓受督者清楚瞭解督導者的專業背景、期待、評量標準與方式，以及受督者的權利與義務。	3.1 進行知情同意程序： 3.1.1 需要告知受督者的內容：督導者的專業背景與經驗、督導者的理論取向與督導模式，對受督者專業能力、修習課程以及所需經驗的要求，對受督者參與督導的期待、評量標準及方式，受督者在督導過程的權利與義務及保密範圍和限制等。 3.1.4 瞭解受督者的期待：機構進行督導關係配對時，宜先瞭解受督者的期待，在機構條件允許的範圍內，讓受督者有表達意見或選擇督導者的空間。 3.1.5 知情同意的形式：告知受督者的內容，督導者需當面向受督者說明並一起討論；關於督導結構、雙方權利與義務、評量標準與方式等重要說明，最好能夠以書面形式呈現。
	3.3 審慎處理多重關係： 3.3.1 面對無法避免的多重關係，督導者與受督者應審慎評估這些關係是否會損及受督者和案主權益與福祉，並採取必要的預防措施。	3.3 審慎處理多重關係： 3.3.1 面對無法避免的多重關係（如師生、行政督導、同事、雙重督導等），督導者需審慎的與受督者討論不同關係的性質、責任與期待，

倫理議題	基本原則	實務指引
督導關係的建立與終止	3.3.2 當督導者知悉受督者同時接受其他心理師督導時，應與受督者一起審慎評估與討論彼此的關係和權責，並採取必要的措施維護案主及受督者的權益與福祉。	在督導時間、督導場地上做出區分，以降低潛在的角色衝突。 3.3.2 如果督導者與受督者可能有督導關係之外的非專業關係，雙方皆需仔細澄清關係發展的意圖，討論可能的利益與風險，經過審慎評估後才建立關係，並採取適當的預防措施。
評量	4.1 評量標準與方式： 4.1.1 督導者負有評量任務時，應明確瞭解受督者的工作機構或授課教師訂定的評量標準與方式。 4.1.2 督導者負有評量任務時，應清楚的讓受督者瞭解督導者的評量標準、方式與評量結果的應用。	4.1 評量標準與方式： 4.1.1 督導評量的進行，除了督導者評量受督者，也給予機會讓受督者對督導關係、督導歷程、督導成效進行評量。 4.1.2 督導者與受督者雙方，可依據督導過程的階段性評量結果，共同討論督導目標、督導進行方式、評量方式，及督導關係需做哪些調整。
	4.2 記錄與定期回饋：督導者負有評量任務時，應持續評量與記錄受督者的專業實務表現，定期提供回饋。	4.2 記錄與定期回饋： 4.2.1 督導者需定期記錄對受督者的評量、建議與協助。 4.2.2 若受督者為實習生，督導者宜依據實際需要，檢核受督者的實務工作紀錄、影音紀錄或是進行現場觀察。
	4.3 提供改進意見：督導者透過持續評量，若發現受督者專業實務表現上的限制或缺失，應提供改進意見。	4.3 提供改進意見： 4.3.1 督導者需讓受督者瞭解評量結果，並提供受督者說明與釐清的機會；必要時安排正式會議進行討論。 4.3.2 督導者透過持續評量，發現受督者在實務表現上有限制或缺失時，可與機構或實習課授課教師一起討論，提供受督者改進與補救的機會。

倫理議題	基本原則	實務指引
評量		4.3.3 經過評量、回饋、討論、提供改進與補救機會後，若發現受督者還是無法提供適切的專業服務，宜協助受督者反思諮商專業角色與個人勝任程度，重新考慮其學習及生涯方向。
	4.4 專業把關： 4.4.1 督導者負有評量任務時，應依據受督者的實際專業表現進行評量，決定是否給予通過的評量。 4.4.2 依據評量結果，受督者無法通過評量標準時，應給予受督者參與討論、表達意見與申訴的機會。	4.4 專業把關： 4.4.1 督導者評量受督者的專業表現可能會妨礙到專業服務品質時，宜向主責機構反應，考量不給予資格獲得、完成課程訓練或續聘等認可。 4.4.2 督導者若要提出不給予受督者通過或認可的建議，為求審慎，可視需要諮詢其他相關人員意見；諮詢過程須注意維護案主及受督者之隱私權。
維護案主福祉	5.3 評量與把關：當受督者所提供的專業服務危害到案主福祉時，督導者應採取行動限制受督者繼續提供服務，並知會受督者所屬機構。	5.3 評量與把關：為瞭解與評量受督者的專業服務品質，督導者需瞭解受督者在實務工作上的表現，盡可能定期檢閱受督者的個案紀錄、錄音、錄影或直接觀察其在實務工作上的表現。

2. 《ACA 倫理守則》

倫理議題	ACA 倫理守則
F.1.諮商督導與案主福祉	F.1.a. 案主福祉： 諮商督導者的主要職責是監管受督者所提供的服務。諮商督導者監管案主福祉以及受督者的表現與專業發展。為履行這些職責，督導者會定期與受督者見面，回顧受督者的工作，以及幫助他們做好為不同案主服務的準備。受督者有責任理解並遵守 ACA 的倫理守則。

倫理議題	ACA 倫理守則
F.2.諮商督導的能力	**F.2.a.督導準備：** 在提供督導服務之前，諮商師要接受督導方法與技巧方面的培訓。提供督導服務的諮商師定期進行繼續教育活動，包括諮商及督導主題與技巧。
F.4.督導的職責	**F.4.a.督導的知情同意：** 督導者有責任向受督者說明督導的原則和參與方式。督導者告知受督者應遵守的政策和程序，以及就個別督導者的行動提出正當申訴的機制。使用遠距督導的獨特問題，必要時應包含在文件中。
F.5.學生和受督者的責任	**F.5.b.功能受損：** 學生和受督者監控自己的身體、精神或情緒上的功能受損跡象，當這些損害可能傷害到案主或其他人時，避免提供專業服務。學生和受督者通知他們的老師和／或督導者，並尋求協助處理達到專業功能受損程度的問題，也在必要時，限制、暫停或終止他們的專業職責，直到確定他們可以安全恢復工作。
F.6.諮商督導的評估、補救與背書	**F.6.a.評估：** 在整個督導關係中，督導記錄並持續提供受督者有關其表現的回饋，也安排定期的正式評估會議。 **F.6.b.守門與補救：** 透過初步和持續的評估，督導需覺察對受督者而言可能會影響其實際表現的限制。並在受督者需要的時候提供安全的改進建議。當受督者無法證明能夠為多樣的案主提供稱職的專業諮商服務時，督導者將建議受督者取消實習課程申請諮商機構以及政府或非政府頒發的職業資格證書。督導應尋求諮詢，並詳細記錄其是需要讓受督者退出還是引導受督者接受適當協助之決定。督導應確保受督者在面對這些決定時知道他們還有哪些選擇。

3. 《輔諮學會倫理守則》

倫理議題	輔諮學會倫理守則
7.2.告知督導過程	督導者應向被督導者說明督導的目的、過程、評鑑方式及標準，並於督導過程中給予定期的回饋及改進的建議。
7.3.雙重關係	諮商師教育者應清楚地界定其與學生及被督導者的專業及倫理關係，不得與學生或被督導者介入諮商關係，親密或性關係。（參看 2.2.4.d；2.2.4.e）
7.4.督導實習	督導學生實習時，督導者應具備督導的資格，善盡督導的責任，使被督導者獲得充分的實務準備訓練和經驗。

4. 《中國心理學會倫理守則》

倫理議題	中國心理學會倫理守則
6 教學、培訓和督導	6.1 心理師從事教學、培訓和督導工作旨在促進學生、被培訓者或被督導者的個人及專業成長和發展，教學、培訓和督導工作應有科學依據。 6.2 心理師從事教學、培訓和督導工作時應持多元的理論立場，讓學生、被培訓者或被督導者有機會比較，並發展自己的理論立場。督導者不得把自己的理論取向強加於被督導者。 6.3 從事教學、培訓和督導工作的心理師應基於其教育訓練、被督導經驗、專業認證及適當的專業經驗，在勝任力範圍內開展相關工作，且有義務不斷加強自己的專業能力和倫理意識。督導者在督導過程中遇到困難，也應主動尋求專業督導。 6.5 從事教學、培訓工作的心理師應採取適當措施設置和計劃課程，確保教學及培訓能夠提供適當的知識和實踐訓練，達到教學或培訓目標。 6.8 擔任督導任務的心理師應向被督導者說明督導目的、過程、評估方式及標準，告知督導過程中可能出現的緊急情況，中斷、終止督導關係的處理方法。心理師應定期評估被督導者的專業表現，並在訓練方案中提供反饋，以保障專業服務水準。考評時，心理師應實事求是，誠實、公平、公正地給出評估意見。

倫理議題	中國心理學會倫理守則
6 教學、培訓和督導	6.9 從事教學、培訓和督導工作的心理師應審慎評估其學生、被培訓者或被督導者的個體差異、發展潛能及能力限度，適當關注其不足，必要時給予發展或補救機會。對不適合從事心理諮詢或治療工作的專業人員，應建議其重新考慮職業發展方向。 6.13 承擔教學、培訓或督導任務的心理師對學生、被培訓者或被督導者在心理諮詢或治療中違反倫理的情形應保持敏感，若發現此類情形應與他們認真討論，並為保護尋求專業服務者的福祉及時處理；對情節嚴重者，心理師有責任向本學會臨床心理學註冊工作委員會倫理工作組或其他適合的權威機構舉報。

（二）綜合討論

綜合《督導倫理守則》（草案）、《ACA倫理守則》、《輔諮學會倫理守則》及《中國心理學會倫理守則》之內涵，本案例涉及幾個倫理議題：

1. 督導者的專業知能

(1) 督導實習學生時，督導者應具備督導的資格，善盡督導的責任，使受督者獲得充分的實務準備訓練和經驗。

(2) 督導者需於擔任督導前接受督導方法與技巧方面的培訓，若未能在擔任督導前接受訓練，則在擔任督導者的過程中需參與督導相關訓練，或進修督導相關知能，做好擔任督導者的準備。

(3) 督導者要能覺察自身能力與經驗的限制，督導過程遇到不熟悉的議題，或不知如何處理的狀況，必須尋求專業諮詢。

(4) 督導者需對督導關係的內涵與變化、督導介入的成效與品質，以及評量受督者之態度與歷程等具備覺察與反思能力。

2. 督導者的責任

(1) 督導者需要觀察受督者所提供的服務，監管與提升其服務品質，以維護
案主福祉。

(2) 督導者應瞭解受督者的知能與經驗，評估受督者提供的專業服務與其專
業訓練與專業能力是否相符；協助受督者獲得其實務工作所需的專業訓
練，提升其專業準備度。

(3) 督導者應與受督者一起討論學習目標和督導進行方式，依據與受督者共
同訂定的學習目標，協助受督者學習與朝向其目標前進，並持續評估他
們的進展情況。

(4) 督導者需讓受督者瞭解評量相關規範，提供討論空間，讓受督者表達對
評量標準與方式的意見。若評量標準與方式無法改變，需讓受督者瞭解
各項要求背後的原因；若評量標準與方式可以改變，宜經充分討論進行
適度的調整。

(5) 督導者需理解受督者狀態與專業發展需求，與受督者共同建立安全、信
任的督導關係。

(6) 督導者需覺察自己與受督者在理論取向的差異，並尊重彼此之間的差
異。

3. 督導關係的建立與維持

(1) 在督導關係開始前，督導者應讓受督者清楚瞭解督導者的專業背景、督
導進行過程、對受督者參與督導的期待、評量標準與方式、受督者的權
利與義務，以及遇到困難時可以如何處理。

(2) 機構安排督導者時，宜先瞭解受督者的期待，在機構條件允許的範圍
內，讓受督者有表達意見或選擇督導者的空間。

(3) 審慎處理督導關係中的多重關係：面對無法避免的多重關係，督導者與
受督者應審慎評估這些關係是否會損及受督者和案主權益與福祉，並採

取必要的預防措施。

(4) 當督導者知悉受督者同時接受其他心理師督導時，應與受督者一起審慎評估與討論彼此的關係和權責，並採取必要的措施維護案主及受督者的權益與福祉。

4. 評量

(1) 督導者負有評量任務時，應清楚的讓受督者瞭解督導者的評量標準、方式與評量結果的應用。

(2) 督導評量的進行，除了督導者評量受督者，也給予機會讓受督者對督導關係、督導歷程、督導成效進行評量；督導者與受督者依據督導過程的階段性評量結果，共同討論督導目標、督導進行方式、評量方式，及督導關係需做哪些調整。

(3) 若受督者為實習生，督導者宜依據實際需要，檢核受督者的實務工作紀錄、影音紀錄或是進行現場觀察。

(4) 督導者負有評量任務時，應持續評量與記錄受督者的專業實務表現，定期提供回饋；督導者需定期記錄對受督者的評量、建議與協助，必要時安排定期的評估會議。

(5) 督導者透過持續評量，發現受督者專業實務表現上的限制或缺失，應提供改進意見。

(6) 督導者讓受督者瞭解評量結果，並提供受督者說明與釐清的機會；督導者透過持續評量，發現受督者在實務表現上有限制或缺失時，可與機構或實習課授課教師一起討論，提供受督者改進與補救的機會。

(7) 督導者應依據受督者的實際專業表現進行評量，決定是否給予通過的評量；依據評量結果，受督者無法通過評量標準時，應給予受督者參與討論、表達意見與申訴的機會。

(8) 督導者若要提出不給予受督者通過或認可的建議，為求審慎，可視需要諮詢其他相關人員意見；諮詢過程須注意維護案主及受督者之隱私權。

5. 學生和受督者的責任

受督者需覺察與監控自己的身心狀態或專業能力，若發覺自己的身心狀態或專業能力影響專業服務品質，可能影響到案主或其他人時，需主動尋求協助，或暫停提供專業服務。

案例中的督導者鄭華、亞桐、睿祺在整個事件過程有多項好意與努力，值得尊重。包括：為了傳承校園輔導工作實務經驗、培養校園輔導工作的新血，願意招收實習生；瞭解自己尚未接受督導培訓及缺乏督導經驗，願意一起擔任督導者，合力協助受督者學習；定期與受督者討論，盡力分享個人經驗與想法；關心受督者的困難，詢問受督者需要的協助；進行評量時，三人一起核對各自觀察，共同討論評量結果與告知受督者；決定評量結果時看到督導者想要盡到把關的責任。

本案例首先要討論的是受督者同時有多位督導者引發的各種議題。三位督導者事先似乎並未覺察多重關係可能引發的議題，因此沒有對彼此的分工、權責先做具體討論，做些必要的處理與預防；進行督導之後，似乎也沒有覺察多頭馬車狀況造成受督者的困擾，受督者礙於每位督導都有評量權，又沒有主責督導者，遇到困難不知道可以跟誰反應。

其次，三位督導者都尚未接受督導培訓也沒有督導經驗，他們可以覺察自己能力與經驗的限制，但因應方式需要再增加。依據案例敘述，督導者決定共同擔任督導角色，以避免受限於個人限制，但並未看到他們有進修督導知能，督導過程遇到困惑、困難時，也未向有經驗的督導人員諮詢。

督導知能不足，影響到督導者未能依據受督者專業發展階段來調整督導進行方式，在受督者對不同理論取向觀點感到困惑、不知所措時，督導者無法瞭解受督者的困難所在，提供及時協助。督導知能不足也影響到督導者對督導關係、多位督導者引發之動力的敏感性，未做適切的預防或處

理。

　　評量過程督導者需要持續評量與記錄受督者的專業實務表現，定期提供回饋；若是發現受督者專業實務表現上的限制或缺失，應提供改進意見。依據案例敘述，不確定督導者有沒有定期提供受督者回饋，或讓受督者知道可以如何改善自己的專業表現。案例中的督導者詢問受督者需要哪些協助，受督者說不清楚，督導者感到困惑後似乎沒有進一步的作為，思考怎麼協助受督者改善。

　　案例中的受督者永擎，珍惜進入機構實習的機會，懷抱著對督導者們感謝的心情，想要用心學習。實習過程遇到困難或困惑，並未抱怨督導者，很努力的想要盡快適應實習步調，消化老師們的教導，學習態度是正面的。永擎一直將問題歸因於自己的不適應，不經意間延誤了面對與處理問題的時機，因而影響了對案主或參與小團體成員的服務。

　　永擎若覺察到自己的混亂、不知所措、延誤工作進度的狀況持續著，可以找信任的同儕或師長討論，澄清一下造成前述狀況的可能因素，釐清自己的困難所在，然後主動跟督導者討論需要的協助。

五　可能的行動策略

（一）案例發生當下可能之行動策略

　　以下列出在案例發生當下情境可能採用的各種行動策略，每一行動策略是否適切，要考量行動前後的情境脈絡，行動者的行為意圖、目的，以及執行該行動的態度。

1. 受督者永擎

(1) 接受督導者的評量，不做任何說明，自行思考如何因應。

(2) 等候實習課程教師拜訪實習機構，看看老師們的決定如何再做打算。

(3) 聽完督導者的評量說明，表達自己的心情（錯愕、擔憂……等）。

(4) 聽完督導者的評量說明，嘗試說明自己遇到的困難。

(5) 聽完督導者的評量說明，當場請教三位督導者可以如何改善。

(6) 聽完督導者的評量說明，表達「需要沉澱與整理一下心情，事後再與老師約時間討論自己的困難及如何改善」。

(7) 聽完督導者的評量說明，表達自己需要沉澱與整理一下心情；事後分別與每一位督導者約時間討論。

(8) 在實習課程教師拜訪機構前，先跟老師說明評量結果及自己遇到的困難。

(9) 跟實習課程教師說明督導者的評量及說明，討論怎麼回應與處理。

2. 督導者鄭華、亞桐、睿祺

(1) 說明完評量結果，詢問受督者永擎有什麼意見。

(2) 說明評量的結果，詢問受督者還有沒有想知道的事情。

(3) 說明評量結果與評量的依據，關心與詢問受督者的感受、想法、困難、需要的協助……等。

(4) 說明評量結果與評量的依據，也提供受督者可以改善的建議。

(5) 評量結束向受督者說明之前，督導者先進行內部討論，向有經驗的督導者諮詢，看看如何調整督導方式，及可以提供受督者哪些意見。

(6) 瞭解實習課程教師拜訪機構的目的，預作準備。

(7) 主動與實習課程教師聯繫，討論拜訪機構的時間、方式、討論重點。

(8) 主動與實習課程教師聯繫，說明評量結果與評量的依據，邀請實習課程教師到機構一起討論如何協助受督者。

3. 實習課程教師

(1) 拜訪機構前與學生先行討論，瞭解學生接受督導的狀況、困難、需要的協助。

(2) 主動與實習機構聯繫，說明拜訪的目的、討論重點。

(3) 瞭解督導者對實習生永擎的觀察、評量與評量依據，以及督導者對實習生的建議。

(4) 和督導者一起討論實習生永擎的表現，一起討論如何協助他改善狀況，提升專業表現。

> **思考**
>
> 如果你是案例中的受督者永擎，督導者鄭華、亞桐、睿祺，實習課程教師，最有可能採取哪些行動策略？最不可能採取哪些行動策略？
> 請說明你的想法或考量。

（二）未來遇到類似情境，可以多注意的事項

以下提出之行動策略乃依據案例內容以及前述各項討論提出，提供讀者未來遇到類似情境參考，並非標準答案。鼓勵讀者透過閱讀案例與分析，發展各自面對督導倫理挑戰情境的策略。

1. 督導者鄭華、亞桐、睿祺

(1) 督導前的準備

①擔任督導前做些事前準備，如：閱讀督導相關書籍或文獻、請教有督導實習生經驗的專業同儕、參加督導知能相關課程等，事先瞭解督導重要議題，與督導實習生需要注意的事項。

②瞭解同時有多位督導者對於受督者的影響，思考受督者可能會遇到的困難以及如何協助受督者面對與解決這些困難。

③擔任督導前三位督導者先做討論，對責任區分、工作交付、評量等議題的處理原則進行協商，形成共識。

(2) 督導過程

①向受督者說明安排三位督導者共同擔任督導角色的考量，主動告知受督者在督導過程若遇到疑問、困惑、困難，可提出來討論，共同思考如何調整。

②督導過程發現受督者的表現不如預期，與受督者一起討論他遇見的困難和可能的影響因素，一起討論如何改善。

③督導過程發現受督者的表現不如預期，三位督導者可以一起討論影響受督者表現的可能因素，諮詢有督導實務經驗的專業同儕，及早發現問題，進行調整。

④督導過程發現受督者的表現不如預期，督導者可以主動與實習課程教師聯繫，共同討論影響受督者表現的可能因素，思考改善的策略。

2. 受督者永擎

(1) 對於自己的困難、壓力有所覺察，進一步釐清與困難和壓力有關的因素有哪些。

(2) 整理要如何表達自己的困難和壓力，進一步思考自己需要的協助或期望的調整。

(3) 可以與值得信任的同儕或師長討論自己的困難，藉由對話釐清自己的困難與需要，思考如何向督導者表達。

(4) 讓督導者瞭解自己的困難、壓力、期待或需要的協助，與督導者一起討論如何改善自己的專業表現。

延伸思考

1. 在本案例中，主任輔導教師或實習課程教師扮演的角色：

(1) 在督導前和督導進行過程，主任輔導教師有哪些事情可以參與，協助督導工作順利進行？

(2) 在督導進行過程，實習課程教師可以做哪些事情協助學生處理其困難或壓力？

請敘述你的思考。

2. 實習機構安排給實習生多位督導者：

(1) 你認為：同時有多位督導者的優點和限制有哪些？

(2) 同時有多位督導者，除了案例中出現的問題，還有哪些議題需要留意？

請敘述你的思考。

3. 協助碩三實習階段的受督者形成個人的理論取向：

(1) 督導者可以怎麼協助碩三實習階段的受督者發展個案概念化能力？

(2) 督導者可以怎麼協助碩三實習階段的受督者形成個人的理論取向？

請敘述你的思考。

4. 案例中的受督者永擎，不知如何表達自己的困難與需要的協助：

當受督者不知道如何表達自己的困難時，督導者可以怎麼協助受督者？

請敘述你的思考。

三、督導者的責任與評量

案例⑫危機處理：督導者專業能力範圍、督導者的連帶責任、受督者責任、案主福祉
——品均的故事

 案例內容

　　品均通過諮商心理師的考試，取得諮商心理師證照。很幸運的，兩個月後就順利找到工作，在某醫療體系的心理治療中心擔任專任心理師。該機構服務的案主一部分來自社區，一部分來自醫生的轉介；有一些案主除了有心理方面的議題需要處理，還伴隨著精神疾患的症狀，情況較為複雜，對剛踏入職場的品均而言具有很大的挑戰性。

　　品均審慎的面對自己的工作及每一位案主，持續學習與充實專業知能，敏感的覺察與反思個人狀態對專業工作的影響，不斷地調整與修正。機構內不定期舉辦個案研討，有兩次個案研討品均主動表示願意擔任提案者，將自己的疑問或困難與同儕一起討論；但團體討論的時間有限且不定期舉行，品均覺得單靠機構內的個案研討不夠，過了幾個月，他決定自費找督導定期討論，以提升專業知能及服務品質。

　　曉亮在大專院校、社區諮商中心、社福機構都服務過，接觸過的案主類型和案主議題非常多元，諮商實務經驗超過十年，督導實務經驗亦有三年。品均透過其他心理師的推薦聯繫上曉亮，表達想要請其擔任督導的心意。進入督導關係之前，曉亮和品均做了一次討論，詢問品均對於督導目標、督導進行方式的期待，品均表達希望藉由和督導定期討論，可以提升個案概念化與諮商介入的品質，特別期待督導者可以協助自己覺察個人狀態對專業工作的影響，經過討論兩人決定進入督導關係。

　　每一次督導，品均和曉亮都做好事前準備，討論過程聚焦且投入。對

於品均提出來的問題，曉亮總能提供具體意見或重要的思考方向，品均覺得受惠很多；品均將督導討論過程得到的意見與提醒運用在實務工作上，大多有不錯的成效與進展。品均對於曉亮的信任感日漸提升，只要在工作上遇到困惑都會想聽聽曉亮的意見；機構工作量大、同事都很忙碌，品均不好意思打擾同事，因此在接案上有疑問時多傾向與曉亮討論，比較少與機構同儕討論。

品均接了一名由醫師轉介而來的案主 A，該名案主有重度憂鬱的診斷，同時有明顯的自殺意念，經藥物治療後情緒逐漸穩定，但A和家人之間存在糾葛的關係，對其情緒起伏影響頗大，因此醫師轉介他來接受心理治療。A認為旁人都不瞭解他，多數人視他為有病的人或麻煩製造者，因此不相信有誰可以幫助他；A質疑品均的年紀、年資、經驗，常常挑戰品均，讓品均感受到很大的壓力，每次會談都小心翼翼，戰戰兢兢。儘管如此，品均仍是盡量穩住自己，陪伴A，承接他的情緒，理解他的痛苦……，兩人的關係有一些些進展，A在會談過程願意多說一點自己的想法。

有一天會談時A的情緒頗為低落，抱怨最近和家人的關係降到冰點，提到幾次「如果死了就不會這麼痛苦」之類的話，這讓品均很緊張，在會談過程不斷與A確認他的自傷意念，希望A可以同意品均與其家人聯繫，適時提供陪伴，甚至一直想要得到A的書面承諾——不會傷害自己；A談著談著生氣起來，他質疑品均擔心自己的責任勝過關心他，他很生氣品均也不相信自己，A堅決不同意品均和家人聯繫，否則再也不願意來會談。品均同意不聯繫家人，但仍希望A承諾不傷害自己，A勉強做了口頭承諾。

會談結束品均很挫折，也有些困惑，自己想要得到案主的承諾、想要與其家人聯繫，真的是將對責任承擔的擔心放到了關心案主之前嗎？當天下班後剛好要進行督導，品均提出自己的困惑與曉亮討論。聽完品均的困惑，曉亮先引導品均思考：「哪些個人狀況，影響了品均在會談過程的作為？不自我傷害的承諾和聯繫家人，對誰比較有意義？」接著拉回A的議題——他一直覺得不被信任，無法在生活中感覺到主控感，兩人討論如果

在治療關係中讓 A 體會到被信任感與主控感,應該是很有意義的。品均同意曉亮的觀點,決定暫時不聯繫 A 的家人,下週會談時再持續與案主討論怎麼建立生活中的支持系統。

三天後機構接到 A 的家屬的電話:前兩天 A 與家人發生激烈衝突,衝突過後就一個人關在房間裡,過了幾個小時家人發現 A 採取了自殺行動,立即送醫,A 目前尚未清醒,在醫院接受治療。家屬情緒非常激動的表示:之前 A 在醫院接受醫生治療時,情緒已經逐漸穩定下來,情況好轉,為什麼來接受心理治療後反而變得不穩定?他的遺書上寫著「就像我和心理師說的一樣,如果死了就不會這麼痛苦」,可見心理師知道 A 想要死,為什麼不通知家人?如果早點通知我們,就可以預防悲劇發生,這是你們的疏忽,你們要負責……。

機構主管協助安撫家屬,做了必要的處理與安排後續事宜。家屬離開後,主管詢問品均:「這個案例我們不曾聽你提起過,這是怎麼回事?」品均說:「我有和機構外的督導討論,因此就沒有麻煩你們。」主管說:「你知不知道這個案例是要通報的?現在出了事情,要由機構外督導負責嗎?」

品均急忙與曉亮聯繫,告知事件發展,討論如何處理……。

 實務問題

1. 對案例中主要角色品均、曉亮的考量和作法,你有哪些感受或想法?

2. 如果你是案例中的品均,面對當下的狀況:

(1) 會怎麼回應機構主管的詢問?

(2) 面對家屬,會做哪些後續處理?

(3) 會怎麼處理和曉亮的督導關係?

　　請說明你的想法。

3. 如果你是案例中的品均，當 A 的身體狀況穩定下來：

(1) 會主動和 A 聯繫嗎？

(2) 如果繼續進行心理治療，會怎麼討論 A 採取自殺行動的事情？

　　請說明你的想法。

4. 如果你是曉亮，知道目前發生的狀況，會採取哪些行動？或不會做些什麼？

　　請說明你的想法。

5. 如果你是機構主管，對於品均找機構外督導討論案例，會怎麼回應與處理？

　　請說明你的想法。

 案例思考

（一）澄清問題或困境

1. 受督者品均的困境

(1) 沒有預防與阻止案主採取自殺行動的懊惱與自責

　　品均沒有堅持立刻通知案主 A 的家人，考量為：想要尊重案主的自主權、希望在治療關係中讓 A 體會到被信任感與主控感，同時 A 做了不傷害自己的口頭承諾；可是案主還是採取了自殺行為，看來自己做了錯的決定，應該堅持通知家人才對。

　　對於案主採取了自殺行動感到非常震驚，對於自己沒有堅持與案主家人聯繫感到懊惱；自己的疏失造成機構與主管的麻煩感到很抱歉，同時也擔心影響和機構主管的關係，影響後續的工作。

(2) 對於如何準確評估的困惑與責任歸屬的不安

受督者品均留意到案主的危機也做了一些評估和處理，審慎考量案主不被信任的抗議與後續治療關係的維持，與督導者討論後做了暫時不聯繫 A 的家人的決定，計畫於次週會談時持續與案主討論怎麼建立生活中的支持系統。案主採取了自殺行動，令品均對自己的評估與判斷，失去信心，不斷思考事件處理過程，哪一個環節疏失了？

品均可以理解家屬的情緒，對於家屬感到抱歉，不知道該怎麼回應家屬的責備，同時擔心家屬會採取申告行動，對於自己可能要承擔的責任感到焦慮不安。自己的疏失讓機構與主管也受到家屬的責難，不確定其他人會受到怎樣的牽連？

自己與督導者討論過這個案例，督導者曉亮也支持「如果在治療關係中讓 A 體會到被信任感與主控感，應該是很有意義的」這個想法，並沒有提醒我做其他的處遇，他要為這件事情負哪些責任？

(3) 要怎麼面對與處理和曉亮的督導關係

機構主管對於我找機構外督導者討論案例似乎很不高興，不確定日後是否還可以找曉亮進行督導，萬一機構主管不同意要怎麼處理和曉亮的督導關係？

因為自己的處理疏失，讓機構和主管被家屬責難，連帶影響機構主管對機構外督導的看法；讓督導者曉亮受到牽連，心裡覺得抱歉，要怎麼彌補或道歉？

這個案例和督導者曉亮討論過，他怎麼沒有提醒我該注意的事情，還支持我的想法。一方面想著督導者如果有做些提醒，事情或許會不一樣，同時又覺得自己這樣想好像將責任推給督導者，很不應該。對於督導者曉亮的感覺有點矛盾，不確定這樣的矛盾會怎麼影響日後的督導關係。

2. 督導者曉亮的困境

(1) 沒有做必要的提醒的懊惱與自責

　　和受督者品均討論時，比較多依據受督者提出的困惑與議題進行討論，比較少針對案主的危機程度評估做詳細的討論，自己對案主危機的評估不夠準確，沒有提醒受督者做必要的預警與通報，感到有些懊惱與自責。

　　依據受督者的陳述，家屬要求機構負責，機構主管對於品均找機構外督導討論不高興；機構主管對自己是否會有責備，日後面對該機構相關人員會很尷尬。

　　自己雖然累積多年的實務經驗，接觸過多元的案主類型和案主議題，但對於精神疾患的各種狀況與危機程度仍是不夠敏感，這方面的專業知能不夠充分，頗為慚愧。

(2) 對於督導過程是否有疏失的困惑與不安

　　不確定在這個案例中自己需要承擔哪些連帶責任，對於專業發展造成哪些影響，心中感到擔心。受督者品均為有專業證照的執業心理師，應該具備一定程度的評估能力與專業判斷能力，我需要為他的評估與作為負多少責任？

　　建立督導關係之初，兩人討論對督導的期待時，品均特別期待督導者可以協助覺察個人狀態對專業工作的影響，這一次督導是依據受督者品均提出的困惑進行討論，協助澄清受督者的困惑與做決策時的考量，受督者自己考量後做出決定的。作為執業心理師的督導者，這樣做存在疏失嗎？

3. 機構主管要面對的問題

(1) 面對突發事件的措手不及

　　突然發生案主自殺、家屬究責的事件，非常措手不及。不管是什麼原

因，目前需要趕快做危機處理，要安撫家屬情緒，關心案主後續發展，評估如何安排探望案主或後續治療，也要具體瞭解情況、釐清責任歸屬的棘手問題，每個過程都需要審慎，避免事態擴大，引發訴訟爭議。

(2) 面對機構同事未事先通報的複雜情緒

案主情緒低落且有明顯自殺意念，品均竟然未做通報動作，違反法律規定；這是一個有危機風險的案主，品均竟然沒有在機構個案研討時提出來討論，真是不可思議。對於機構同事的疏失，頗為驚訝，有些生氣。

品均說他有將這個案例與機構外督導討論，機構內不是已經安排個案研討了嗎，何以還要去找機構外督導？品均對機構外督導者的信任程度似乎高於機構同事，對於品均的想法與作法有些困惑，也有些情緒。

(3) 未建立機構內危機案例處理原則

並未事先讓品均瞭解危機案例的通報與處理原則以及找機構外督導討論需注意事項，以致於沒有事先掌握機構的危機案例、不瞭解危機案例的處理情況，自己可能也有未善盡職責之處。

（二）思考案例涉及的潛在議題

1. 案主危機風險評估與預警

本案例中案主 A 過去曾經有明顯自殺意念，最近因為和家人的關係不佳情緒非常低落，數次透露「如果死了就不會這麼痛苦」之類的訊息，案主 A 存在頗高的危機程度。面對有危機風險的案主，督導者有責任與受督者一起進行危機評估，提醒受督者做必要的預警、保護、預防措施，並依據法律規範做必要的通報。

本案例的受督者品均為具有專業證照的執業心理師，本身就負有專業責任與倫理責任。品均意識到案主的危機，也考量到要採取必要的預防措施，但因為案主 A 的情緒、質疑，以及擔心案主不再來談，品均選擇同意

不聯繫 A 的家人，但仍要求 A 承諾不傷害自己；品均受到案主 A 表達的影響，將注意焦點移動到個人狀況對會談介入的影響，也影響了品均與督導者曉亮的討論重點，忽略了對案主危機風險評估與預警的審慎討論。

督導者曉亮雖是受到受督者品均提問的影響，因而將督導討論重點較多聚焦在引導受督者思考「其個人狀況與會談中的作為的關聯性」，和「諮商關係與案主議題的關聯性」。但是曉亮沒有提醒受督者對其服務場域及服務之案主的特殊議題做更周延的考量，未能提醒與協助品均加強其服務場域所需具備的專業知能，在討論本案例時未能敏感案主A的風險，優先和品均一起進行危機評估與處遇，也有疏忽之責。

2. 督導者對個人能力與經驗限制的覺察

依據案例敘述：「督導者曉亮在大專院校、社區諮商中心、社福機構都服務過，接觸過的案主類型和案主議題非常多元，諮商實務經驗超過十年，督導實務經驗亦有三年。」曉亮確實具備相當程度的專業知能與經驗。

即使如此，曉亮仍然需要能夠覺察自己專業能力與經驗的限制，督導前或督導過程持續進修與補充必要的專業知識。品均服務機構的案主有一部分伴隨著精神疾患，情況較為複雜，案主A除了疾病診斷還伴隨明顯的自殺意念，不確定曉亮是否有意識到與審慎檢視自己對於精神疾患、自殺危機相關知識的準備程度，並做必要的準備與諮詢。

3. 督導者對受督者狀況與督導關係的覺察

案例中的品均剛剛進入職場，他的專業信心本來就較為不足，加上他服務的案主有一部分情況比較複雜，對品均而言深具挑戰性；為了幫助自己穩定工作狀態，品均很需要督導者的幫助，藉由督導者的意見協助自己做判斷。

從案例敘述來看，品均對於曉亮的信任程度日漸提升，只要在工作上遇到困惑都會想聽聽曉亮的意見，漸漸出現依賴督導者的徵兆，不確定曉

亮對於受督者品均的狀態及督導關係的變化有沒有覺察。

案例中的督導者曉亮視品均為具備獨立判斷能力的專業工作者，依照受督者的提問進行督導討論；督導者會提供個人意見與思考方向，不確定是否有核對受督者的理解與運用情形。督導者曉亮要能覺察品均的專業發展階段可能面對的挑戰，留意到品均對督導者的信任漸漸朝向依賴的方向滑動，才能對於受督者怎麼提問、怎麼理解和運用曉亮的意見保持敏感，做必要的釐清與核對。

4. 機構內缺少危機案例討論與處理機制

案例中的品均服務危機風險頗高的案主，基於對督導者曉亮的信任與不想打擾機構內的同事，他選擇與曉亮討論案例，沒有讓機構同事瞭解案主狀況。品均的思考與選擇，是有不周延或需要再討論的地方，同時需要思考的是機構內似乎也缺少危機案例的討論與處理機制，以致於出現案主自殺、家屬來責難後，機構主管才知道的狀況，讓後續處理變得緊急與措手不及。

從案例敘述來看，機構會不定期安排個案研討，由機構人員提案共同討論。不確定提案者、提案內容、討論重點……，有沒有一些運作的模式或原則。機構需要建立危機案例通報與討論的內部機制，讓相關人員瞭解有哪些案例需要持續關注，也相互提醒與討論危機評估事宜。

四 案例分析

（一）與本案例有關之倫理守則

1. 《督導倫理守則》（草案）

倫理議題	基本原則	實務指引
督導者的能力	1.2 專業知能：督導者對於所督導的議題應具備相關知能。	1.2 專業知能： 1.2.1 督導者督導的議題／內容與方式不宜超過督導者本身所受的訓練及能勝任的程度。 1.2.2 督導者所提供的知識與技巧需要能夠反映當前研究發現、實務需要或社會文化現況。
	1.5 專業倫理與法律：督導者應熟悉與心理諮商／心理治療、督導相關的專業倫理及法律責任。	1.5 專業倫理與法律： 1.5.1 督導者需持續關注督導相關專業倫理守則的修訂內容與更新概念。 1.5.2 督導者需持續關注在提供心理諮商／心理治療服務時會涉及的相關法律與規定。
	1.6 覺察與反思： 1.6.2 督導者應該覺察自身能力與經驗的限制，督導過程遇到不熟悉的議題，督導者必須尋求專業諮詢。	1.6 覺察與反思： 1.6.1 督導者需對督導角色的責任義務、自身能力的限制、督導關係的內涵與變化、督導介入的成效與品質，以及評量受督者之態度與歷程等具備覺察與反思能力。
督導者的責任	2.1 提升受督者服務品質：督導者負有維護案主福祉與權益之責，應協助受督者提升其專業服務表現。	2.1 提升受督者服務品質：督導者需同時兼顧案主福祉與受督者權益，若兩者無法同時兼顧時，則以案主福祉為優先考量。

倫理議題	基本原則	實務指引
督導者的責任	2.5 提升受督者倫理意識：督導者應協助提升受督者的倫理意識、倫理敏感度、責任感及增強其倫理判斷的能力。	2.5 提升受督者倫理意識： 2.5.1 督導者協助受督者提升其專業知能與倫理意識外，需示範並培養受督者面對心理諮商／心理治療工作應有的態度、堅持與敬業精神等。 2.5.2 督導者宜示範面對倫理困境時如何拓展思考面向與發展多元處理策略。
	2.7 危機處理：當案主出現危機或觸法情事，督導者應提醒受督者進行必要的預警、通報或處遇。	2.7 危機處理： 2.7.1 受督者在危機評估與處理過程，督導者需提醒受督者瞭解機構的資源跟政策，將案主情況與機構內人員討論。
督導關係的建立與終止	3.1 進行知情同意程序：在督導關係開始前，督導者應讓受督者清楚瞭解督導者的專業背景、期待、評量標準與方式，以及受督者的權利與義務。	3.1.2 督導者需要瞭解的內容：若督導者與受督者不在同一個機構服務，督導者需與受督者討論服務機構對個案資料攜出、個案資訊揭露之相關規定，並提醒受督者遵守。
	3.3 審慎處理多重關係： 3.3.2 當督導者知悉受督者同時接受其他心理師督導時，應與受督者一起審慎評估與討論彼此的關係和權責，並採取必要的措施維護案主及受督者的權益與福祉。	
維護案主福祉	5.3 評量與把關：當受督者所提供的專業服務危害到案主福祉時，督導者應採取行動限制受督者繼續提供服務，並知會受督者所屬機構。	5.3 評量與把關：為瞭解與評量受督者的專業服務品質，督導者需瞭解受督者在實務工作上的表現，盡可能定期檢閱受督者的個案紀錄、錄音、錄影或直接觀察其在實務工作上的表現。

2. 《ACA 倫理守則》

倫理議題	ACA 倫理守則
F.1.諮商督導與案主福祉	F.1.a.案主福祉： 諮商督導者的主要職責是監管受督者所提供的服務。諮商督導者監管案主福祉以及受督者的表現與專業發展。為履行這些職責，督導者會定期與受督者見面，回顧受督者的工作，以及幫助他們做好為不同案主服務的準備。受督者有責任理解並遵守 ACA 的倫理守則。
F.4.督導的職責	F.4.b.突發事件和缺席： 督導者應與受督者溝通跟督導聯繫的程序並建立讓受督者能與之聯絡的方式，或者在督導不在的時候，轉向待命留守的督導來協助處理危機事件。 F.4.c.受督者的準則： 督導者讓受督導者瞭解專業與倫理準則以及法律責任。
F.5.學生和受督者的責任	F.5.a.倫理責任： 學生和受督者有責任理解和遵守 ACA 倫理守則。學生和受督者對案主負有與專業諮商師同樣的義務。

3. 《輔諮學會倫理守則》

倫理議題	輔諮學會倫理守則
7.1.專業倫理知能	從事諮商師教育、訓練或督導之諮商師，應熟悉與本職相關的專業倫理，並提醒學生及被督導者應負的專業倫理責任。
7.5.連帶責任	從事諮商師教育與督導者，應確實瞭解並評估學生的專業能力，是否能勝任諮商專業工作。若因教學或督導之疏失而發生有受督導者不稱職或傷害當事人福祉之情事，諮商師教育與督導者應負連帶的倫理責任。

4.《中國心理學會倫理守則》

倫理議題	中國心理學會倫理守則
6 教學、培訓和督導	6.4 從事教學、培訓和督導工作的心理師應熟練掌握專業倫理規範，並提醒學生、被培訓者或被督導者遵守倫理規範和承擔專業倫理責任。 6.13 承擔教學、培訓或督導任務的心理師對學生、被培訓者或被督導者在心理諮詢或治療中違反倫理的情形應保持敏感，若發現此類情形應與他們認真討論，並為保護尋求專業服務者的福祉及時處理；對情節嚴重者，心理師有責任向本學會臨床心理學註冊工作委員會倫理工作組或其他適合的權威機構舉報。

（二）綜合討論

綜合《督導倫理守則》（草案）、《ACA 倫理守則》、《輔諮學會倫理守則》及《中國心理學會倫理守則》之內涵，本案例涉及幾個倫理議題：

1. 督導者的專業知能

(1) 督導者對於所督導的議題應具備相關知能；督導者督導的議題不宜超過本身所受的訓練及能勝任的程度。

(2) 督導者需具備協助受督者處理危機事件的專業知能及相關倫理議題敏銳度。

(3) 從事督導之心理師，應熟悉與本職相關的專業倫理，並提醒受督者應負的專業倫理責任。

(4) 督導者需持續關注在提供心理諮商／心理治療服務時會涉及的相關法律與規定。

(5) 督導者應該覺察自身能力與經驗的限制，做必要的進修；督導過程遇到不熟悉的議題，必須尋求專業諮詢。

(6) 督導者需對受督者的專業發展狀態、督導關係的內涵與變化、督導介入的成效等具備覺察能力，持續評估與調整督導進行方式。

2. 督導者的責任

(1) 督導者負有維護案主福祉與權益之責，應協助受督者提升其專業服務表現；若無法兼顧案主福祉與受督者權益，則以案主福祉為優先考量。

(2) 督導者評估受督者對其專業工作的勝任程度，協助受督者具備工作所需的專業知能；受督者所提供的服務可能危害到案主福祉時，需採取行動預防或阻止。

(3) 督導者應協助提升受督者的倫理意識、警覺性、責任感及增強其倫理判斷的能力。

(4) 督導者要確保受督者能瞭解其專業與倫理準則及法律上的責任；面對具有證照的心理師，督導者要提醒他們遵循專業倫理與法律規範。

(5) 督導者對受督者的行為是否有違反專業倫理疑慮，要保持敏感，若發現疑慮要與受督者認真討論與處理。

(6) 若因督導之疏失而發生有受督導者不稱職或傷害當事人福祉之情事，督導者負有連帶的倫理責任。

3. 危機處理的倫理意識與責任

(1) 當案主出現危機或觸法狀況，督導者應提醒受督者進行必要的預警、通報或處遇。

(2) 受督者在危機評估與處理過程，督導者需提醒受督者瞭解機構的資源跟政策，將個案情況與機構內人員討論。

4. 審慎處理多重督導關係

當督導者知悉受督者同時接受其他心理師督導時，應與受督者一起審慎評估與討論彼此的關係和權責，並採取必要的措施維護案主及受督者的

權益與福祉。

5. **維護案主福祉**

(1) 為瞭解與評量受督者的專業服務品質，督導者需瞭解受督者在實務工作
上的表現，盡可能定期檢閱受督者的個案紀錄、錄音、錄影或直接觀察
其在實務工作上的表現。

(2) 督導者需監督個案福祉是否被維護，當受督者所提供的專業服務可能危
害到案主福祉時，督導者應提醒受督者，或採取行動限制受督者繼續提
供服務，並知會受督者所屬機構。

6. **受督者的責任**

受督者有責任理解和遵守所屬專業社群的倫理守則；受督者對案主負
有與具有證照之心理師同樣的義務。

案例中的受督者品均，重視個人專業服務品質，持續進修以充實專業
知能，覺察與面對個人狀況對專業工作的可能影響，把握個案研討機會向
專業人員諮詢，還自費找督導提升專業能力，凡此種種可見品均認真看待
自己的專業責任。面對案主 A 的挑戰，品均盡量穩住自己，陪伴 A，承接
他的情緒，理解他的痛苦……，讓諮商關係得以有些進展，也看到品均對
案主的用心。

從案例敘述來看，品均尊重案主 A 的感受與意願，希望在治療關係中
提供案主矯正性的經驗，意圖是良善的。本案例需要注意的是對案主 A 的
危機評估與處遇：(1)評估案主的危機風險時，需要將案主過去的疾患狀
況、影響其情緒起伏的相關因素與生活脈絡納入考慮；品均太快將問題定
位在自身狀況對治療處遇的影響，對於危機評估有些疏漏。(2)《自殺防治
施行細則》第 13 條規範：根據母法第 11 條訂的法定通報人員（醫事人員
包含其中），知悉自殺行為情事後 24 小時內要進行通報作業。品均對於與

工作有關的法律規定似乎不夠熟悉，因此並未採取通報，及其他預警、防範的作為。

品均遇到工作上的困惑都與曉亮討論，沒有與機構同事討論。曉亮為機構外人員，且與機構沒有任何聘僱關係，遇到與機構有關的重大案例時，需要面對與處理的是機構主管或機構內人員，品均忽略了督導者與主管之間的權責區分，致使機構主管面對緊急事件時措手不及，也可能影響事件處理的周延度與品質。

案例中的督導者曉亮受品均之邀擔任督導。從案例敘述來看，曉亮有先瞭解品均對於督導目標、督導進行方式的期待，經過討論後才進入督導關係，有留意與做到知情同意程序及尊重受督者的意見。曉亮對督導工作用心與投入，可以提供受督者具體的幫助，善盡督導者角色之責。

依據本案例，督導者曉亮在幾個向度上的思考和作為可以更審慎：(1)進一步瞭解機構對於工作人員自費找督導的政策或態度，自己需要擔負的責任有哪些；(2)瞭解受督者哪些案例與自己討論，哪些案例與機構主管或機構內督導討論，提醒受督者遇到危機個案要與機構主管討論，或讓機構主管知悉；(3)受督者品均雖為有證照的執業心理師，但資歷尚淺仍在新手階段，督導者需要評估受督者的專業能力發展狀態，調整督導進行方式（如：請受督者提供可以呈現其在實務工作上實際表現的資料），或適時提供必要的提醒或意見；(4)面對受督者的提問，要多瞭解提問背後的會談脈絡或案主狀況，以評估討論議題的優先順序；(5)能覺察到自己能力與經驗的可能限制，增加對精神疾患、危機案主的瞭解，提升敏感度，方能在關鍵時刻給受督者必要的提醒。

五　可能的行動策略

（一）案例發生當下可能之行動策略

以下列出在案例發生當下情境可能採用的各種行動策略，每一行動策略是否適切，要考量行動前後的情境脈絡，行動者的行為意圖、目的，以及執行該行動的態度。

1. 受督者品均

(1) 向主管說明自己沒有立刻聯繫家屬的考量。

(2) 先做些沉澱與整理，彙整與案主相關資料或紀錄，和主管討論後續需做哪些處理。

(3) 向家屬說明沒有立刻聯繫家屬的考量，與家屬一起討論之後如何協助 A。

(4) 徵求家屬同意，去探望案主 A。

(5) 與家屬討論，何時方便去探望案主 A。

(6) 避免自己的處理與主管不同調，等候主管指示後續處理方針。

(7) 請教機構同事，後續該做哪些處理。

(8) 與督導者曉亮討論，後續該做哪些處理。

(9) 與督導者曉亮討論，處理本案例有哪些判斷的疏失，釐清責任。

(10) 關照自己的身心狀態，如果危機事件造成過大壓力，尋求督導者曉亮的協助。

2. 督導者曉亮

(1) 關心品均，提供情緒支持。

(2) 關心品均，提供情緒支持，並詢問可以做哪些協助。

(3) 關心品均，提供情緒支持，詢問是否需要與機構主管聯繫，參與後續處

理的討論。

(4) 聯繫機構主管，說明與品均的督導討論內容與考量因素。

(5) 聯繫機構主管，詢問可以做哪些協助。

(6) 將關心與處理範圍界定在與品均的督導關係，不參與機構內部的處理。

(7) 反思自己在督導過程，有哪些部分可以處理得更細膩與周延。

(8) 反思自己需要進修與增進的專業知能。

3. 機構主管

(1) 釐清責任，讓品均去做後續處理。

(2) 由品均主責做後續處理，自己從旁協助。

(3) 自己主責做後續處理，請品均從旁協助。

(4) 和品均一起討論，如何做後續的處理。

(5) 召開機構內部會議，與機構內相關人員一起討論怎麼做後續處理。

(6) 邀請曉亮參與機構會議，與機構內相關人員一起討論怎麼做後續處理。

如果你是案例中的受督者品均、督導者曉亮、機構主管，
最有可能採取哪些行動策略？最不可能採取哪些行動策略？
請說明你的想法或考量。

（二）未來遇到類似情境，可以多注意的事項

以下提出之行動策略乃依據案例內容以及前述各項討論提出，提供讀者未來遇到類似情境參考，並非標準答案。鼓勵讀者透過閱讀案例與分析，發展各自面對督導倫理挑戰情境的策略。

1. 受督者品均

(1) 剛到新的工作機構，多和機構同事討論，瞭解機構特性、案主議題的特性，及工作上需要留意的地方。

(2) 平衡運用機構內與機構外的專業資源，在機構內的個案研討，多聆聽參與成員的意見和經驗，累積對實務現場的瞭解，拓展思考的角度與面向。

(3) 遇到接案的困惑，還是需要請教機構內有經驗的同事，提升危機評估與緊急介入的敏感度與能力。

(4) 該機構服務的案主除了有心理方面的議題需要處理，還伴隨著精神疾患的症狀，情況較為複雜；品均需要積極補充與精神疾患、危機、自我傷害等議題的知識，提升對危機的敏感度與警覺性。

(5) 意識到自己是機構的專任心理師，除了考量維護案主福祉、提升個人的專業知能，也要考量個人的倫理決策或行動對機構的潛在影響。

(6) 若會談的案主有較高的危機風險，應主動讓機構主管知曉。

2. 督導者曉亮

(1) 對於自己在專業能力與經驗的長處與限制，保持敏感。

(2) 進入督導關係之前，瞭解受督者的期待與學習目標之外，還要瞭解受督者的服務場域、服務的案主，以及可能會涉及的特殊議題，評估自己可以勝任之處及可能的不足。

(3) 與受督者一起討論自己可以協助之處及可能的不足，共同討論運用哪些資源來補足「不足」。

(4) 督導者需提升自己對精神疾患、危機處理相關知識的理解，增進對危機的敏感性。

(5) 對於受督者的提問，需多瞭解相關的脈絡資訊，以評估討論重點的輕重緩急，避免受限於受督者對問題的界定或理解。

(6) 敏感督導關係的發展，觀察受督者如何理解與運用督導者提供的意見，持續評估督導進行方式、督導討論重點需做哪些調整。

3. 機構主管

(1) 建立危機案例的通報與處理機制：和機構內同事共同討論，遇到有危機風險案主的通報與處理機制，建立共識。

(2) 若有同仁找機構外督導討論案例，共同討論如何維護案主隱私、保護案主福祉，及哪些案例必須在機構內提出來討論……等，必要時建立明確規範。

六 延伸思考

1. 在本案例中，督導者曉亮並未即時提醒受督者進行通報、預警或預防措施。

(1) 你認為曉亮是否需要負連帶責任？

(2) 如果需要，在哪些部分需要負連帶責任？

請敘述你的思考。

2. 如果你處在案例中品均的立場：案主有自傷意念，但堅持不讓心理師聯繫家人。

(1) 你會進行哪些評估，來決定是否聯繫案主的家人？

(2) 哪些情況下，你可能暫緩聯繫家人？哪些情況下，你會立刻聯繫家人？

(3) 若決定暫緩聯繫家人，會做其他介入處理嗎？

請敘述你的思考。

3. 擔任受督者服務機構外的督導者：

(1) 你怎麼看待自己與受督者之服務機構的關係？

(2) 進入督導關係之前，你會瞭解與確認哪些訊息？

(3) 閱讀本案例後，對你有哪些提醒？

　請敘述你的思考。

4. **從本案例的分析可知，督導者需覺察個人能力與經驗的限制，持續進修與補充知能，以提升對特殊議題的敏感度與處理能力。案例中的督導者曉亮對督導工作投入與認真，善盡督導者之責，提供受督者具體幫助，依然可能出現疏失。請思考：**

　督導者要怎麼覺察個人能力與經驗的限制？

　請敘述你的思考。

三、督導者的責任與評量

案例⑬評量：知情同意、受督者權利、評量標準與方式、評量結果運用
——葳玲的故事

一 案例內容

　　葳玲是資深的行動心理師，有近二十年的工作經驗，過去曾經在許多機構擔任過心理師，接觸過的案主類型、案主議題非常多元，實務經驗厚實，特別在兒童、青少年的諮商輔導上有獨到的心得；近三年，葳玲的主要工作重點為演講、舉辦培訓課程，以及受邀擔任督導者，其督導對象多為已經執業的心理師，個別督導和團體督導的形式都有。

　　葳玲督導心理師時，較多採用相互討論、相互學習、共同成長的態度，頗為尊重心理師的思考脈絡、督導期待及對督導進行方式的意見。帶領團體督導時亦抱持相同的態度，並未要求參與團體督導的成員要排出提案順序，而是讓成員自由提出想要討論的問題，共同討論，同時尊重參與成員的參與情形，不會要求成員發言或表達意見。許多心理師都頗喜歡葳玲的帶領方式，覺得很自由、安全、被尊重。

　　今年開始，葳玲受邀到一個公部門機構擔任督導者，帶領兼任心理師的團體督導，團體督導每月一次，全年共進行十次。葳玲詢問承辦人員，機構對於督導進行方式有沒有期待或要求？承辦人員有提出其他督導者的帶領方式供葳玲參考，但表示機構尊重督導者的專業，葳玲可以依照自己的方式帶領。葳玲接受這個邀請，沿用過去帶領團體督導的方式進行，由心理師自由提問，共同討論，葳玲營造出開放、相互尊重與支持的討論氛圍，團體督導目前進行了五次，參與其團體督導的心理師頗為喜歡這樣的督導方式。

　　頤禾剛取得心理師證照不久，受聘擔任該機構的兼任心理師，參與葳玲帶領的督導團體。頤禾認為自己非常資淺，擔心自己的提問或回應很不成熟，在團體督導時很少發言，專心聆聽其他心理師與督導者的討論，認真做筆記，思考怎麼將這些知識或經驗運用到實務工作中。有一次督導團體結束時，頤禾跟葳玲說明自己很少發言的原因，並謝謝葳玲經營的團體討論氛圍，自己有很多收穫。葳玲告訴頤禾：「安心的用自己的方式參與團體，不用太擔心」。

　　該機構為了改善心理師的聘任機制與流程，新增了評鑑制度——對心理師在各種活動與工作的參與情形、專業表現進行考評，考評結果作為心理師續聘與否的參考。承辦人員跟葳玲說明機構政策的調整，請葳玲於下半年時針對心理師參與團體督導的情形予以評量，葳玲聽了承辦人員的要求，表達其困難：他每月才會見到參與督導的心理師一次，且團體督導進行方式為自由提問與討論，評量表中的許多項目很困難進行評分。承辦人員的回應是請葳玲不用擔心，團體督導者的評量只是眾多評量的一部分，只會當作參考；無法評分的部分，可以用質性敘述的方式呈現事實就好。葳玲也表達擔心評量會影響督導關係及成員參與討論的情形，承辦人員表示他會跟心理師說明這是機構政策，評量只會當作參考。葳玲勉為其難的答應。

　　下半年的團體督導持續進行，葳玲用原來的方式帶領團體督導，心理師各自依據個人需要提問，督導者帶領成員共同討論；葳玲依然尊重心理師參與團體的方式，並不要求成員發言或表達意見，若沒有人發言時，他會分享自己的觀點與經驗。之前葳玲的回應，讓頤禾很安心，聆聽督導者和前輩們討論的過程，讓他覺得滿足、豐實。下半年，頤禾因為工作因素及個人因素需要請假兩次，他事先跟葳玲說明，葳玲表示：沒有問題的，謝謝他事先告知。

　　順利的進行完下半年的團體督導，葳玲依據在團體中的觀察填寫機構要求的評量表，可以用量化評分的項目就用量化評量，無法用量化評分的

項目就用文字說明。在頤禾的評量表上，葳玲寫道：頤禾心理師在團體督導過程專注聆聽與記筆記，由於他很少發言，無法具體瞭解他對服務對象的評估與處遇情形，也無法評量其使用的工作方法或技巧是否合宜；在出席情形方面，如實填寫頤禾出席團體三次。

　　過了一個月葳玲收到頤禾的訊息，表達他的錯愕與困惑。頤禾收到機構業務承辦人員的通知，下半年的考核他被列為追蹤輔導名單，主要原因是在團體督導缺席較多，參與情形不積極；頤禾很困惑督導者是怎麼進行評量的，很少發言的原因已經跟督導報告說明過，督導者表示理解，請假也事先告知督導，經過督導者的同意，為什麼還有這樣的結果？

　　葳玲收到頤禾的訊息，非常震驚，也對頤禾非常抱歉……。

 實務問題

1. 對案例中主要角色葳玲、頤禾、機構承辦人員的考量和作法，你有哪些感受或想法？

2. 如果你是案例中的葳玲：

(1) 在督導進行五次後，被機構要求進行評量，會做哪些回應或處理？

(2) 確認下半年要對心理師進行評量，會做哪些準備或處理？

(3) 收到頤禾的訊息之後，會做哪些回應或處理？
　　請說明你的想法。

3. 如果你是案例中的頤禾：

(1) 收到機構承辦人員的通知，會做哪些回應或處理？

(2) 寫信給葳玲，期待督導者做哪些回應或處理？
　　請說明你的想法。

三　案例思考

（一）澄清問題或困境

1. 受督者頤禾的困境

(1) 被列為追蹤輔導名單的擔憂

　　不確定被列為追蹤輔導名單後續會有哪些影響，雖然並未收到不續聘的通知，非常擔心若讓機構主管誤認為自己專業能力不佳、沒有積極參與機構各項活動，可能會影響下個年度的聘任，失去工作機會。

　　自己剛取得心理師證照不久，對於這個評量結果的影響層面也很擔憂，不確定是否會影響日後的求職機會與結果。

(2) 對評量結果感到不公平

　　對於評量結果感到很不公平，評量中提到的狀況（較少發言，請假兩次），事先都已經和督導者做過說明，得到葳玲的同意，何以還會有這樣的評量結果？是否有申訴或說明的機會？

　　有被背叛的感覺，對督導者有生氣的情緒。跟督導者說明自己較少發言的考量時，督導者說我可以安心的用自己的方式參與，不用擔心，事先請假時督導者也說沒有問題，最後竟評量我缺席較多，參與情形不積極，實在很不公平。很困惑督導者瞭解我的情況，為什麼沒有替我說明；或者是機構看我資歷最淺，拿我開刀？

(3) 擔心日後如何面對督導者和其他專業人員

　　心中對於督導者葳玲產生生氣、不信任的情緒，不知道日後若遇到督導者要如何互動；若下個年度有被續聘，又被分配到葳玲的督導團體，要怎麼參與團體？

　　不確定其他心理師是否會得知自己的評量結果，以及怎麼解讀這樣的

評量結果；會在意與擔心其他心理師並未深入瞭解真實情況，只用評量結果來看待自己，產生負面評價，影響自己在專業領域的聲譽及後續工作機會。

2. 督導者葳玲的困境

(1) 對評量結果及機構處理評量資訊的方式感到錯愕

對於評量結果感到非常驚訝、錯愕，似乎因為自己提供的評量資訊讓受督者得到負面的評量結果。但自己只是如實表達無法藉由受督者參與團督的方式瞭解其專業服務的品質，並非給予負面評價，怎麼會被詮釋為參與不積極？

承辦人員原先告知的訊息是團體督導者的評量只是眾多評量的一部分，只會當作參考，目前看來機構將評量受督者表現不佳的理由全部歸因於團體督導者的評量。承辦人員事先的說明和實際上的運作並不相同，有被欺騙與被利用的感覺。

對於目前的評量結果，心中頗為懊惱，不確定自己在那個環節的處理疏失了。依據目前的狀況，自己可以採取哪些補救行動？

(2) 面對受督者頤禾的抱歉與擔心

對於受督者頤禾感到非常抱歉，自己同意他安心的用自己的方式參與團體，也同意他請假，原先是基於尊重受督者的好意，現在看來似乎害了頤禾。

填寫評量表時，想到承辦人員告知的資訊是無法評分的部分可以用質性敘述的方式呈現事實，因此便如實描述：頤禾心理師在團體督導過程專注聆聽與記筆記，由於他很少發言，無法具體瞭解他對服務對象的評估與處遇情形，也無法評量其使用的工作方法或技巧是否合宜；頤禾出席團體三次，這樣的資訊似乎被片段的引用與解讀，害了頤禾。

心中也擔心受督者頤禾可能對自己產生誤解，認為自己表達的訊息和

行為不一致，不知道怎麼說明才能讓頤禾瞭解、釋懷。

(3) 日後要如何帶領督導團體的擔憂與困惑

團體內的其他心理師有可能會知道頤禾的評量結果，他們又會怎麼解讀本次事件與結果？成員有可能對督導者產生誤解、降低信任感，也可能因為擔心評量結果而影響他們在團體裡的參與情形。

如果要繼續在該機構擔任督導者，面對機構要求督導者進行評量的規範，要怎麼因應，包括：怎麼填寫評量表、怎麼確認機構如何運用評量資料、怎麼跟受督者說明自己填寫時的考量……等。

依照目前帶領團體督導的方式，尊重成員是否想提案的意願與需求，讓成員自由提出想要討論的問題共同討論，尊重參與成員投入討論的情形……，這樣的討論方式並不能具體瞭解每一位受督者對服務對象的評估與處遇情形，也無法評量其使用的工作方法或技巧是否合宜，要回應機構想要瞭解心理師專業服務情形的要求，存在限制與困難。是否要調整督導進行方式，或是調整評量表內容，或是跟機構與承辦人員討論要怎麼處理這樣的困難？

（二）思考案例涉及的潛在議題

1. 評量過程的知情同意與受督者權益

(1) 機構未善盡告知責任

從案例敘述來看，兼任心理師受聘之初及加入團體督導之初，並未被告知要接受評量之事，評鑑制度乃是新增，於同一年度的下半年開始進行。建立評鑑制度時，看來沒有徵詢與納入心理師的意見，也沒有事先讓接受評量的心理師得到完整訊息。

機構要新增評鑑制度，承辦人員應讓督導者與接受評量的心理師瞭解：新增評鑑制度的考量，評量內容、評量標準與評量方式，評量計分與

結果運用，以及申訴程序等。

從案例敘述來看，承辦人員並未讓心理師清楚瞭解相關資訊，跟督導者的說明也有些含糊其詞，只是想盡快說服督導者配合機構政策，執行評量任務；針對督導者提出來的困惑或疑問，並未認真思考與具體討論怎麼處理，雖然承諾督導者會與心理師說明，從評量結果來看，實際處理過程與說明並不一致。

(2) 督導者未審慎執行知情同意程序

葳玲受聘擔任督導者時並無評量角色，團體督導進行了半年才被告知要進行評量。葳玲覺察到個人角色在評量部分項目的困難，及評量對督導關係的可能影響，提出來與承辦人員討論，從案例敘述來看，葳玲似乎挺快就接受了承辦人員的說明與安撫，沒有針對評量相關事宜做更具體的瞭解與討論，也沒有預先考量自己可能會怎麼進行評量，及要怎麼和受督者討論評量事宜對督導進行和督導關係的可能影響。

承辦人員承諾會向心理師說明評鑑制度是機構政策，團體督導者的評量只會當作參考，本案例的督導者葳玲似乎就將知情同意的任務交由承辦人員去執行，並未在下一次的團體督導中向受督者說明：自己接收到關於評量執行的訊息，自己會怎麼進行評量，及和承辦人員的討論等；也未具體瞭解受督者接收到的訊息，以及他們對於評量進行的疑慮。

如果督導者葳玲已經看過評量表，瞭解評量項目，當頤禾表示要請假時，在回應上最好讓受督者清楚瞭解會有出席情況的評量，葳玲回應「沒有問題，謝謝事先告知」很容易讓受督者產生誤解。

2. 評量標準、方式與結果運用

案例中機構承辦人員對評量目的與項目的描述為：對心理師在各種活動與工作的參與情形、專業表現進行考評，考評結果作為心理師續聘與否的參考。

接受評量的心理師有權利具體瞭解：(1) 機構會針對哪些行為或表現進行評量，來評估他們的「在各種活動與工作的參與情形」與「專業表現」，是否有具體的評量表明列評量項目；(2) 評分標準與計分如何進行，是否有合格與不合格的規範，是否清楚說明每一項評量在整體評量結果上所占百分比；(3) 最後的評量結果怎麼形成，如：怎麼決定受督者是否「通過」、「追蹤輔導」、「不通過」，採用客觀標準還是相對標準，哪些情況下會不續聘；(4) 若對評量結果有疑慮，申訴管道為何。

從案例敘述來看，督導者葳玲對前述訊息的瞭解似乎並不完整，因此督導者無法清楚幫助受督者瞭解評量標準、方式與結果運用；依據案例敘述，不確定承辦人員告知心理師的訊息與明確程度，但從頤禾的反應來看，受督者對於許多與評量過程和結果運用的細節並不清楚。

3. 督導進行方式與評量任務

案例中的督導者葳玲對於督導進行有其理念與慣用的方式：並未要求參與團體督導的成員要排出提案順序，而是讓成員自由提出想要討論的問題，共同討論，同時尊重成員的參與情形，不會要求成員發言或表達意見，若沒有人發言時，他會分享自己的觀點與經驗。

督導者當然有權力決定要怎麼經營與帶領督導團體，來幫助受督者學習，但是要思考的是督導者有責任同時維護受督者與案主的權益，從案例敘述來看，許多心理師都頗喜歡葳玲的帶領方式，覺得很自由、安全、被尊重，比較可以確定的是葳玲有效經營受督者覺得舒服的督導關係與討論氛圍，至於受督者的專業服務表現是否有所提升則不確定。

若沒有評量任務，督導者的自由度似乎更大些，現下有了評量任務，且機構希望瞭解心理師對服務對象的評估與處遇情形，及其使用的工作方法或技巧是否合宜，督導者需要再思考自己帶領的督導方式是否能夠提升受督者的專業服務表現，維護案主福祉。

四 案例分析

（一）與本案例有關之倫理守則

1. 《督導倫理守則》（草案）

倫理議題	基本原則	實務指引
督導者的能力	1.6 覺察與反思： 1.6.1 督導者在督導過程中應具備自我覺察與反思的能力。	1.6 覺察與反思： 1.6.1 督導者需對督導角色的責任義務、自身能力的限制、督導關係的內涵與變化、督導介入的成效與品質，以及評量受督者之態度與歷程等具備覺察與反思能力。
督導者的責任	2.1 提升受督者服務品質：督導者負有維護案主福祉與權益之責，應協助受督者提升其專業服務表現。	2.1 提升受督者服務品質：督導者需同時兼顧案主福祉與受督者權益，若兩者無法同時兼顧時，則以案主福祉為優先考量。
	2.2 評估受督者專業準備度：督導者應瞭解受督者的知能與經驗，評估受督者提供的專業服務與其專業訓練與專業能力是否相符。	2.2 評估受督者專業準備度： 2.2.1 督導者宜協助受督者獲得其實務工作所需的專業訓練，提升其專業準備度。
	2.3 維護受督者權益： 2.3.1 督導者應維護受督者的知情同意權、受益權及隱私權，並告知受督者保密的範圍與限制。	2.3 維護受督者權益： 2.3.1 督導者維護受督者的知情同意權（內容請見基本原則 3.1 與實務指引 3.1）。
	2.4 協助受督者學習： 2.4.1 討論督導進行方式：督導者應與受督者一起討論學習目標和督導進行方式，並讓受督者有機會表達對評量方式的意見。	2.4 協助受督者學習： 2.4.1 督導者需提供討論空間，讓受督者表達對評量標準與方式的意見。若評量標準與方式無法改變，需讓受督者瞭解各項要求背後的原因；

倫理議題	基本原則	實務指引
督導者的責任	2.4.2 協助學習與評估進展：督導者應依據與受督者共同訂定的學習目標，協助受督者朝向其目標前進，並持續評估他們的進展。	若評量標準與方式可以改變，宜經充分討論進行適度的調整。 2.4.2 督導者需定期與受督者討論其學習目標達成的程度。
督導關係的建立與終止	3.1 進行知情同意程序：在督導關係開始前，督導者應讓受督者清楚瞭解督導者的專業背景、期待、評量標準與方式，以及受督者的權利與義務。	3.1 進行知情同意程序： 3.1.1 需要告知受督者的內容：督導者的專業背景與經驗、督導者的理論取向與督導模式，對受督者專業能力、修習課程以及所需經驗的要求，對受督者參與督導的期待、評量標準及方式，受督者在督導過程的權利與義務及保密範圍和限制等。 3.1.4 瞭解受督者的期待：機構進行督導關係配對時，宜先瞭解受督者的期待，在機構條件允許的範圍內，讓受督者有表達意見或選擇督導者的空間。 3.1.5 知情同意的形式：告知受督者的內容，督導者需當面向受督者說明並一起討論；關於督導結構、雙方權利與義務、評量標準與方式等重要說明，最好能夠以書面形式呈現。
	3.5 覺察與審慎權力運用：督導者不可濫用權力，不可剝削受督者，例如：督導者運用權力要求受督者提供金錢借貸或財務利益，要求受督者提供對督導者的個人服務，提出與督導進行無關的要求；督導者不可與正在進行督導的受督者發展戀情、發生性騷擾或性關係等。	3.5 覺察與審慎權力運用： 3.5.1 督導者需覺察在督導過程，自己如何使用權力及使用權力的方式是否恰當。

倫理議題	基本原則	實務指引
評量	4.1 評量標準與方式： 4.1.1 督導者負有評量任務時，應明確瞭解受督者的工作機構或授課教師訂定的評量標準與方式。 4.1.2 督導者負有評量任務時，應清楚的讓受督者瞭解督導者的評量標準、方式與評量結果的應用。	4.1 評量標準與方式： 4.1.1 督導評量的進行，除了督導者評量受督者，也給予機會讓受督者對督導關係、督導歷程、督導成效進行評量。 4.1.2 督導者與受督者雙方，可依據督導過程的階段性評量結果，共同討論督導目標、督導進行方式、評量方式，及督導關係需做哪些調整。
	4.2 記錄與定期回饋：督導者負有評量任務時，應持續評量與記錄受督者的專業實務表現，定期提供回饋。	4.2 記錄與定期回饋： 4.2.1 督導者需定期記錄對受督者的評量、建議與協助。
	4.3 提供改進意見：督導者透過持續評量，若發現受督者專業實務表現上的限制或缺失，應提供改進意見。	4.3 提供改進意見： 4.3.1 督導者需讓受督者瞭解評量結果，並提供受督者說明與釐清的機會；必要時安排正式會議進行討論。
維護案主福祉	5.3 評量與把關：當受督者所提供的專業服務危害到案主福祉時，督導者應採取行動限制受督者繼續提供服務，並知會受督者所屬機構。	5.3 評量與把關：為瞭解與評量受督者的專業服務品質，督導者需瞭解受督者在實務工作上的表現，盡可能定期檢閱受督者的個案紀錄、錄音、錄影或直接觀察其在實務工作上的表現。

2. 《ACA 倫理守則》

倫理議題	ACA 倫理守則
F.1.諮商督導與案主福祉	F.1.a.案主福祉： 諮商督導者的主要職責是監管受督者所提供的服務。諮商督導者監管案主福祉以及受督者的表現與專業發展。為履行這些職責，督導者會定期與受督者見面，回顧受督者的工作，以及幫助他們做好為不同案主服務的準備。受督者有責任理解並遵守 ACA 的倫理守則。

倫理議題	ACA 倫理守則
F.4.督導的職責	F.4.a.督導的知情同意： 督導者有責任向受督者說明督導的原則和參與方式。督導者告知受督者應遵守的政策和程序，以及就個別督導者的行動提出正當申訴的機制。使用遠距督導的獨特問題，必要時應包含在文件中。
F.6.諮商督導的評估、補救與背書	F.6.a.評估： 在整個督導關係中，督導記錄並持續提供受督者有關其表現的回饋，也安排定期的正式評估會議。 F.6.b.守門與補救： 透過初步和持續的評估，督導需覺察對受督者而言可能會影響其實際表現的限制。並在受督者需要的時候提供安全的改進建議。當受督者無法證明能夠為多樣的案主提供稱職的專業諮商服務時，督導者將建議受督者取消實習課程申請諮商機構以及政府或非政府頒發的職業資格證書。督導應尋求諮詢，並詳細記錄其是需要讓受督者退出還是引導受督者接受適當協助之決定。督導應確保受督者在面對這些決定時知道他們還有哪些選擇。

3. 《輔諮學會倫理守則》

倫理議題	輔諮學會倫理守則
7.2.告知督導過程	督導者應向被督導者說明督導的目的、過程、評鑑方式及標準，並於督導過程中給予定期的回饋及改進的建議。
7.9.注意個別差異	諮商師教育者及督導者應審慎評估學生的個別差異、發展潛能及能力限制，予以適當的注意和關心，必要時應設法給予發展或補救的機會。對不適任諮商專業工作者，應協助其重新考慮其學習及生計方向。

4. 《中國心理學會倫理守則》

倫理議題	中國心理學會倫理守則
6 教學、培訓和督導	6.1 心理師從事教學、培訓和督導工作旨在促進學生、被培訓者或被督導者的個人及專業成長和發展，教學、培訓和督導工作應有科學依據。 6.5 從事教學、培訓工作的心理師應採取適當措施設置和計劃課程，確保教學及培訓能夠提供適當的知識和實踐訓練，達到教學或培訓目標。

倫理議題	中國心理學會倫理守則
6 教學、培訓和督導	6.8 擔任督導任務的心理師應向被督導者說明督導目的、過程、評估方式及標準，告知督導過程中可能出現的緊急情況，中斷、終止督導關係的處理方法。心理師應定期評估被督導者的專業表現，並在訓練方案中提供反饋，以保障專業服務水準。考評時，心理師應實事求是，誠實、公平、公正地給出評估意見。 6.9 從事教學、培訓和督導工作的心理師應審慎評估其學生、被培訓者或被督導者的個體差異、發展潛能及能力限度，適當關注其不足，必要時給予發展或補救機會。對不適合從事心理諮詢或治療工作的專業人員，應建議其重新考慮職業發展方向。

（二）綜合討論

綜合《督導倫理守則》（草案）、《ACA倫理守則》、《輔諮學會倫理守則》及《中國心理學會倫理守則》之內涵，本案例涉及幾個倫理議題：

1. 督導關係中的知情同意、受督者權益

(1) 督導者應向受督者說明督導目的、督導原則與參與方式，督導過程以及督導過程的結構。

(2) 督導者應讓受督者清楚瞭解評量標準與方式，以及受督者的權利與義務。

(3) 告知受督者的內容，督導者需當面向受督者說明並一起討論；關於督導結構、雙方權利與義務、評量標準與方式等重要說明，最好能夠以書面形式呈現。

(4) 機構進行督導關係配對時，宜先瞭解受督者的期待，在機構條件允許的範圍內，讓受督者有表達意見或選擇督導者的空間。

2. 覺察與審慎權力運用

督導者需覺察在督導過程，自己如何使用權力及使用權力的方式是否恰當。

3. 評量

(1) 督導者負有評量任務時，應明確瞭解受督者的工作機構或授課教師訂定的評量標準與方式；同時應清楚的讓受督者瞭解督導者的評量標準、方式與評量結果的應用。

(2) 督導評量的進行，除了督導者評量受督者，也要提供機會讓受督者對督導關係、督導歷程、督導成效進行評量；督導者與受督者雙方依據督導過程的階段性評量結果，共同討論督導目標、督導進行方式、評量方式，及督導關係需做哪些調整。

(3) 督導者應維護案主福祉，為瞭解與評量受督者的專業服務品質，有需要檢閱受督者的個案紀錄、錄音、錄影或直接觀察其在實務工作上的表現。

(4) 督導者負有評量任務時，應持續評量與記錄受督者的專業實務表現，定期提供回饋或改進意見。

(5) 透過持續的評估，督導者需察覺可能會影響受督者實際表現的限制，並在受督者需要的時候提供改進建議。當受督者無法提供完整與專業的諮商服務時，在正式會議或依循專業程序下建議不再聘任受督者；要提出受督者不適任的建議，督導者應與其他專業人員討論，詳細記錄其思考與決定過程，並讓受督者有表達意見的機會。

在本案例中，機構對於評量目的為「為了改善心理師的聘任機制與流程，新增了評鑑制度」，對於評量項目的敘述為「對心理師在各種活動與工作的參與情形、專業表現進行考評」，對於評量結果運用的敘述為「考

評結果作為心理師續聘與否的參考」。從案例敘述來看，機構設計了評量表，只是不確定評量表具體包含哪些項目，評量目的與評量結果運用都較為籠統。為求周延，機構在訂定評量政策時需要納入督導者和接受評量之心理師的意見，並且要讓督導者和受督者都清楚瞭解評量後怎麼計分、評量結果怎麼運用、是否續聘的標準怎麼訂定……等訊息。

本案例討論的重點放在專業人員與機構合作時需要做資訊澄清與確認的議題。案例中的督導者葳玲接獲評量任務時，可以覺察到自己的督導進行方式與評量項目之間的落差，並提出來與承辦人員討論，但在瞭解機構評量規範與督導關係中的知情同意方面，有些地方可以處理得更為周延：(1) 接獲評量任務時，對於機構在評量的規範與處理流程，可以主動做更詳細的瞭解；(2) 可以與其他督導者聯繫或核對，看看自己的理解是否充分；(3) 在下半年第一次督導時先與成員討論評量的項目、自己會如何進行評量，瞭解成員得知的訊息及對評量進行的疑慮；(4) 回應頤禾的請假說明可以再謹慎些，提醒出席情況是機構規範的評量項目之一。

督導者葳玲有其帶領團體督導的理念與習慣的進行方式，這原本是督導者的專業範疇，督導者有很大的決定權。需要考慮的是當督導者受聘於機構並負有評量任務時，可從評量項目去理解機構對於受聘心理師的期待，宜將這些期待納入考量，對以下幾個議題做比較審慎的思考與處理：(1) 思考個人帶領團體督導的方式與機構期待之間可能的落差，這會如何影響受督者的評量；(2) 可以與受督者一起討論團體督導進行方式需要做哪些調整（本案例是由葳玲自行決定維持原來進行方式）；(3) 如何評估督導成效（本案例敘述「許多心理師都頗喜歡葳玲的帶領方式，覺得很自由、安全、被尊重」，不確定這些回饋是透過怎麼樣的管道獲得）。

從案例中頤禾的角度來思考，突然獲知自己被列為追蹤輔導名單，確實會覺得相當錯愕、不解與不公。頤禾主動與督導者葳玲說明自己在團體中較少發言的原因，可見他有意識到自己的較少發言可能會影響督導者對他的觀感或評價，若沒有評量制度，確實只要讓督導者瞭解即可。機構新

增評量制度後，如果瞭解評量表的評量項目，頤禾或許可以主動瞭解葳玲的評量方式，考量自己是否需要調整參與方式；在請假事件上也是如此，如果出席是評量項目之一，頤禾可能需要納入考量。

五 可能的行動策略

（一）案例發生當下可能之行動策略

以下列出在案例發生當下情境可能採用的各種行動策略，每一行動策略是否適切，要考量行動前後的情境脈絡，行動者的行為意圖、目的，以及執行該行動的態度。

1. 受督者頤禾

(1) 聯繫督導者，期待與等候督導者為自己說明與改變評量結果。

(2) 聯繫督導者，詢問評量的標準、過程與方式。

(3) 聯繫督導者，一起討論後續可以做哪些處理。

(4) 聯繫承辦人員，說明自己參與督導團體的狀況，相關事宜都與督導者討論過。

(5) 聯繫承辦人員，詢問評量的標準、過程與方式；請承辦人說明目前的評量結果如何形成。

(6) 聯繫承辦人員，被列為追蹤輔導名單的意思為何，後續有哪些補救方案。

(7) 要求召開正式會議討論，請督導者、承辦人員或主管一起參與，對評量標準、方式、過程，及評量訊息的意義有所釐清。

(8) 向其他心理師諮詢，可以如何處理目前困境。

(9) 具體瞭解評量標準、過程與方式，思考後續如何調整參與團體督導的方式，以順利通過之後的評量。

(10) 具體瞭解評量標準、過程與方式，整理與表達個人需要督導者的協助，以順利通過之後的評量。

2. 督導者葳玲

(1) 跟受督者頤禾說明：承辦人員和自己的溝通經過，及自己在評量表上的書寫內容。

(2) 與承辦人員聯繫，不提及頤禾向自己反映評量結果不理想，詢問承辦人員團督評量資料對受督者整體評鑑的影響程度。

(3) 跟承辦人員聯繫，詢問頤禾被評定為追蹤輔導名單是怎麼回事。

(4) 跟承辦人員聯繫，目前的評量結果對頤禾有哪些影響，可以如何改進。

(5) 和受督者頤禾一起討論，後續可以做哪些處理。

(6) 詢問機構聘任的其他督導者，是否遇到類似情況，後續可以做哪些處理。

(7) 向非機構聘任的督導者諮詢，後續可以做哪些處理。

(8) 要求開會討論，請受督者、承辦人員或主管一起參與，對評量標準、方式、過程，及評量訊息的意義有所釐清。

(9) 處理告一段落之後，向督導團體成員說明事件的發生與處理情形。

(10) 處理告一段落之後，徵求受督者頤禾的同意，向督導團體成員說明事件的發生與處理情形。

思考

如果你是案例中的受督者頤禾、督導者葳玲，
最有可能採取哪些行動策略？最不可能採取哪些行動策略？
請說明你的想法或考量。

（二）未來遇到類似情境，可以多注意的事項

以下提出之行動策略乃依據案例內容以及前述各項討論提出，提供讀者未來遇到類似情境參考，並非標準答案。鼓勵讀者透過閱讀案例與分

析，發展各自面對督導倫理挑戰情境的策略。

1. 督導者葳玲

(1) 具體瞭解：新增評鑑政策的考量、評量標準與方式、評量結果運用等。

　　①瞭解是否有具體的評量表，明列評量項目、評量標準、評量方式。

　　②瞭解團體督導的評量會被如何運用，占整體評鑑的百分比。

　　③思考下半年是否需要因應評鑑政策調整團體督導帶領方式，以兼顧受督者的專業成長以及機構的評量需求。

(2) 與承辦人員具體討論：

　　①評量表的填寫方式。

　　②目前團體督導帶領方式下，可以評量的項目及無法評量的項目。

　　③進一步討論取消評分困難的項目，針對可以評分的項目進行評量，調整計分方式。

　　④下半年是否需要因應評鑑政策調整團體督導帶領方式。

　　⑤承辦人員如何向心理師們說明評鑑政策執行、評量進行及結果運用。

(3) 下半年團體督導開始：

　　①與參與督導團體的心理師說明自己得知的評量訊息，及與承辦人員的討論結果。

　　②瞭解心理師得知的訊息，及他們對於要接受評量的感受、疑慮或困難，一起討論可能的解決方案。

　　③說明在目前團體督導進行方式下，自己會怎麼進行評量。

　　④與受督者討論是否要因應評鑑政策調整督導進行方式，怎麼調整。

2. 受督者頤禾

(1) 得知評量項目、標準後，主動與督導者討論自己參與督導團體的方式，對於評量的可能影響。

(2) 思考是否需要、如何調整自己參與團體督導的方式。

(3) 瞭解機構對於請假的規範，及對評量結果的可能影響。

六 延伸思考

1. 本案例中，聯繫督導者、說明評鑑政策與規範的是機構承辦人員，你認為：

(1) 本案例中，承辦人員怎麼做會讓評鑑制度執行得更為周全？

(2) 本案例中，承辦人員怎麼做可以幫助督導制度更發揮效果？

　　請敘述你的思考。

2. 案例中的督導者對於督導進行有其理念及習慣的方式。

(1) 在哪些情況下，督導者需要考量並調整自己的理念或帶領方式？

(2) 只要進行知情同意程序，任何情況下都不需要做調整？

　　請敘述你的思考。

3. 本案例中的督導者帶領團體督導的方式讓心理師很喜歡。請問：

(1) 在你的理念中，要用哪些指標來評估團體督導的成效？

(2) 參與團體督導者的滿意程度，你會作為最主要指標嗎？

　　請敘述你的思考。

案例⑭評量：督導者的責任、維護案主福祉、評量標準與回饋、不同評量者的意見
——雲彥的故事

 案例內容

　　雲彥是一名有經驗的心理師，在不同機構擔任兼任心理師。近五年來受聘於某大學的學生諮商中心，部分時間接案，部分時間擔任全職實習心理師的督導。他明白新手實習心理師在接案初期常會出現缺乏自信、自我懷疑的狀態，因此在督導時較多以溫暖、支持、肯定的態度對待受督者，也鼓勵實習生相信自己的判斷與勇於嘗試自己想到的介入方法。雲彥跟前幾屆的實習心理師都建立良好的督導關係，這些實習生在這樣溫暖、支持、鼓勵的督導氛圍裡，亦都有不錯的專業成長。

　　今年，學生諮商中心招募錄取一位全職實習生——宸慕。宸慕原先從事業務性質的工作，最近幾年受到大環境的影響，業績表現上不太理想；加上被捲入公司內部的權力角力，人際關係上遇到困境，覺得有點心力交瘁，很是挫折，決定離職，另尋生涯發展。經過一段時間的沉澱，宸慕決定投入心理治療領域，雖然不是很順利，終於還是進入相關研究所就讀。研究所學習期間，宸慕深感自己的基礎知能不如本科系同學，加上年紀較長，學習速度較慢，有些費力。但靠著自己的努力、同學的協助、師長的鼓勵，終於進入全職實習的階段。

　　雲彥被機構指派擔任宸慕實習期間的專業督導，督導前，雲彥和宸慕進行一次談話，瞭解宸慕的學習經歷、學習目標、對督導的期待等訊息。宸慕表達：自己中年後才轉換專業領域，深感心理治療領域的博大精深，學習過程有些費力，因此對自己的專業能力缺乏信心，承蒙許多師長的提

攜與鼓勵，方能堅持走到現在；聽說督導者非常溫暖，對實習生較多支持與鼓勵，安心不少，自己一定會努力學習的。雲彥鼓勵宸慕：「不要著急，慢慢來，要對自己有信心」。

督導討論時，宸慕都事先準備案例摘要和提問，在雲彥說明時認真聆聽與記筆記，宸慕的學習態度讓雲彥頗為感動。但過了一個月，雲彥發現宸慕進行案例討論時，多將討論重點放在案主的抗拒、不配合、挑戰心理師等反應所帶來的困難，迴避討論自己的介入情形。有幾次雲彥將討論的重點移動到實習心理師的思考與介入，宸慕便表現出高度焦慮與自責，雲彥不忍增加宸慕的壓力，沒有繼續追問。為了協助受督者學習，雲彥建議，每週可以提出一小段會談逐字稿來討論，這樣可以依據實際會談狀況來討論個案概念化和介入策略，宸慕面有難色但也勉為同意。

宸慕提過兩次逐字稿，內容是案主說話較多的部分，雲彥提出如何選取會談片段來謄錄逐字稿的建議，但表示會尊重宸慕的決定。之後的督導討論，宸慕常常因為各種原因無法提交逐字稿，他一直向督導者道歉，並表示雖然沒有寫逐字稿，自己依然會認真學習與參與討論；雲彥看到宸慕認真學習，但這麼焦慮缺乏信心，決定不要逼得過急。雲彥和諮商中心的專任心理師討論宸慕的狀況，專任心理師說宸慕確實有點缺乏信心，他的工作態度很好，雖然有幾位案主來談一兩次後就不來談了，但目前尚未出現大問題，雲彥與專任心理師討論後認為以目前的狀態，可以再給宸慕一些支持與嘗試的機會。

該校學生諮商中心在學期中和學期末會進行團體督導，多年來團體督導的帶領者為校內心理諮商所的資深教授，第一次團體督導時，團體督導帶領者指出宸慕的個案概念化及諮商處遇能力不足的狀況。督導討論結束，團體督導帶領者跟輔導團隊成員表示：「宸慕的狀況需要比較嚴格的監督，才能促進其專業成長」。團體督導結束後，宸慕極度挫折、失去信心，非常擔心無法完成實習……，雲彥花了很大力氣安撫宸慕的情緒，在雲彥的引導之下，宸慕漸漸意識到個人狀況對接案、參與督導的影響，表

示會盡量提出逐字稿來討論，請督導者和中心老師給他機會。

後續的個別督導，宸慕較常提出逐字稿來討論，比較能夠談談個人在會談過程的狀況，接案上比學期初時穩定一些、沒有那麼焦慮，雲彥和專任心理師都同意宸慕是在進步中。學期末的團體督導，宸慕再度提案討論，針對提案資料與宸慕的報告內容，團體督導帶領者指出宸慕在個案概念化及處遇能力的進展非常有限。團體督導結束，雲彥和專任心理師向團體督導帶領者說明宸慕是在進步中，團體督導帶領者嚴肅的表達：「他的進步是在面對個人議題的態度及情緒稍微穩定，但在提供專業服務的能力沒有什麼進展；你們想給受督者機會，那麼案主的福祉誰來維護？我認為你們太過重視督導關係，沒有有效促進受督者專業成長，有點忽略督導者的責任……」

 實務問題

1. 對案例中主要角色雲彥、宸慕、團體督導帶領者的判斷和作法，你有哪些感受或想法？

2. 如果你是案例中的雲彥：

(1) 發現受督者宸慕多在討論案主，不討論個人在接案過程的思考與介入時，你可能會做哪些處理？

(2) 當受督者宸慕常常無法提交逐字稿時，你可能會做哪些處理？

(3) 第一次團體督導後，聽到團督帶領者的提醒：「受督者的狀況需要比較嚴格的監督，才能促進其專業成長。」你可能會做哪些回應或處理？

(4) 第二次團體督導後，聽到團督帶領者的質疑：「……太過重視督導關係，沒有有效促進受督者專業成長，有點忽略督導者的責任……」你可能會做哪些回應或處理？

請說明你的想法。

3. 從案例中宸慕的角度思考：

(1) 督導者雲彥採取的行動，哪些作法對受督者有幫助？哪些作法對受督者幫助有限？

(2) 團體督導帶領者的作法可以如何調整，以提高對受督者的幫助？
請說明你的想法。

4. 本案例中，受督者有哪些思考或作法需要調整？

請說明你的想法。

案例思考

（一）澄清問題或困境

1. 受督者宸慕的困境

(1) 評量結果引發情緒波動

團體督導帶領者直接指出自己個案概念化能力及諮商處遇能力不足，經過努力仍然進步有限；個別督導者也指出個人狀況對接案的影響。很擔心評量的結果，很擔心無法通過實習。

團體督導帶領者只和自己短暫接觸兩次，瞭解有限，他依據有限的接觸就斷定自己能力不佳、沒有進步，甚至會影響個別督導者和中心的老師的看法，頗不公平。

(2) 不知道評量的具體標準，不知如何改善

個別督導者雲彥和中心老師都說自己很努力，持續進步，為什麼團體督導帶領者卻認為自己的專業服務能力進步有限？要怎麼做才能提升專業服務能力？評量標準是什麼呢？

不知道自己要怎麼努力和改善，自己真的缺乏擔任心理師的素質和潛

力嗎？這樣一想更缺乏信心了……。

(3) 對評量結果的擔心與焦慮啟動負面循環

受督者對自己的專業能力本就缺乏信心，這樣的狀態影響到接案穩定性、也影響面對接案困境的態度與方式；透過個別督導的幫助，比較能夠面對個人在會談過程的狀況，接案時也比學期初時穩定一些、沒有那麼焦慮，逐漸進步。

受督者的專業表現與能力被團體督導帶領者質疑，又啟動受督者缺乏信心的情緒機制，影響其接案表現，造成專業服務表現不穩定的循環。如果無法改善個人狀態，更加不知如何面對下學期的評量結果。

(4) 不知如何面對督導關係的變化

宸慕可以體會到個別督導者雲彥的支持與鼓勵，自己雖然很努力，但專業表現讓他失望與為難，還受到系上教授的質疑，對個別督導者感到很抱歉，不知道要怎麼面對他才好！

團體督導帶領者否定自己的能力與努力，讓自己很受挫，同時也覺得他的評價很武斷，內心感到不平、甚至有點生氣；下學期還是必須接受他的督導，要怎麼安頓情緒參與討論？

2. 督導者雲彥的困境

(1) 擔心有責任的疏失

自己很體諒新手實習心理師的心情，想盡量提供支持、鼓勵，讓他們有機會安心的成長，有時候會對他們有些寬容與保護。但教授的意見也提醒自己，這樣做有沒有忽略到案主的福祉？

擔心自己在督導過程未善盡把關的責任，擔心案主沒得到好的服務，擔心造成機構的困擾。

(2) 對個人督導能力、督導風格的疑慮

多年來一直用相同的態度對待實習生，尊重實習生的期待與狀況，依照受督者的狀況決定督導方式來幫助他們學習，過去幾年都還順利，今年遇到這樣的狀況讓自己很困惑。

團督帶領者的提醒讓自己思考：自己是否太「鬆」了，不夠嚴謹？自己是否太保護受督者，而忽略案主？過於保護受督者，是否也讓他們成長有限？

(3) 如何進行本學期的評量

要怎麼進行評量呢？依照自己原先的標準來看，受督者在學習態度、面對個人議題、情緒穩定性等方面確實有進步，評量分數若太低，會和督導過程給予的回饋不一致；若依照個人標準評分，似乎忽略了受督者的個案概念化能力、處遇計畫與策略，與實際的專業表現不一致。

3. 實習機構工作團隊要面對的問題

學期結束前，實習機構需對實習生的各項表現進行整體評量，在專業表現上的評量遇到不同意見的困境。

個別督導者和團體督導者從不同向度來評估實習生，要以誰的意見為重？過去多是尊重個別督導者的評分，本次團體督導者鄭重提出不同觀點，要納入多少考量？

（二）思考案例涉及的潛在議題

1. 維護受督者的權益和維護案主福祉之間的平衡

專業督導的主要責任是協助受督者學習，提升受督者專業服務品質，維護案主福祉。本案例中，宸慕未主動在督導過程中提出接案上的困難，使得雲彥無法清楚瞭解宸慕接案的具體狀態；雲彥雖提出謄寫與討論逐字

稿的建議，但為了營造支持與鼓勵的督導氛圍，避免造成受督者的壓力，並未明確要求，在受督者沒有提出逐字稿後也沒有持續追蹤與要求。督導者雲彥和專任心理師討論，也較多是考量受督者的狀態，沒有具體瞭解受督者的專業服務與對案主的影響。

第一次團體督導後，雲彥花較多力氣在安撫受督者，協助宸慕覺察個人議題對接案與督導的影響，對於宸慕未提供實際接案資料之狀態，沒有進一步的瞭解與討論，依舊不清楚宸慕實際服務案主的狀態。

本案例的督導者雲彥雖有維護受督者的權益，也建立良好的督導關係，但是案主是否接受到適切服務方面，卻沒有具體的澄清。倘若為了關注受督者權益而忽略維護個案福祉，對督導者與受督者而言皆是不適切的。

2. 安頓受督者個人議題和促進專業成長的取捨

受督者的專業表現會受個人議題或個人狀態的影響，因此督導者關心受督者的個人狀態及其對專業服務的影響是可以理解的，但督導過程需要審慎考量安撫與處理受督者個人議題和狀態，及促進受督者專業成長上的時間分配與比重。

本案例的受督者宸慕在督導前便告訴督導者雲彥其過去背景、轉入心理治療領域的辛苦、缺乏專業信心等狀態，有明顯的個人議題需要關照。雲彥基於個人的督導理念及保護實習生的心情，督導時頗為關注實習生的心理狀態，認為實習階段的受督者需要鼓勵、支持的督導氛圍，相信他們在滋養的氛圍下能夠提升其專業能力，因此雲彥較多照顧與安頓宸慕個人的心理狀態，在瞭解宸慕實際接案狀況、促進其專業成長方面則著力較少。評估受督者表現時，著重在受督者的學習態度、面對個人議題的程度、情緒穩定性等向度，較少看到在個案概念化、處遇能力向度的評量。

本案例的督導者重視協助實習生建立與提升接案自信心是重要的事情，但也需要對促進受督者專業學習給予同等比重的關注，調整督導方

式，提升受督者的服務品質，維護案主福祉。

3. 評量議題

(1) 實習機構與督導者未具體說明評量標準、方式

從案例說明中，無法看出學生諮商中心是否明確訂定評量標準與方式、對實習生的期待與要求、哪些人有評量的權責……，也無法瞭解是否清楚地讓個別督導者雲彥瞭解機構的政策與要求。

案例中個別督導者與團體督導者對受督者專業發展能力的評估面向並不一致，機構並未邀請個別督導者、團體督導者一起討論，具體討論受督者需要改進的方向、需要達到的標準，一方面造成評量的困境，一方面未能幫助受督者改善，影響受督者權益。

(2) 個別督導者未具體瞭解機構的評量標準與方式

從案例說明無法看出個別督導者雲彥依據哪些標準進行期末評量。雲彥需要主動瞭解機構的評量規範與政策，並且讓受督者清楚瞭解評量標準與方式，維護受督者宸慕的知情同意權。

若有明確的評量標準與方式，雲彥進行督導時需要考量督導方式是否可以協助宸慕提升與評量項目相對應的各項能力，不宜只是照顧受督者的情緒或感受，需要調整督導重點與討論聚焦來幫助受督者學習。

評量過程需要定期給予受督者回饋，並提供改進意見；明確的評量標準可以提醒督導者要平衡給予回饋的向度，避免偏向某一端，如：過於關注受督者個人狀態，忽略專業表現。雲彥若發現宸慕在接案上有需要改進的地方，必須清楚讓宸慕知道，共同討論改進方式，以維護案主的福祉。

(3) 團體督導者之評量意見的影響力

案例中的團體督導者與宸慕的接觸是在兩次的團體督導過程，他對宸慕的瞭解來自於提案資料與宸慕在團體督導過程的報告，與受督者的接觸

時間和瞭解面向比較有限；依據有限的接觸與資訊，團體督導者的評量意見的影響程度需要考量。

從案例說明來看，團體督導者似乎有頗大的權力，其意見的影響力很大，可能會影響對受督者的整體評量，這樣對受督者是否公平，需要審慎思考。

四 案例分析

（一）與案例有關之倫理守則

1. 《督導倫理守則》（草案）

倫理議題	基本原則	實務指引
督導者的能力	1.6 覺察與反思： 1.6.1 督導者在督導過程中應具備自我覺察與反思的能力。	1.6 覺察與反思： 1.6.1 督導者需對督導角色的責任義務、自身能力的限制、督導關係的內涵與變化、督導介入的成效與品質，以及評量受督者之態度與歷程等具備覺察與反思能力。
督導者的責任	2.1 提升受督者服務品質：督導者負有維護案主福祉與權益之責，應協助受督者提升其專業服務表現。	2.1 提升受督者服務品質：督導者需同時兼顧案主福祉與受督者權益，若兩者無法同時兼顧時，則以案主福祉為優先考量。
	2.2 評估受督者專業準備度：督導者應瞭解受督者的知能與經驗，評估受督者提供的專業服務與其專業訓練與專業能力是否相符。	2.2 評估受督者專業準備度： 2.2.1 督導者宜協助受督者獲得其實務工作所需的專業訓練，提升其專業準備度。 2.2.2 督導者宜提醒機構，讓受督者提供與其專業能力相符的專業服務，或是給予受督者必要的專業訓練。

倫理議題	基本原則	實務指引
督導者的責任	2.3 維護受督者權益： 2.3.1 督導者應維護受督者的知情同意權、受益權及隱私權，並告知受督者保密的範圍與限制。	2.3 維護受督者權益： 2.3.1 督導者維護受督者的知情同意權（內容請見基本原則3.1 與實務指引3.1）。 2.3.2 督導者需理解受督者狀態與專業發展需求，與受督者共同建立安全、信任的督導關係。
	2.4 協助受督者學習： 2.4.1 討論督導進行方式：督導者應與受督者一起討論學習目標和督導進行方式，並讓受督者有機會表達對評量方式的意見。 2.4.2 協助學習與評估進展：督導者應依據與受督者共同訂定的學習目標，協助受督者朝向其目標前進，並持續評估他們的進展。	2.4 協助受督者學習： 2.4.1 督導者需提供討論空間，讓受督者表達對評量標準與方式的意見。若評量標準與方式無法改變，需讓受督者瞭解各項要求背後的原因；若評量標準與方式可以改變，宜經充分討論進行適度的調整。 2.4.2 督導者需定期與受督者討論其學習目標達成的程度。 2.4.3 督導者需依據受督者的學習目標適時提供受督者多元化的理論知識與實務技巧。
	2.5 提升受督者倫理意識：督導者應協助提升受督者的倫理意識、倫理敏感度、責任感及增強其倫理判斷的能力。	2.5 提升受督者倫理意識： 2.5.1 督導者協助受督者提升其專業知能與倫理意識外，需示範並培養受督者面對心理諮商／心理治療工作應有的態度、堅持與敬業精神等。 2.5.2 督導者宜示範面對倫理困境時如何拓展思考面向與發展多元處理策略。
	2.6 給予受督者回饋：督導者應在督導過程針對受督者的專業表現給予適切的回饋。	2.6 給予受督者回饋： 2.6.1 督導者的回饋內容需包含受督者在專業表現的進展及不足。 2.6.2 督導者回饋受督者在專業表現的進展，協助受督者持續建立專業信心。 2.6.3 督導者回饋受督者在專業表現的不足，提醒受督者改進的方向。

倫理議題	基本原則	實務指引
督導關係的建立與終止	3.1 進行知情同意程序：在督導關係開始前，督導者應讓受督者清楚瞭解督導者的專業背景、期待、評量標準與方式，以及受督者的權利與義務。	3.1 進行知情同意程序： 3.1.1 需要告知受督者的內容：督導者的專業背景與經驗、督導者的理論取向與督導模式，對受督者專業能力、修習課程以及所需經驗的要求，對受督者參與督導的期待、評量標準及方式，受督者在督導過程的權利與義務及保密範圍和限制等。 3.1.5 知情同意的形式：告知受督者的內容，督導者需當面向受督者說明並一起討論；關於督導結構、雙方權利與義務、評量標準與方式等重要說明，最好能夠以書面形式呈現。
	3.3 審慎處理多重關係： 3.3.2 當督導者知悉受督者同時接受其他心理師督導時，應與受督者一起審慎評估與討論彼此的關係和權責，並採取必要的措施維護案主及受督者的權益與福祉。	
評量	4.1 評量標準與方式： 4.1.1 督導者負有評量任務時，應明確瞭解受督者的工作機構或授課教師訂定的評量標準與方式。 4.1.2 督導者負有評量任務時，應清楚的讓受督者瞭解督導者的評量標準、方式與評量結果的應用。	4.1 評量標準與方式： 4.1.1 督導評量的進行，除了督導者評量受督者，也給予機會讓受督者對督導關係、督導歷程、督導成效進行評量。 4.1.2 督導者與受督者雙方，可依據督導過程的階段性評量結果，共同討論督導目標、督導進行方式、評量方式，及督導關係需做哪些調整。
	4.2 記錄與定期回饋：督導者負有評量任務時，應持續評量與記錄受督者的專業實務表現，定期提供回饋。	4.2 記錄與定期回饋： 4.2.1 督導者需定期記錄對受督者的評量、建議與協助。 4.2.2 若受督者為實習生，督導者宜依據實際需要，檢核受督者的實務工作紀錄、影音紀錄或是進行現場觀察。

倫理議題	基本原則	實務指引
評量	4.3 提供改進意見：督導者透過持續評量，若發現受督者專業實務表現上的限制或缺失，應提供改進意見。	4.3 提供改進意見： 4.3.1 督導者需讓受督者瞭解評量結果，並提供受督者說明與釐清的機會；必要時安排正式會議進行討論。 4.3.2 督導者透過持續評量，發現受督者在實務表現上有限制或缺失時，可與機構或實習課授課教師一起討論，提供受督者改進與補救的機會。 4.3.3 經過評量、回饋、討論、提供改進與補救機會後，若發現受督者還是無法提供適切的專業服務，宜協助受督者反思諮商專業角色與個人勝任程度，重新考慮其學習及生涯方向。
	4.4 專業把關： 4.4.1 督導者負有評量任務時，應依據受督者的實際專業表現進行評量，決定是否給予通過的評量。 4.4.2 依據評量結果，受督者無法通過評量標準時，應給予受督者參與討論、表達意見與申訴的機會。	4.4 專業把關： 4.4.1 督導者評量受督者的專業表現可能會妨礙到專業服務品質時，宜向主責機構反應，考量不給予資格獲得、完成課程訓練或續聘等認可。 4.4.2 督導者若要提出不給予受督者通過或認可的建議，為求審慎，可視需要諮詢其他相關人員意見；諮詢過程須注意維護案主及受督者之隱私權。
維護案主福祉	5.3 評量與把關：當受督者所提供的專業服務危害到案主福祉時，督導者應採取行動限制受督者繼續提供服務，並知會受督者所屬機構。	5.3 評量與把關：為瞭解與評量受督者的專業服務品質，督導者需瞭解受督者在實務工作上的表現，盡可能定期檢閱受督者的個案紀錄、錄音、錄影或直接觀察其在實務工作上的表現。

2. 《ACA 倫理守則》

倫理議題	ACA 倫理守則
F.1.諮商督導與案主福祉	F.1.a.案主福祉： 諮商督導者的主要職責是監管受督者所提供的服務。諮商督導者監管案主福祉以及受督者的表現與專業發展。為履行這些職責，督導者會定期與受督者見面，回顧受督者的工作，以及幫助他們做好為不同案主服務的準備。受督者有責任理解並遵守 ACA 的倫理守則。
F.4.督導的職責	F.4.a.督導的知情同意： 督導者有責任向受督者說明督導的原則和參與方式。督導者告知受督者應遵守的政策和程序，以及就個別督導者的行動提出正當申訴的機制。使用遠距督導的獨特問題，必要時應包含在文件中。
F.5.學生和受督者的責任	F.5.b.功能受損： 學生和受督者監控自己的身體、精神或情緒上的功能受損跡象，當這些損害可能傷害到案主或其他人時，避免提供專業服務。學生和受督者通知他們的老師和／或督導者，並尋求協助處理達到專業功能受損程度的問題，也在必要時，限制、暫停或終止他們的專業職責，直到確定他們可以安全恢復工作。
F.6.諮商督導的評估、補救與背書	F.6.a.評估： 在整個督導關係中，督導記錄並持續提供受督者有關其表現的回饋，也安排定期的正式評估會議。 F.6.b.守門與補救： 透過初步和持續的評估，督導需覺察對受督者而言可能會影響其實際表現的限制。並在受督者需要的時候提供安全的改進建議。當受督者無法證明能夠為多樣的案主提供稱職的專業諮商服務時，督導者將建議受督者取消實習課程申請諮商機構以及政府或非政府頒發的職業資格證書。督導應尋求諮詢，並詳細記錄其是需要讓受督者退出還是引導受督者接受適當協助之決定。督導應確保受督者在面對這些決定時知道他們還有哪些選擇。

3.《輔諮學會倫理守則》

倫理議題	輔諮學會倫理守則
7.2.告知督導過程	督導者應向被督導者說明督導的目的、過程、評鑑方式及標準，並於督導過程中給予定期的回饋及改進的建議。
7.9.注意個別差異	諮商師教育者及督導者應審慎評估學生的個別差異、發展潛能及能力限制，予以適當的注意和關心，必要時應設法給予發展或補救的機會。對不適任諮商專業工作者，應協助其重新考慮其學習及生計方向。

4.《中國心理學會倫理守則》

倫理議題	中國心理學會倫理守則
6 教學、培訓和督導	6.1 心理師從事教學、培訓和督導工作旨在促進學生、被培訓者或被督導者的個人及專業成長和發展，教學、培訓和督導工作應有科學依據。 6.3 從事教學、培訓和督導工作的心理師應基於其教育訓練、被督導經驗、專業認證及適當的專業經驗，在勝任力範圍內開展相關工作，且有義務不斷加強自己的專業能力和倫理意識。督導者在督導過程中遇到困難，也應主動尋求專業督導。 6.5 從事教學、培訓工作的心理師應採取適當措施設置和計劃課程，確保教學及培訓能夠提供適當的知識和實踐訓練，達到教學或培訓目標。 6.8 擔任督導任務的心理師應向被督導者說明督導目的、過程、評估方式及標準，告知督導過程中可能出現的緊急情況，中斷、終止督導關係的處理方法。心理師應定期評估被督導者的專業表現，並在訓練方案中提供反饋，以保障專業服務水準。考評時，心理師應實事求是，誠實、公平、公正地給出評估意見。 6.9 從事教學、培訓和督導工作的心理師應審慎評估其學生、被培訓者或被督導者的個體差異、發展潛能及能力限度，適當關注其不足，必要時給予發展或補救機會。對不適合從事心理諮詢或治療工作的專業人員，應建議其重新考慮職業發展方向。

倫理議題	中國心理學會倫理守則
6 教學、培訓和督導	6.13 承擔教學、培訓或督導任務的心理師對學生、被培訓者或被督導者在心理諮詢或治療中違反倫理的情形應保持敏感，若發現此類情形應與他們認真討論，並為保護尋求專業服務者的福祉及時處理；對情節嚴重者，心理師有責任向本學會臨床心理學註冊工作委員會倫理工作組或其他適合的權威機構舉報。

（二）綜合討論

綜合《督導倫理守則》（草案）、《ACA倫理守則》、《輔諮學會倫理守則》及《中國心理學會倫理守則》之內涵，本案例涉及幾個倫理議題：

1. **督導者的責任**

(1) 提升受督者服務品質：督導者負有維護案主福祉與權益之責，應協助受督者提升其專業服務表現。督導者需同時兼顧案主福祉與受督者權益，若兩者無法同時兼顧時，則以案主福祉為優先考量，要評估受督者的專業工作與表現，幫助他們做好為不同案主服務的準備。

(2) 評估受督者專業準備度：督導者應瞭解受督者的技巧與經驗，評估受督者提供的專業服務與其專業訓練與專業能力是否相符。督導者宜協助受督者獲得其實務工作所需的專業訓練，提升其專業準備度；督導者宜提醒機構，讓受督者提供與其專業能力相符的專業服務，或是給予受督者必要的專業訓練。

(3) 維護受督者權益：督導者維護受督者的知情同意權，督導者與受督者應一起討論學習目標和督導進行方式，同時提供討論空間，讓受督者表達對評量標準與方式的意見，若評量標準與方式無法改變，需讓受督者瞭解各項要求背後的原因；若評量標準與方式可以改變，宜經充分討論進行適度的調整。

(4) 協助受督者學習：督導者應依據與受督者共同訂定的學習目標，協助受督者朝向其目標前進，並持續評估他們的進展，定期與受督者討論其學習目標達成的程度；督導者依據受督者的學習目標適時提供受督者多元化的理論知識與實務技巧，促進受督者的個人及專業成長和發展。

(5) 給予受督者回饋：督導者應在督導過程中針對受督者的專業表現給予適切的回饋。督導者的回饋內容需包含受督者在專業表現的進展及不足；回饋受督者在專業表現的進展，協助受督者持續建立專業信心，回饋受督者在專業表現的不足，提醒受督者改進的方向。

2. 督導關係的建立與維持

(1) 督導關係建立時進行知情同意程序

在督導關係開始前，督導者應進行知情同意程序，清楚讓受督者瞭解相關訊息，包括：(1) 督導者的專業背景、實務經驗、理論取向與督導模式；(2) 對受督者專業能力、參與督導的期待；(3) 評量標準及方式；(4) 受督者在督導過程的權利與義務及保密範圍限制等。督導者與受督者共同討論督導目標、督導進行方式等。

前項所述需要告知受督者的各項內容，督導者需當面向受督者說明並進行討論，關於督導結構、雙方權利與義務、評量標準與方式等重要說明，最好能夠以書面形式呈現。

(2) 審慎處理督導關係

督導者需理解受督者狀態與專業發展需求，與受督者共同建立安全、信任的督導關係。當受督者同時接受其他心理師督導時，應與受督者一起審慎評估與討論彼此的關係和權責，並採取必要的措施維護案主及受督者的權益與福祉。

3. 評量

(1) 評量標準與方式：督導者負有評量任務時，應清楚地讓受督者瞭解督導的評量標準、方式與評量結果的應用。督導者與受督者雙方，可依據督導過程的階段性評量共同討論督導目標、督導進行方式、評量方式，及督導關係需做哪些調整。督導評量的進行，除了督導者評量受督者，也給予機會讓受督者對督導關係、督導歷程、督導成效進行評量。

(2) 記錄與定期回饋：督導者負有評量任務時，應持續評量與記錄受督者的專業實務表現，定期提供回饋。若受督者為實習生，督導者宜依據實際需要，檢核受督者的實務工作紀錄、影音紀錄或是進行現場觀察。

(3) 提供改進意見：督導者透過持續評量，若發現受督者專業實務表現上的限制或缺失，應提供改進意見。督導者需讓受督者瞭解評量結果，並提供受督者說明與釐清的機會；必要時安排正式會議進行討論。督導者透過持續評量，發現受督者在實務表現上有限制或缺失時，可與機構或實習課授課教師一起討論，提供受督者改進與補救的機會。

(4) 專業把關：督導者負有評量任務時，應依據受督者的實際專業表現給予評量，決定是否給予通過評量。依據評量結果，受督者無法通過評量標準時，應給予受督者參與討論、表達意見與申訴的機會。督導者評量受督者的專業表現可能會妨礙到專業服務品質時，宜向主責機構反應，考量不給予資格獲得、完成課程訓練或續聘等認可；督導者若要提出不給予受督者通過或認可的建議，為求審慎，可視需要諮詢其他相關人員意見；諮詢過程須注意維護案主及受督者之隱私權。

4. 維護案主福祉

　　當受督者所提供的專業服務可能危害到案主福祉時，督導者應採取行動限制受督者繼續提供服務，並知會受督者所屬機構。為瞭解與評量受督者的專業服務品質，督導者需瞭解受督者在實務工作上的表現，盡可能定

期檢閱受督者的個案紀錄、錄音、錄影或直接觀察其在實務工作上的表現。

5. 受督者的責任

受督者需要對個人狀況有所覺察，若發現自己的身體、精神或情緒上的功能有受損跡象，可能會傷害到案主或其他人時，要通知老師或督導者，尋求協助處理；必要時，要限制、暫停或終止專業服務，直到確定自己可以安全恢復工作。

6. 督導者的覺察與反思

督導者需對督導角色的責任義務、自身能力的限制、督導關係的內涵與變化、督導介入的成效與品質，以及個人評估受督者之態度與歷程等具備覺察與反思能力。督導者需不斷加強自己的專業能力和倫理意識。督導者在督導過程中遇到困難，也應主動尋求專業督導。

本案例中的督導者雲彥，考量到實習生的專業發展需求及宸慕的個人狀態，致力於營造安全、支持的督導氛圍，讓受督者在督導過程可以安心參與討論，這部分的心意和作法是合乎倫理的。

本案例要多考量督導者有促進受督者專業成長、維護案主福祉的責任。受督者為實習生，督導者有提升受督者專業服務品質與評量把關的責任，因此有瞭解受督者在實務工作上的具體表現的需要，需定期檢閱受督者的個案紀錄、錄音、錄影或直接觀察其在實務工作上的表現。本案例的督導者雲彥有提出定期討論逐字稿的建議但並未堅持，受督者宸慕沒有定期提交逐字稿時，優先考量安頓受督者的情緒而未持續要求。本案例督導過程比較偏向照顧受督者的心理需求、處理其個人議題，在協助受督者提升專業知能方面做得較為不足。

本案例在評量議題上有再思考的討論空間。首先，不確定受督者是否

明確瞭解評量標準、評量方式、哪些人會進行評量、評量結果是否會被告知……等訊息，知情同意程序的執行需要更清楚。其次，督導者雲彥需要清楚瞭解評量標準、評量方式、哪些人會進行評量等事宜，和受督者一起依據評量項目檢視宸慕的表現，和宸慕一起討論團體督導者的評論的意義。第三，督導者需要在督導過程持續給予受督者回饋，並提供改進意見，督導者雲彥需要針對受督者宸慕的專業表現定期給予回饋，讓宸慕知道自己的進展，也要讓宸慕瞭解自己的不足與需要改進的地方，和宸慕一起討論如何改善其專業表現。

督導過程中，雲彥發現宸慕有不少狀況需要重視（如：迴避討論自己的介入情形、提出的逐字稿內容是案主說話較多的部分、無法提交逐字稿……），嘗試一些方法想要幫助受督者學習，但都會在不要增加受督者壓力的考量下尊重宸慕決定，可能也是受督者沒有明顯進展的因素之一。評量不只是由督導者評量受督者，也可給予機會讓受督者對督導關係、督導歷程、督導成效進行評量，這樣督導者有機會瞭解督導關係的內涵與變化、督導介入的成效與品質、評估受督者之態度與歷程，有機會覺察其間可能的限制或不足，針對督導進行方式做必要的調整。

第一次團體督導結束，受督者受到頗大的衝擊，案例中的督導者雲彥關心宸慕的情緒狀態，花了不少時間安撫受督者，心意也是好的。但除了關注受督者的心理狀態及學習態度，也可以引導宸慕思考怎麼善用團體督導帶領者的意見，來提升專業學習與專業表現。

案例中的受督者宸慕中年後轉換專業領域，學習過程費力，因而缺乏信心，原是可以理解與包容的，但是宸慕依然有責任對自己的學習成效與服務品質有更積極的作為。從案例敘述來看，宸慕在檢視自己的會談歷程、參與督導討論時，有防衛和迴避的現象；宸慕需要意識到自己的服務品質涉及案主福祉，要更誠實面對個人議題和能力不足之處，和督導一起討論怎麼改善、提升自己的服務品質。

五 可能的行動策略

（一）案例發生當下可能之行動策略

以下列出在案例發生當下情境可能採用的各種行動策略，每一行動策略是否適切，要考量行動前後的情境脈絡，行動者的行為意圖、目的，以及執行該行動的態度。

1. 督導者雲彥

(1) 將團體督導者的意見納入，進行評量；並調整督導進行方式。

(2) 將團體督導者的意見納入，調整督導進行方式；評量維持原有標準。

(3) 本學期的評量、督導進行方式維持原樣，考慮第二學期做些調整。

(4) 和學生諮商中心的專任人員討論，如何進行評量與調整督導進行方式。

(5) 和學生諮商中心的專任人員討論，瞭解受督者服務之案主的狀況，討論如何進行評量。

(6) 與宸慕的實習課程教師聯繫，交換對宸慕的觀察，共同討論評量事宜與輔導方向。

(7) 和受督者討論，如何進行評量與調整督導進行方式。

(8) 請教有經驗的督導者，討論督導進行的方式，針對個人督導風格的優點與限制進行反思。

2. 實習機構工作團隊

(1) 不干涉個別督導者的評量與督導進行。

(2) 尊重個別督導者的評量與督導進行，但一起討論如何納入團體督導者的意見，做未來評量與督導進行的參考。

(3) 機構團隊邀請個別督導者、團體督導者一起討論宸慕的評量結果，及如何協助宸慕改善。

(4) 機構團隊邀請個別督導者、受督者、實習課程教師一起討論評量結果，及改善方向與具體目標。

(5) 機構團隊開會討論機構的評量政策，如：評量標準、評量方式、哪些人會進行評量、評量結果如何告知受督者⋯⋯。

(6) 機構團隊邀請個別督導者、團體督導者一起討論，訂定機構的評量政策。

3. 受督者宸慕

(1) 等候督導者、實習機構評量，不採取任何行動。

(2) 主動找個別督導者或實習機構專任心理師討論，詢問自己可以做些什麼來改善。

(3) 和同學討論，詢問自己可以採取哪些作為或行動。

(4) 與實習課程教師討論，詢問自己可以採取哪些作為或行動。

(5) 思考自己可以改善的方向與策略，與個別督導者或實習機構專任心理師討論。

(6) 尋求專業協助，處理個人議題的影響。

●思●考●

如果你是案例中的受督者宸慕、督導者雲彥、實習機構工作團隊成員，最有可能採取哪些行動策略？最不可能採取哪些行動策略？請說明你的想法或考量。

（二）未來遇到類似情境，可以多注意的事項

以下提出之行動策略乃依據案例內容以及前述各項討論提出，提供讀者未來遇到類似情境參考，並非標準答案。鼓勵讀者透過閱讀案例與分析，發展各自面對督導倫理挑戰情境的策略。

1. 督導者雲彥

(1) 若知道自己有評量任務，在正式開始督導實習生前，必須主動釐清機構的評量政策，包括評量標準、方式、自己的評量所占的加權等。

(2) 進入督導關係前，督導者需和受督者具體討論評量標準與方式，中心人員評量的權責，確認受督者的瞭解程度與意見。

(3) 督導過程要平衡關注「受督者的權益和案主的福祉」、「受督者個人議題的安頓和受督者專業成長促進」；平衡支持與挑戰的風格。

(4) 督導過程依據評量項目持續對受督者的專業表現進行評估、給予回饋。回饋時需包含受督者在專業表現的進展及不足。

(5) 督導過程中督導者需要持續觀察受督者的各項表現，思考調整督導重點、督導要求，並提出來與受督者討論。

(6) 定期與實習機構專任人員討論，瞭解受督者服務案主的狀態。

2. 實習機構工作團隊

(1) 檢視機構的評量政策是否完備；若不完備，必須具體討論明訂評量標準、方式、評量人員與權責、有不同評量意見的處理等。

(2) 讓督導者明確瞭解機構的評量政策。

(3) 當督導者主動提出討論，和督導者一起針對受督者的各項表現進行整體評估，要維護受督者的學習權益，也要維護案主福祉。

(4) 發現受督者的表現不符合標準，與督導者一起討論如何提供受督者協助，及提供具體改進意見給受督者。

(5) 必要時，主動聯繫受督者實習課程教師，一起討論如何提供受督者協助。

3. 受督者宸慕

(1) 將自己的狀況讓督導者瞭解，也要思考如何減低個人議題／個人情緒對諮商服務的影響。

(2) 誠實面對自己的接案狀態，主動提出困難和督導者討論。

(3) 將案主的權益福祉放在最優先位置，避免因為要保護自己而傷害到案主。

(4) 若對團體督導帶領者的意見有困惑，主動與個別督導者或機構專任心理師討論，尋求改善的策略。

六 延伸思考

1. 若受督者為實習生，你對「在學習過程的努力態度」和「實際上的專業表現」的看重程度為何？進行評量時，會怎麼分配評分比重？

請敘述你的思考。

2. 若受督者為持有證照的心理師，你對「在學習過程的努力態度」和「實際上的專業表現」的看重程度為何？進行評量時，會怎麼分配評分比重？

請敘述你的思考。

3. 督導關係一定要支持溫暖才算是「好的督導關係」？

對你而言，「好的督導關係」需要包含哪些因素？

請敘述你的思考。

4. 要如何判斷一個人是否能勝任心理師的工作？

請敘述你的思考。

案例⑮督導者的評分與把關義務：
督導評量、受督者專業認證
——賢華的故事

 案例內容

　　AB 心理教育機構是中國大陸一所剛起步的心理諮詢培訓機構，機構負責人諭靖具備心理諮詢師身分，同時也是有經驗的督導。從過往的心理諮詢工作及督導工作的實務經驗中，諭靖深刻體會到心理諮詢師的培育工作是提升專業素質的重要一環，規劃嚴謹的培訓課程有助於提升心理諮詢師的專業能力，因此決心投入心理諮詢師的培育工作，創辦了 AB 心理教育機構，他結合自己的學習經驗與實務經驗，參考海內外不同專業組織的專業訓練課程，發展有系統的訓練課程，希望讓 AB 心理教育機構成為中國大陸頂尖的心理諮詢人員培訓組織。

　　AB 心理教育機構發展了 L 諮商取向的認證課程，這套課程分成兩大部分：第一部分主要是教授 L 諮商取向的基礎理論與知能，開放給心理諮詢師、相關科系學生、對 L 諮商取向有興趣的社會人士報名參加；課程內容分成初階、進階與高階課程，一共有五十四小時的課程，包括理論講授、議題討論、實務演練、案例討論、角色扮演等。通過第一部分課程，機構會發給 L 諮商取向能力認證。第二部分主要是培育 L 諮商取向初階課程推廣師資，報名者的資格為：(1)具備心理諮詢師資格且執業三年以上；(2)參加過 AB 心理教育機構舉辦之 L 諮商取向的初階、進階和高階課程。課程內容包括：L 諮商取向進階理論、推廣課程講師知能、L 諮商取向實務實習與接受督導，理論課程十五小時，接案十二小時，接受接案督導六小時。通過第二部分課程，機構會發給 L 諮商取向初階課程推廣師資認

證，並開發合作機會。

理論課程的講者除了由諭靖本人擔任，諭靖還邀請了幾位一起學習 L 諮商取向多年的同儕來擔綱；為了提高培訓課程的吸睛度，決定邀請具備深厚實務經驗與督導經驗的海外心理師來擔任第二部分課程的督導。

賢華在台灣是 L 諮商取向的代表人物，具有豐厚的實務及督導工作經驗，過去幾年時常受邀至中國大陸擔任 L 諮商取向的培訓課程講座，結識了諭靖，兩人成為不錯的朋友，只要賢華到中國大陸上課，諭靖都會撥出時間請賢華吃飯，聊聊近況。諭靖聯絡賢華請他幫忙擔任 L 諮商取向培訓課程的督導，賢華覺得過去受到諭靖許多關照，知道諭靖剛剛創業，希望可以助他一臂之力，加上自己過去曾經擔任過多位中國大陸的心理諮詢師的督導，是自己熟悉的工作內容，便爽快答應。諭靖謝謝賢華義氣相挺，告知後續會請機構的工作人員跟賢華聯繫相關細節。

右佳從事心理諮詢師工作剛滿三年，很希望可以成為心理諮詢專業培訓課程講師，由於從事心理諮詢工作的資歷還不深，擔任訓練課程講師的機會較少，一直在尋找可能的發展機會。右佳看到 AB 心理教育機構開設的 L 諮商取向認證課程，課程規劃嚴謹，授課講師很有經驗，還邀請海外的優秀前輩擔任督導；雖然訓練時間較長，課程要求嚴格，右佳心想若能堅持完成兩個部分課程，一方面有機會爭取和 AB 心理教育機構的合作機會，一方面也可以與其他機構合作開設 L 諮商取向的推廣課程，因此決定報名這個認證課程。

經過機構安排，賢華擔任右佳的督導者，兩人的討論重點主要放在右佳的接案過程。賢華在與受督者右佳互動過程，發現右佳認真投入督導討論，對於督導者提供的意見展現虛心接受的態度；依據賢華的評估，右佳對於 L 諮商取向理論的理解還不夠充分，右佳很努力但確實有不少進步空間，實務應用的表現上也是有一點進展但需要有更多磨練。

最後一次督導時，賢華將前五次督導過程的觀察做整理並給予右佳回饋，賢華肯定右佳的努力與認真投入，指出他有進步的地方，最後提醒：

右佳在理論理解與實務應用上還有進步空間，若能針對 L 諮商取向理論的內涵做持續、深入的研討，較能掌握 L 諮商取向理論的核心精髓。右佳感謝賢華的指導、回饋與意見，然後殷切的請求賢華在評量表上給予通過的評分，並在兩週內將評分結果提交給機構，這樣自己才能順利取得推廣講師的認證資格。

聽完右佳的請求，賢華非常驚訝與錯愕，他原以為只是單純的擔任督導，不知道還有評量任務，更不知道督導的評量與受督者是否可以取得 L 諮商取向初階課程推廣師資認證有關。右佳看到賢華的反應非常緊張，他告訴賢華若沒有給予通過的評量，自己就無法取得認證，這一段時間的努力泡湯也影響日後的專業發展。透過右佳的說明，賢華才對這個認證課程的設計與內涵有完整的瞭解，他告訴右佳自己會與機構承辦人員詢問評量的細節，審慎處理評分的事情，右佳再三說明賢華的評量對自己的重要性和影響，請賢華幫忙。

賢華與跟自己接洽督導事務的機構人員聯繫並詢問評分的事情，機構人員表示他以為諭靖已經跟賢華做過詳細說明，所以就直接處理督導配對和時間聯繫等細節，至於評分很簡單，沒有特定的評量表，機構尊重督導者依據自己訂定的指標來評分，只是要做出通過或不通過的評論。賢華頗為為難，右佳確實認真參與六次督導討論，看得到他的努力與進步，但以他目前的學習情況還不足以擔任 L 諮商取向課程的講師，若給予不通過的評量對他的影響似乎很大，不知該怎麼處理才好。

賢華和諭靖聯繫，說明自己的考量與為難，諭靖先向賢華道歉：「我以為承辦人員會跟您詳細說明相關事情的細節，沒想到竟然漏掉這麼重要的說明，他和其他督導的聯繫都沒有出問題，怎麼會這樣呢？都怪我太忙了，沒有仔細跟您說明清楚，非常抱歉。」賢華詢問該怎麼處理才好，諭靖說：「雖然我們希望學員都可以順利取得認證，但尊重您的專業判斷，請依照您的專業標準來評分。」

考量到受督者右佳的權益，賢華覺得給予不通過的評分對右佳並不公

平，若給予通過的評分又不符合專業的觀察與評估，也未能善盡把關責任，要怎麼評分，賢華左右為難……。

實務問題

1. 對案例中主要角色賢華、右佳、諭靖的考量和作法，你有哪些感受或想法？

2. 如果你是案例中的賢華：

(1) 在最後一次督導，面對受督者的請求，你會做哪些回應或處理？

(2) 面對機構聯繫過程的疏漏，你會做哪些回應或處理？

(3) 你會怎麼處理對受督者的評分事宜？

　　請說明你的想法。

3. 如果你是案例中的右佳：

(1) 發現督導者不知道要評分這件事情，會做哪些回應或處理？

(2) 若你得知督導者賢華認為自己的能力尚不足以擔任 L 諮商取向課程的講師，會如何回應或處理？

　　請說明你的想法。

4. 如果你是案例中的諭靖：

(1) 得知因為機構人員聯繫的疏漏，造成督導者的困擾，會做哪些回應或處理？

(2) 若督導者給與受督者不通過的評分，會做哪些回應或處理？

　　請說明你的想法。

案例思考

（一）澄清問題或困境

1. 督導者賢華的困境

(1) 未事先瞭解角色任務的懊惱

收到諭靖的邀請時，一心想助朋友一臂之力，沒有針對工作內容做更多具體瞭解，很快就答應；由於自己擔任過多位中國大陸的心理諮詢師的督導，於是很快地用過去的經驗來定位自己的工作角色與工作聚焦，機構人員聯繫時也沒有多做詢問與瞭解。

事先不知道要評分，尤其不知道這個評分和受督者取得 L 諮商取向課程講師認證有關，督導進行過程比較聚焦在案例討論，對於 L 諮商取向的理論內涵、重要觀點的講述與釐清，著墨較少，未能協助受督者提升對 L 諮商取向理論的理解程度。現在看來，其他督導者似乎都瞭解要評分這件事情，只有自己不知道，真是懊惱！

(2) 維護受督者權益和善盡把關責任的兩難

不知道自己有評量角色與任務，所以沒有事先與受督者具體討論評分的項目、標準與方式，也沒有聚焦在要評分的項目進行觀察和記錄，及提出回饋與改進意見，督導結束才知道要進行評分，可能影響受督者的權益：知情同意權、評分的客觀性與效度、定期接收回饋與改進的機會。

具體瞭解右佳參與課程的動機及課程規劃，知悉他急於取得 L 諮商取向課程講師認證，想要與各個機構合作開設相關課程，擔任課程講師；依據督導過程的觀察與評估，右佳對於 L 諮商取向理論的理解還不夠充分，雖然很努力學習但有不少進步空間，實務應用的表現有一點進展但需要有更多磨練，從目前的學習情況來看還不足以擔任 L 諮商取向課程的講師。

若考量受督者的權益，受督者的努力與進步，因而給予通過的評量，就難以盡到督導者的把關責任；若堅持個人的專業標準，給予不通過的評量會影響受督者權益，與機構政策也有些相悖。

(3) 不確定評分結果會被如何解釋或運用

督導評分若只是當作整體課程能否通過的其中一項評量，對受督者權益和督導者把關責任的影響則較小；若督導評分代表督導者對受督者的認可，或者督導者的名字可能被列在認證證書上，督導者需要更審慎考量自己的把關責任。賢華對於督導評分結果會被如何解釋與運用並不確定，這也是需要考量與處理的問題。

2. 受督者右佳的困境

(1) 不確定評分結果的焦慮

從督導者賢華的反應來看，督導者似乎不知道要給自己進行評量，而且評量結果會影響自己能否通過課程和取得講師認證，這是怎麼回事？

督導者說「會審慎處理評分事宜」代表什麼意思呢？他並沒有承諾會給予「通過」的評量，從回饋意見來看督導者似乎認為自己的表現不夠好，那麼就應該在督導過程告訴自己如何改進啊。

(2) 擔心評分結果會影響生涯發展

參與這個訓練課程的目的就是為了取得課程講師認證，可以往心理諮詢專業培訓課程講師的方向發展，若是不能通過這個課程，參與課程期間所花費的時間、金錢和精神就白費了。

如果其他學習者都通過課程取得認證，自己卻沒有通過，不但影響擔任 L 諮商取向課程講師的機會，若傳出去也會影響自己的專業名聲和專業生涯發展。

(3) 因為機構聯繫疏漏影響個人權益的不滿

當初是機構安排才由賢華擔任自己的督導者，聽說其他督導都知道要評分的事情，賢華為什麼會不知道要評分的事情呢，到底是督導者的疏忽，還是機構承辦人員的疏忽？

自己很認真投入督導過程，督導者也肯定自己的進步，現在因為其他人的因素讓自己的評分出現變數，心中擔心也感到不平。

3. 機構負責人諭靖要面對的問題

(1) 聯繫疏漏造成督導者困擾，可能影響合作關係

創業過程有好多事情要關照，事情已經交辦給內部工作人員，怎麼會沒有把事情辦好，聯繫過程出現這樣的疏漏實在是很困擾。從賢華的反應來看，對於機構沒有說清楚評量任務這件事情不太滿意，希望這件事情不會影響日後的合作關係。

(2) 若督導者給予不通過的評分該如何處理

賢華和自己聯繫時，說明了他對學員右佳的觀察與評估，聽起來他認為右佳還不足以擔任 L 諮商取向課程的講師，似乎不打算給予通過的評量。雖然說尊重督導者的專業判斷，但還是希望學員都可以順利通過課程取得認證，如果督導者賢華給予右佳不通過的評量，後續處理還挺費思量。

（二）思考案例涉及的潛在議題

1. 督導者的角色任務未清楚說明與澄清

督導者有評量任務時，需要事先具體暸解評量目的、評量項目、評量標準與方式，同時讓受督者也清楚暸解相關事項。暸解評量目的、項目與標準後，督導者和受督者的討論要多聚焦在和評量項目有關的議題，同時

進行形成性評量，定期提供回饋與改進意見，幫助受督者學習與提升表現水準。

本案例的督導者賢華，到最後一次督導才知道自己需要給受督者評分，且評分結果會影響受督者取得推廣講師的認證資格。督導者的角色任務沒有清楚說明與澄清，機構工作人員在聯繫過程出現疏失當然有責任，督導者本身沒有對自身角色任務詳細詢問也有些責任。

2. 受督者在評量過程的權益是否被維護

如前項論述，本案例中的督導者不清楚自己負有評量任務和評分結果，對受督者造成影響。督導者和受督者雙方因此沒有針對評分項目、標準和方式，以及督導討論重點進行具體討論，在受督者知情同意權方面做得不夠周延。

依據案例敘述，受督者右佳認真投入督導討論，對於督導者提供的意見展現虛心接受的態度，雖然有不少進步空間但他努力且有進步；不過兩人討論的重點放在右佳的接案過程，對於怎麼闡釋與釐清 L 諮商取向的理論內涵這個部分著墨有限。討論重點的選擇會影響督導者對受督者的觀察、評估、回饋，影響受督者學習的方向與成效。

若督導者事前就瞭解評量任務與角色責任，若發現受督者右佳對於 L 諮商取向理論的理解不夠充分，在督導過程需要指出具體的缺失或不足，提供改進意見或學習建議，協助受督者提升對理論內涵的理解程度。

3. 認證課程的把關機制

不確定 AB 心理教育機構開設 L 諮商取向認證課程時，有沒有清楚說明評量與把關機制。如果學習者只要依規定參加完規劃的課程時數與完成課程要求，就發給研習證明，嚴格來說並不具有「認證」的功能。

若要有取信於社會大眾或專業社群的認證功能，需要檢核學習者的學習成效與實務表現水準。那麼便需要審慎規劃評量機制，包括評量項目、

計分比重、通過標準、改善或補救機制……等，讓課程講師、督導者、受督者都有明確規範可以依循。

四 案例分析

（一）與本案例有關之倫理守則

1. 《督導倫理守則》（草案）

倫理議題	基本原則	實務指引
督導者的責任	2.2 評估受督者專業準備度：督導者應瞭解受督者的知能與經驗，評估受督者提供的專業服務與其專業訓練與專業能力是否相符。	2.2 評估受督者專業準備度： 2.2.1 督導者宜協助受督者獲得其實務工作所需的專業訓練，提升其專業準備度。 2.2.2 督導者宜提醒機構，讓受督者提供與其專業能力相符的專業服務，或是給予受督者必要的專業訓練。
	2.3 維護受督者權益： 2.3.1 督導者應維護受督者的知情同意權、受益權及隱私權，並告知受督者保密的範圍與限制。	2.3 維護受督者權益： 2.3.1 督導者維護受督者的知情同意權（內容請見基本原則 3.1 與實務指引 3.1）。
	2.4 協助受督者學習： 2.4.1 討論督導進行方式：督導者應與受督者一起討論學習目標和督導進行方式，並讓受督者有機會表達對評量方式的意見。 2.4.2 協助學習與評估進展：督導者應依據與受督者共同訂定的學習目標，協助受督者朝向其目標前進，並持續評估他們的進展。	2.4 協助受督者學習： 2.4.1 督導者需提供討論空間，讓受督者表達對評量標準與方式的意見。若評量標準與方式無法改變，需讓受督者瞭解各項要求背後的原因；若評量標準與方式可以改變，宜經充分討論進行適度的調整。 2.4.2 督導者需定期與受督者討論其學習目標達成的程度。
	2.6 給予受督者回饋：督導者應在督導過程針對受督者的專業表現給予適切的回饋。	2.6 給予受督者回饋： 2.6.1 督導者的回饋內容需包含受督者在專業表現的進展及不足。

倫理議題	基本原則	實務指引
督導者的責任		2.6.2 督導者回饋受督者在專業表現的進展，協助受督者持續建立專業信心。 2.6.3 督導者回饋受督者在專業表現的不足，提醒受督者改進的方向。
督導關係的建立與終止	3.1 進行知情同意程序：在督導關係開始前，督導者應讓受督者清楚瞭解督導者的專業背景、期待、評量標準與方式，以及受督者的權利與義務。	3.1 進行知情同意程序： 3.1.1 需要告知受督者的內容：督導者的專業背景與經驗、督導者的理論取向與督導模式，對受督者專業能力、修習課程以及所需經驗的要求，對受督者參與督導的期待、評量標準及方式，受督者在督導過程的權利與義務及保密範圍和限制等。 3.1.4 瞭解受督者的期待：機構進行督導關係配對時，宜先瞭解受督者的期待，在機構條件允許的範圍內，讓受督者有表達意見或選擇督導者的空間。 3.1.5 知情同意的形式：告知受督者的內容，督導者需當面向受督者說明並一起討論；關於督導結構、雙方權利與義務、評量標準與方式等重要說明，最好能夠以書面形式呈現。
評量	4.1 評量標準與方式： 4.1.1 督導者負有評量任務時，應明確瞭解受督者的工作機構或授課教師訂定的評量標準與方式。 4.1.2 督導者負有評量任務時，應清楚的讓受督者瞭解督導者的評量標準、方式與評量結果的應用。	4.1 評量標準與方式： 4.1.1 督導評量的進行，除了督導者評量受督者，也給予機會讓受督者對督導關係、督導歷程、督導成效進行評量。 4.1.2 督導者與受督者雙方，可依據督導過程的階段性評量結果，共同討論督導目標、督導進行方式、評量方式，及督導關係需做哪些調整。

倫理議題	基本原則	實務指引
評量	4.2 記錄與定期回饋：督導者負有評量任務時，應持續評量與記錄受督者的專業實務表現，定期提供回饋。	4.2 記錄與定期回饋： 4.2.1 督導者需定期記錄對受督者的評量、建議與協助。
	4.3 提供改進意見：督導者透過持續評量，若發現受督者專業實務表現上的限制或缺失，應提供改進意見。	4.3 提供改進意見： 4.3.1 督導者需讓受督者瞭解評量結果，並提供受督者說明與釐清的機會；必要時安排正式會議進行討論。 4.3.2 督導者透過持續評量，發現受督者在實務表現上有限制或缺失時，可與機構或實習課授課教師一起討論，提供受督者改進與補救的機會。 4.3.3 經過評量、回饋、討論、提供改進與補救機會後，若發現受督者還是無法提供適切的專業服務，宜協助受督者反思諮商專業角色與個人勝任程度，重新考慮其學習及生涯方向。
	4.4 專業把關： 4.4.1 督導者負有評量任務時，應依據受督者的實際專業表現進行評量，決定是否給予通過的評量。 4.4.2 依據評量結果，受督者無法通過評量標準時，應給予受督者參與討論、表達意見與申訴的機會。	4.4 專業把關： 4.4.1 督導者評量受督者的專業表現可能會妨礙到專業服務品質時，宜向主責機構反應，考量不給予資格獲得、完成課程訓練或續聘等認可。 4.4.2 督導者若要提出不給予受督者通過或認可的建議，為求審慎，可視需要諮詢其他相關人員意見；諮詢過程須注意維護案主及受督者之隱私權。

2. 《ACA 倫理守則》

倫理議題	ACA 倫理守則
C.2.專業能力	C.2.b.在新的專業場域執業： 只有經過適當的教育、訓練和督導經驗，諮商師才能在他們不熟悉的專業領域執業。在發展新的專業領域的技能時，諮商員必須採取措施確保他們的工作能力，並保護其他人免受可能的傷害。 C.2.c.符合資格的工作： 諮商師會根據他們所受的教育、訓練、督導經驗、政府專業資格證書以及適當的專業經驗，只接任他們有資格勝任的職位。諮商師只雇用那些符合資格和具備相關能力的人來從事諮商專業工作。
F.4.督導的職責	F.4.a.督導的知情同意： 督導者有責任向受督者說明督導的原則和參與方式。督導者告知受督者應遵守的政策和程序，以及就個別督導者的行動提出正當申訴的機制。使用遠距督導的獨特問題，必要時應包含在文件中。
F.6.諮商督導的評估、補救與背書	F.6.a.評估： 在整個督導關係中，督導記錄並持續提供受督者有關其表現的回饋，也安排定期的正式評估會議。 F.6.b.守門與補救： 透過初步和持續的評估，督導需覺察對受督者而言可能會影響其實際表現的限制。並在受督者需要的時候提供安全的改進建議。當受督者無法證明能夠為多樣的案主提供稱職的專業諮商服務時，督導者將建議受督者取消實習課程申請諮商機構以及政府或非政府頒發的職業資格證書。督導應尋求諮詢，並詳細記錄其是需要讓受督者退出還是引導受督者接受適當協助之決定。督導應確保受督者在面對這些決定時知道他們還有哪些選擇。 F.6.d.背書： 督導只有在相信受督者具有專業資格時才能給予下列認可：專業認證、執照核發、員工雇用、學業或訓練完成證明。無論資格為何，督導者都不為那些他們認為可能做出任何損害職責相關行為的受督者背書。

3.《輔諮學會倫理守則》

倫理議題	輔諮學會倫理守則
7.2.告知督導過程	督導者應向被督導者說明督導的目的、過程、評鑑方式及標準,並於督導過程中給予定期的回饋及改進的建議。
7.10.1 課程設計	應確保課程設計得當,得以提供適當理論,並符合執照、證書或該課程所宣稱目標之要求。
7.10.2 正確描述	應提供新近且正確之課程描述,包括課程內容、進度、訓練宗旨與目標,以及相關之要求與評量標準,此等資料應為所有有興趣者可取得,以為修習課程之參考。

4.《中國心理學會倫理守則》

倫理議題	中國心理學會倫理守則
4 專業勝任力和專業責任	4.1 心理師應在專業能力範圍內,根據自己所接受的教育、培訓和督導的經歷和工作經驗,為適宜人群提供科學有效的專業服務。
6 教學、培訓和督導	6.5 從事教學、培訓工作的心理師應採取適當措施設置和計劃課程,確保教學及培訓能夠提供適當的知識和實踐訓練,達到教學或培訓目標。 6.7 擔任培訓任務的心理師在進行相關宣傳時應實事求是,不得誇大或欺瞞。心理師應有足夠的倫理敏感性,有責任採取必要措施保護被培訓者個人隱私和福祉。心理師作為培訓項目負責人時,應為該項目提供足夠的專業支持和保證,並承擔相應責任。

(二)綜合討論

綜合《督導倫理守則》(草案)、《ACA 倫理守則》、《輔諮學會倫理守則》及《中國心理學會倫理守則》之內涵,本案例涉及幾個倫理議題:

1. 督導關係建立之初的知情同意程序

(1) 在督導關係開始之前，督導者應向受督者說明督導目的、進行原則與參
　　與方式，督導者的期待、評量標準與方式，以及受督者在督導過程的權
　　利與義務。

(2) 前項所列事項，督導者當面向受督者說明並一起討論；關於督導結構、
　　雙方權利與義務、評量標準與方式等重要說明，最好能夠以書面形式呈
　　現。

(3) 機構進行督導關係配對時，宜先瞭解受督者的期待，在機構條件允許的
　　範圍內，讓受督者有表達意見或選擇督導者的空間。

2. 督導者有責任評估受督者專業準備度

(1) 心理師要在不熟悉的專業領域執業前，必須接受過適當的教育、訓練和
　　督導；在發展新的專業領域的技能時，心理師必須確保他們的工作能力
　　並保護其他人免受可能的傷害。

(2) 督導者應瞭解受督者的知能與經驗，評估受督者提供的專業服務與其專
　　業訓練與專業能力是否相符。

(3) 督導者宜協助受督者獲得其實務工作所需的專業訓練，提升其專業準備
　　度。

(4) 督導者宜提醒機構，讓受督者提供與其專業能力相符的專業服務，或是
　　給予受督者必要的專業訓練。

3. 督導者有責任協助受督者學習

(1) 督導者要與受督者一起討論學習目標和督導進行方式，並讓受督者有機
　　會表達對評量方式的意見。

(2) 督導者應依據與受督者共同訂定的學習目標，協助受督者朝向其目標前
　　進，並持續評估他們的進展。

(3) 督導者需定期與受督者討論其學習目標達成的程度。

4. 清楚說明評量標準與方式

(1) 督導者負有評量任務時，應明確瞭解受督者工作機構或訓練機構訂定的評量標準與方式。

(2) 督導者負有評量任務時，應讓受督者清楚瞭解評量標準、方式與評量結果的應用。

(3) 除了由督導者評量受督者，也給予機會讓受督者對督導關係、督導歷程、督導成效進行評量。

(4) 督導者與受督者雙方可依據督導過程階段性評量的結果，共同討論督導目標、督導進行方式、評量方式，及督導關係需做哪些調整。

5. 定期回饋與提供改進意見

(1) 督導者負有評量任務時，應持續評量與記錄受督者的專業實務表現，定期提供適切的回饋。

(2) 督導者的回饋內容需包含受督者在專業表現的進展及不足，協助受督者建立專業信心，也提醒受督者改進方向。

(3) 督導者需讓受督者瞭解評量結果，並提供受督者說明與釐清的機會；必要時安排正式的評估會議進行討論。

(4) 透過持續評量，督導者若發現受督者在實務表現上有限制或缺失，可與機構一起討論，提供改進意見，讓受督者有改善和補救的機會。

(5) 經過評量、回饋、討論、提供改善與補救機會後，若受督者還是無法提供適切的專業服務，宜協助受督者重新檢視專業角色與個人勝任程度，審慎考慮其生涯方向。

6. 守門與專業把關

(1) 督導者應依據受督者的實際專業表現進行評量，決定是否給予通過的評量。督導者只有在確認受督者具有專業資格時才給予認可（如：專業認

證、執照核發、員工僱用、學業或訓練完成證明），無論資格為何，督導者不為那些他們評估可能做出損害專業角色行為的受督者背書。

(2) 督導者評量受督者的專業表現可能妨礙到專業服務品質時，宜向主責機構反應，考量不給予資格獲得、完成課程訓練或續聘等認可。

(3) 督導者若要提出不給予受督者通過或認可的意見，為求審慎可視需要諮詢其他相關人員意見；諮詢過程須注意維護受督者之隱私權。

(4) 督導者若要提出不給予受督者通過或認可的意見，應給予受督者參與討論、表達意見與申訴的機會；督導應確保受督者在面對這些結果時知道他們還有哪些選擇。

7. 開設專業訓練課程

(1) 擔任培訓任務的心理師在進行課程相關宣傳時應實事求是，不得誇大或欺瞞。

(2) 應提供新近且正確的課程描述，包括課程內容、進度、訓練宗旨與目標，以及相關之要求與評量標準，讓有興趣者可以瞭解相關資訊，作為是否修習課程之參考。

(3) 從事教學和培訓工作的心理師應審慎規劃課程和採取適當的評估機制，確保教學及培訓能夠提供適當的理論知識和實務訓練，達到教學或培訓目標並符合執照、證書之要求。

(4) 心理師作為培訓項目負責人時，應為該項目提供足夠的專業支持和保證並承擔相應責任。

　　依據案例敘述，案例中的督導者賢華在督導過程持續觀察與評估受督者右佳的表現，可以關注與肯定受督者的努力與進步，也可以看到受督者需要加強與持續精進之處，並在最後一次督導時給予受督者清楚的回饋，看得出賢華對於受督者學習狀況的關心與引領。

　　賢華在最後一次督導時才知道自己需要給予受督者評分，而且這個評

分影響受督者能否取得 L 諮商取向推廣講師認證資格。突然發現對重要訊息不知情，賢華的驚訝與錯愕是可以理解的，即使如此他並未草率完成評量，而是審慎面對與思考。賢華的為難有其可貴之處，從案例敘述來看賢華重視作為督導者的把關責任，依據他的觀察與評估受督者的能力尚不足以擔任推廣講師，因此不能草率背書；同時也考慮到因為聯繫上的疏忽，對受督者權益有所影響，對於如何評分抱持慎重的態度。

案例中的督導者賢華若能在以下幾點多留意，可以更為提升督導的效能：(1) 接受督導角色邀約之前，對於督導角色任務內涵、在整體課程設計扮演的角色多做瞭解；(2) 進入督導關係前，與受督者針對「督導目的、督導進行原則、受督者學習目標和督導進行方式，督導者期待、評量標準與方式，以及受督者在督導過程的權利與義務」等重要事宜進行充分討論，共同決定；(3) 定期評估學習目標達成程度；(4) 定期給予受督者回饋與提供改進意見；(5) 依據受督者學習狀況調整督導討論重點與進行方式。

依據案例敘述，案例中的機構負責人諭靖對於心理諮詢工作具有理想性和企圖心，用心發展嚴謹的培訓課程，盡力邀請優良師資，提升培訓品質。諭靖對於課程通過與否有機構考量與立場，瞭解督導者賢華的為難和考量後，仍表達尊重督導者的專業判斷，頗不容易。若要減少案例中出現的困擾，提升課程認證的可信度，可以從以下兩點著手：(1) 對於通過課程的評量機制做更為具體周延的規劃，並事先向參與課程的學員說明清楚；(2) 關於課程的重要說明（如課程目標、課程內涵、評量機制等），同時使用口頭與書面兩種形式說明；對參與課程的講師、督導者、學習者，都提供書面說明。

案例中的受督者右佳，剛剛開始從事心理諮詢專業工作，他對於自己的未來發展有想法、有規劃，主動找尋發展機會，在訓練過程認真投入，虛心學習，態度和行動都值得肯定。面對督導者對於評量任務的未知悉及沒有承諾給予通過評量，他心情的忐忑不安可以理解。從長遠發展與專業倫理的角度思考，右佳需要面對自己對於 L 諮商取向理論的理解還不夠充

分，未能掌握理論核心精髓的現況，想方法補足能力，即使取得認證也需要持續努力精進。

五 可能的行動策略

（一）案例發生當下可能之行動策略

以下列出在案例發生當下情境可能採用的各種行動策略，每一行動策略是否適切，要考量行動前後的情境脈絡，行動者的行為意圖、目的，以及執行該行動的態度。

1. 督導者賢華

(1) 告知諭靖，由於事先並未得知評量任務，督導過程的討論重點和回饋意見都與評量目的不同，因此無法給予評分。

(2) 回應受督者右佳與諭靖的期待，給予受督者通過的評分。

(3) 依據個人專業評估與判斷，給予不通過的評分。

(4) 用質性方式敘述，描述對受督者右佳的觀察，指出其進展與不足之處，沒有具體表達通過與否。

(5) 詢問機構工作人員或諭靖整個課程的評量機制，評估督導評分的影響力，再決定怎麼評分。

(6) 和諭靖說明自己對右佳的觀察與評估：目前的學習狀況與能力尚不足以擔任推廣講師。由諭靖決定是否給予通過評分。

(7) 和諭靖說明自己對右佳的觀察與評估：目前的學習狀況與能力尚不足以擔任推廣講師。自己願意延長幾次督導，協助受督者提升對 L 諮商取向理論的理解程度。

(8) 和諭靖說明自己對右佳的觀察與評估：目前的學習狀況與能力尚不足以擔任推廣講師。和諭靖一起討論可以提供怎樣的改善機會給右佳。

2. 受督者右佳

(1) 靜待督導者完成評分。

(2) 和督導者討論在評分上是否有需要自己協助的地方（如：提供資料或紀錄等）。

(3) 直接詢問督導者對自己能否通過的觀察與評估，請求提供改進機會。

(4) 與機構工作人員聯繫，說明與督導者溝通狀況（督導者不知道要做評分），詢問機構有哪些可能的補救措施。

(5) 詢問機構工作人員後，和督導者聯繫討論有哪些補救措施。

3. 機構負責人諭靖

(1) 靜待督導者賢華完成評分再做後續處理。

(2) 請督導者賢華提供受督者右佳改善機會，以協助通過督導評量。

(3) 和督導者賢華討論怎麼進行評量，不讓賢華為難。

(4) 跟賢華說明整個課程規劃的精神與評量機制，尊重賢華的判斷與評分。

(5) 跟賢華說明整個課程規劃的精神與評量機制，瞭解賢華評分的考量，一起討論怎麼兼顧把關責任與受督者權益。

如果你是案例中的督導者賢華、受督者右佳、機構負責人諭靖，
最有可能採取哪些行動策略？最不可能採取哪些行動策略？
請說明你的想法或考量。

（二）未來遇到類似情境，可以多注意的事項

　　以下提出之行動策略乃依據案例內容以及前述各項討論提出，提供讀者未來遇到類似情境參考，並非標準答案。鼓勵讀者透過閱讀案例與分析，發展各自面對督導倫理挑戰情境的策略。

1. 督導者賢華

(1) 接受督導角色邀約前，對於整體課程設計之目的與內涵、督導過程在整體課程設計扮演的角色、督導角色任務內涵……等做完整的瞭解，確認自己的任務與要完成的工作。

(2) 若負有評量任務，事先具體瞭解課程評量機制，及督導過程評量目的、項目、標準與方式。

(3) 向受督者說明：督導過程評量目的、項目、標準與方式，確認受督者的理解程度，提供機會讓受督者表達意見。

(4) 依據評量目的、項目、標準與方式，和受督者一起討論學習目標與督導進行方式；以本案例為例，督導過程要重視受督者對於 L 諮商取向理論內涵的理解，若有不清楚之處需要即時釐清。

(5) 依據學習目標，定期評估受督者的學習狀況，提供回饋與改進意見。以本案例為例，若發現受督者對於 L 諮商取向理論的理解不夠充分，在督導過程需要指出具體的缺失或不足，提供改進意見或學習建議，協助受督者提升對理論內涵的理解程度。

(6) 依據受督者學習狀況與成效，與受督者討論是否需要調整督導進行方式，以有效協助受督者學習。

2. 受督者右佳

(1) 進入督導關係之前，可以主動讓督導者瞭解自己接收到的訊息，讓督導者瞭解督導結束後需要評分事宜。

(2) 留意督導者提供的回饋，若覺察自己的不足，思考與找方法提升對於L諮商取向理論內涵的理解，或是主動詢問督導者請其提供學習建議。

3. 機構負責人諭靖

(1) 規劃培訓課程時，除了考量課程內容與時數，亦需要審慎訂定評量機制，包括評量項目、計分比重、通過標準、改善或補救機制……等。

(2) 關於課程的重要事項說明（如課程目標、課程內涵、評量機制等），口頭說明之外也提供完整的書面說明資料，讓課程講師、督導者、受督者都有明確規範可以依循。

六 延伸思考

1. **本案例中，AB 心理教育機構發展 L 諮商取向的認證課程，通過第一部分課程和第二部分課程，分別會取得機構發給的認證。請問：**

(1) 機構需要具備哪些資格或條件，才適合開設認證課程？

(2) 認證課程與一般培訓課程相較，需要哪些更為嚴謹的機制？何以需要這些機制？

  請敘述你的思考。

2. **本案例涉及督導者的評量任務，請問：**

(1) 評量任務對於督導關係、督導進行會有哪些影響？

(2) 督導者負有評量任務和沒有評量任務時，進行督導工作時會有哪些差異？

  請敘述你的思考。

3. **本案例的督導者賢華面臨維護受督者權益和善盡把關責任的兩難。請問：**

(1) 如果你是案例中的督導者賢華，會做哪些處理以兼顧維護受督者權益和善盡把關責任？

(2) 若真的難以兼顧，你會如何排定優先順序？

  請敘述你的思考。

參考文獻

中文部分

中國心理學會（2018）。中國心理學會臨床與諮詢心理學工作倫理守則。**心理學報，50**（11），1314-1322。

王子欣（2011）。從受督者的知覺談什麼是高品質的督導。**諮商與輔導，306**，45-49。

王文秀（2000）。**諮商督導歷程研究——諮商督導者之發展歷程與受督導者「最佳及最差被督導經驗」之整理與詮釋**。國科會專題研究計畫成果報告（計畫編號：NSC 88-2413-H-134-003）。

王文秀、徐西森、連廷嘉（2006）。我國大學校院與社會輔導機構諮商督導工作實施現況及其人員專業知覺之探討研究。**中華輔導學報，19**，1-40。

台灣心理學會（2013）。**心理學專業人員倫理準則**。取自 https://www.tpa-tw.org/conduct

台灣輔導與諮商學會（2001）。**台灣輔導與諮商學會諮商專業倫理守則**。取自 http://www.guidance.org.tw/ethic_001.html

台灣輔導與諮商學會（2019）。**專業督導認證辦法**。取自 http://www.guidance.org.tw/rule_014.html

吳秀碧（2012）。受督者知覺有益學習的督導關係內涵之探究。**中華輔導與諮商學報，33**，87-118。

呂宛珊（2013）。**受督導者諮商督導正向經驗之敘說研究**（未出版之碩士論文）。國立臺北教育大學心理與諮商學系，台北。

李正源（2008）。督導中的羞愧感。**諮商與輔導，269**，40-46。

沈慶鴻（2012）。督導關係中隱而未說現象之探索：以家暴防治受督導社工為例。**東吳社會工作學報，24**，43-77。

辛淑萍（2008）。**全職實習生對督導者在督導關係中權力誤用的覺察與因應之分析研究**（未出版之碩士論文）。國立臺南大學教育學系諮商與輔導學系，台南。

卓紋君、黃進南（2003）。諮商實習生接受個別督導經驗調查：以高雄師範大學輔導研究所為例。**應用心理研究**，18，179-206。

林士傑、劉祉吟、葉致寬、吳佩瑾、吳芝儀（2015）。網路諮商模式與相關倫理議題探討。**輔導季刊**，51（4），18-27。

林家興、趙舒禾、方格正、黎欣怡、李露芳、葉安華（2011）。**諮商督導實務**。台北：雙葉書廊。

社團法人中華民國諮商心理師公會全國聯合會（2012）。**社團法人中華民國諮商心理師公會全國聯合會諮商心理師專業倫理守則**。取自 http://gc.ncue.edu.tw/history_report_file/1386160714_2.pdf

姜淑卿、陳慶福（2009）。諮商初學者在督導經驗中負向經驗及因應方法之探討。**輔導季刊**，45（4），2-11。

施香如（2003）。社區輔導機構義務諮商員的被督導經驗。**應用心理研究**，18，145-177。

洪莉竹（2016a）。遇到專業倫理挑戰時，諮商輔導實務工作者的考量與經驗：台灣諮商輔導倫理議題研究之探討。**臺灣諮商心理學報**，4（1），1-16。（具匿名審查制度）

洪莉竹（2016b）。**心理諮商督導倫理守則適切性與應用性之研究**。科技部補助專題研究計畫成果報告（MOST 103-2410-H-152-003）。

洪莉竹（2018）。台灣諮商輔導倫理研究之回顧與展望。**中華輔導與諮商學報**，53，151-189。

修慧蘭、林蔚芳、洪莉竹（譯）（2019）。**專業助人工作倫理（二版）**（原作者：G. Corey, M. S. Corey, & C. Corey）。臺北：新加坡商聖智學習。（原著出版年：2019）

張淑芬、廖鳳池（2011）。督導雙方對諮商督導關係知覺之配對研究。**中**

華輔導與諮商學報，30，79-102。

曹中瑋（2003）。我的「督導」經驗。**應用心理研究**，19，1-5。

許韶玲（1999）。**受督導者督導前準備訓練方案的擬定及其實施對諮商督導過程的影響之研究**（未出版之博士論文）。國立彰化師範大學輔導與諮商學系，彰化。

許韶玲（2003）。督導關係中的權力議題。**應用心理研究**，19，26-27。

許韶玲（2004a）。受督導者對諮商督導過程的影響因素——從受督導者的知覺檢視。**諮商輔導學報：高師輔導所刊**，10，31-49。

許韶玲（2004b）。受督導者於督導過程中的隱而未說現象之探究。**教育心理學報**，36（2），109-125。

許韶玲（2005）。諮商新手在督導過程隱藏未揭露的訊息。**輔導季刊**，41（3），31-38。

許韶玲（2007）。為什麼受督導者隱而不說？**中華輔導學報**，21，167-200。

許韶玲、蔡秀玲（2006）。受督者提早結束督導：一個督導配對的密集分析。**教育心理學報**，38（2），213-225。

許韶玲、蔡秀玲（2007）。督導必然是正向學習經驗嗎？論負向督導。**輔導季刊**，43（1），20-25。

連廷嘉、徐西森（2003）。諮商督導者與實習諮商員督導經驗之分析。**應用心理研究**，18，89-111。

黃進南（2006）。一位新手諮商督導員在學習督導過程的省思。**諮商與輔導**，251，18-21。

臺灣諮商心理學會（2014）。**臺灣諮商心理學會諮商心理專業倫理守則**。取自 http://www.twcpa.org.tw/about_1_1_detail.php?nid=14

臺灣諮商心理學會（2020）。**心理諮商督導認證辦法**。取自 http://www.twcpa.org.tw/about_1_1_detail.php?nid=8

蔡秀玲（1999）。督導關係。**諮商與輔導**，164，17-22。

蔡美香（2015）。2014年美國諮商學會諮商倫理專業守則之關鍵修訂及其意涵。**輔導季刊**，51（4），10-17。

蔡素琴（2005）。督導關係中的挑戰——談受督者的抗拒與督導的因應策略。**輔導季刊**，41（3），18-22。

鄭如安、廖鳳池（2005）。督導中重要事件內涵之分析研究。**諮商輔導學報**，12，35-70。

藍菊梅（2011）。受督者實習中途轉換諮商督導者經驗——隱而未說的增加導致較不滿意的督導關係。**止善**，11，73-104。

英文部分

Allen, G. J., Szollos, S. J., & Williams, B. E. (1986). Doctoral students' comparative evaluations of best and worst psychotherapy supervision. *Professional Psychology: Research and Practice, 17*, 91-99.

American Association for Marriage and Family Therapy (AAMFT). (2015). *Code of Ethics*. Retrieved from https://www.aamft.org/Legal_Ethics/Code_of_Ethics.aspx

American Counseling Association (ACA). (2014). *ACA Code of Ethics*. Retrieved from https://www.counseling.org/knowledge-center/ethics/code-of-ethics-resources

American Psychiatric Association. (2013). *The Principles of Medical Ethics*. Retrieved from https://www.psychiatry.org/psychiatrists/practice/ethics

American Psychological Association (APA). (2017). *Ethical Principles of Psychologists and Code of Conduct*. Retrieved from https://www.apa.org/ethics/code/ethics-code-2017.pdf

American School Counselor Association (ASCA). (2016). *Ethical Standards for School Counselors*. Retrieved from https://www.schoolcounselor.org/school-counselors/standards

Anderson, S. A., Schlossberg, M., & Rigazio-Digilio, S. (2000). Family therapy trainees' evaluations of their best and worst supervision. *Journal of Marital and Family Therapy, 26*, 79-91.

Approved Clinical Supervisor (2016). *ACS Code of Ethics*. Retrieved from https://www.cce-global.org/Assets/Ethics/ACScodeofethics.pdf

Association for Counselor Education and Supervision (ACES). (2011). *Best Practices in Clinical Supervision*. Retrieved from https://acesonline.net/knowledge-base/aces-best-practices-in-clinical-supervision- 2011/

Australian Psychological Society (APS). (2018). *APS Code of Ethics*. Retrieved from https://www.psychology.org.au/getmedia/d873e0db-7490-46de-bb57-c31bb1553025/18APS-Code-of-Ethics.pdf

Barnett, J. E., & Johnson, W. B. (2014). *Ethics desk reference for counselors*. New York, NY: Wiley.

Barnett, J. E., Cornish, J. A., Goodyear, R. K., & Lichtenberg, J. W. (2007). Commentaries on the ethical and effective practice of clinical supervision. *Professional Psychology: Research and Practice, 38*(3), 268-275.

Bartell, P. A., & Rubin, L. J. (1990). Dangerous liaisons: Sexual intimacies in supervision. *Professional Psychology: Research and Practice, 21*, 442-450.

Behnke, S. H., Winick, B. J., & Perez, A. M. (2000). *The essectials of Florida mental health law: A straightforward guide for clinicians of all disciplines*. New York, NY: Norton.

Berger, S. S., & Buchholz, E. S. (1993). On becoming a supervisee: Preparation for learning in a supervisory relationship. *Psychotherapy, 30*, 86-92.

Bernard, J. M., & Goodyear, R. K. (2018). *Fundamentals of clinical supervision* (6th ed.). New York, NY: Pearson.

Bond, T. (2015). Counselling-supervision. In T. Bond (Ed.), *Standards and ethics for counselling in action* (4th ed.) (pp. 225-242). London: SAGE Publication.

Borders, L. D. (2001). Counseling supervision: A deliberate educational process. In D. Locke, J. Myers, & E. Herr (Eds.), *Handbook of counseling* (pp. 417-432), Thousand Oaks, CA: Sage.

Borders, L. D., & Brown, L. L. (2005). *The new handbook of counseling supervision*. Philadilphia: Brunner-Routledge.

Bradley, L. J., & Ladany, N. (2001). *Counselor supervision: Principles, process and practice* (3rd ed.). Philadilphia: Brunner-Routledge.

Bridge, P., & Bascue, L. O. (1990). Documentation of psychotherapy supervision. *Psychotherapy in Private Practice, 8*, 79-86.

Brown, L. S. (2010). *Feminist therapy*. Washington, DC: American Psychological Association.

Burian, B. K., & O'Connor Slimp, A. (2000). Social dual-role relationships during internship: A decision-making model. *Professional Psychology Research and Practice, 31*(3), 332-338.

Caldwell, L. W. (2003). *Sexual relationships between supervisors and supervisees during psychology graduate training* (Vol. 63 [10B]): Dissertation Abstracts International: Section B: The Sciences and Engineering.

Callis, M. (1997). *Frequency of trainees' nondisclosures to their supervisors as affected by relationship quality and trainee reactance*. (Unpublished doctoral dissertation) University of Southern California, California.

Canadian Psychological Association (CPA). (2017). *Canadian Code of Ethics for Psychologists*. Retrieved from https://cpa.ca/aboutcpa/committees/ethics/ethicalguidelinesforsupervisioninpsychology/

Cobia, D. C., & Boes, S. R. (2000). Professional disclosure statements and formal plans for supervision: Two strategies for minimizing the risk of ethical conflicts in postmaster's supervision. *Journal of Counseling and Develop-*

ment, 78(3), 293-296.

Cohen, R. J. (1979). *Malpractice: A guide for mental health professionals.* New York, NY: The Free Press.

Commission on Rehabilitation Counselor Certification (CRCC). (2017). *Code of Professional Ethics for Rehabilitation Counselors.* Retrieved from https://www.crccertification.com/filebin/Ethics_Resources/CRCC_Code_Eff_20170101.pdf

Contrastano, C. M. (2020). Trainee's perspective of reciprocal vulnerability and boundaries in supervision. *Journal of Psychotherapy Integration, 30*(1), 44-51.

Corey, G., Corey, M. S., & Corey, C. (2019). *Issues and ethics in the helping professions* (10th ed.). Belmont, CA: Brooks/Cole Cengage Learning.

Corey, G., & Herlihy, B. (2014). Competence. In B. Herlihy & G. Corey (Eds.), *ACA ethical standards casebook* (7th ed.) (pp. 183-192). NJ: Wiley.

Corey, G., Haynes, R., Moulton, P., & Muratori, M. (2014). *Clinical supervision in the helping professions: A practical guide* (2nd ed.). New York, NY: Wiley.

Cottone, R. R. (2001). A social constructivism model of ethical decision making in counseling. *Journal of Counseling and Development, 79*, 39-45.

Cottone, R. R., & Tarvydas, V. M. (2016). *Ethics and decision making in counseling and psychotherapy* (4th ed.). New York, NY: Spring.

Disney, M. J., & Stephens, A. M. (1994). *Legal issues in clinical supervision.* Alexandria, VA: ACA Press.

Dodge, J. (1982). Reducing supervisee anxiety: A cognitive-behavioral approach. *Counselor Education and Supervision, 22*, 55-60.

Falender, C. A., & Shafranske, E. P. (2004). *Clinical supervision: A competency-based approach.* Washington, DC: American Psychological Association.

Falvey, J. E. (2002). *Managing clinical supervision: Ethical practice and legal risk management.* Pacific Grove, CA: Brooks/Cole.

Falvey, J. E., Caldwell, C. F., & Chen, C. R. (2002). *Documentation in supervision: The focused risk management supervision system.* Pacific Grove, CA: Brooks/Cole.

Fehr, K. K., Hazen, R. A., & Nielsen, B. A. (2017). Ethical decision making for psychology trainees in the clinical pediatric setting: Case examples and practical solutions for trainees and supervisors. *Clinical Practice in Pediatric Psychology, 5*(1), 123-136.

Goodyear, R. K., Arcinue, F., & Getzelman, M. (2001). Counseling supervision: Essectial concepts and practices. In E. R. Welfel & R. E. Ingersoll (Eds.), *Mental health desk reference* (pp. 490-496). New York, NY: Wiley.

Gottlieb, M. C., Robinson, K., & Younggren, J. N. (2007). Multiple relations in supervision: Guidance for administrations supervisors, and students. *Professional Psychology: Research and Practice, 38*(3), 241-247.

Greer, J. A. (2002). Where to turn for help: Responses to inadequate clinical supervision. *Clinical Supervisor, 21,* 135-143.

Guest, C. L., & Dooley, K. (1999). Supervisor malpractice: Liability to the supervisee in clinical supervision. *Counselor Education and Supervision, 38*(4), 269-279.

Harrar, W. R., WandeCreek, L., & Knapp, S. (1990). Ethical and legal aspects of clinical supervision. *Professional Psychology: Research and Practice, 21,* 37-41.

Herlihy, B., & Corey, G. (2014). *ACA ethical standards casebook* (7th ed.). NJ: Wiley.

International Association of Marriage and Family Counselor. (2005). *Ethical code of the International Association of Marriage and Family Counselors.*

Retrieved from http://www.iamfconline.org/public/-11.cfm

Jacob, S., Decker, D. M., & Hartshorne, T. S. (2016). *Ethics and law for school psychologists* (7th ed.). Hoboken, NJ: Wiley.

Jones, C., Shillito-Clarke, C., Syme, G., Hill, D., & Casemore, R. (2000). *Questions of ethics in counseling and therapy*. Philadelphia, PA: Open University Press.

Keith-Spiegel, P., & Koocher, G. P. (1985). *Ethics in psychology: Professional standards and cases*. New York, NY: McGraw-Hill.

Knapp, S. J., VandeCreek, L. D., & Fingerhut, R. (2017). *Practical ethics for psychologists: A positive approach* (3rd ed.). Washington, DC: APA.

Ladany, N., Legrman-Waterman, D., Molinaro, M., & Wolgast, B. (1999). Psychotherapy supervisor ethical practices: Adherence to guidelines, the supervisory working alliance, and supervisee satisfaction. *The Counseling Psychologist, 27*(3), 443-475.

Lowery, J. (2001). Successful supervision: Supervisor and supervisee characteristics. In J. Barnett (Ed.), *Supervision: Ethical, legal and clinical issues*. Symposium conducted at the annual meeting of the American Psychological Association, San Francisco, CA.

Magnuson, S., Wilcoxon, S. A., & Norem, K. (2000). A Profile of lousy supervision: Experienced counselors' perspective. *Counselor Education and Supervision, 39*(3), 189-202.

McAdams, C. R., & Wyatt, K. L. (2010). The regulation of technology-assisted distance counseling and supervision in the United States: An analysis of current extent, trends, and implications. *Counselor Education and Supervision, 49*, 179-192.

McCarthy, P., Kulakowski, D., & Kenfield, J. (1994). Clinical supervision practices of licensed psychologists. *Professional Psychology: Research and*

Practice, 25, 177-181.

Meara, N. M., Schmidt, L. D., & Day, J. D. (1996). Principles and virtues: A foundation for ethical decisions, policies, and character. *The Counseling Psychologist, 24*(1), 4-77.

Miehls, D. (2009). Contemporary trends in supervision theory: A shift from parallel process to relational and trauma theory. *Clinical Social Work Journal, 38*(4), 370-378.

Miller, G. M., & Larrabee, M. J. (1995). Sexual intimacy in counselor education and supervision: A national survey. *Counselor Education and Supervision, 34*(4), 332-343.

Murphy, M. J., & Wright, D. W. (2005). Supervisee's perspectives of power use in supervision. *Journal of Marital and Family Therapy, 31*(3), 283-295.

National Association of Social Workers (NASW). (2017). *Code of Ethics of the National Association of Social Workers*. Retrieved from https://www.socialworkers.org/About/Ethics/Code-of-Ethics/Code-of-Ethics-English

Nevin, S., Beamish, P., & Johanson, G. (1995). Ethical practices of field-based mental health counselor supervisors. *Journal of Mental Health Counseling, 17*, 243-253.

Ogloff, J. R. P., & Olley, M. C. (1998). The interaction between ethics and the law: The ongoing refinement of ethical standards for psychologists in Canada. *Professional Psychology: Research and Practice, 39*, 221-230.

Pope, K. S., & Vasquez, M. J. T. (2016). *Ethics in psychotherapy and counseling: A practical guide* (5th ed.). Hoboken, NJ: Wiley.

Remley, T. P., & Herlihy, B. (2019). *Ethical, legal and professional issues in counseling* (5th. ed.). New Jersey: Pearson Education.

Robson, M., Cook, P., Hunt, K., Alred, G., & Robson, D. (2000). Towards ethical decision-making in counseling research. *British Journal of Guidance and*

Counseling, 28(4), 533-547.

Schauer, A. H., Seymour, W. R., & Geen, U. G. (1985). Effects of observation and evaluation on anxiety in beginning counselors: A social facilitation analysis. *Journal of Counseling and Development, 63*, 279-285.

Sherry, P (1991). Ethical issues in the conduct of supervisions. *The Counseling Psychologist, 19*, 566-585.

Snider, P. D. (1985). The duty to warn: A potential issues of litigation for the counseling supervisor. *Counselor Education and Supervision, 25*, 66-73.

Sommers-Flanagan, R., & Sommers-Flanagan, J. (2007). *Becoming an ethical helping professional: Cultural and philosophical foundation.* New Jersey: John Wiley & Sons.

Sperry, L. (2007). *The ethical and professional practice of counseling and psychotherapy.* Boston, MA: Pearson Education.

Storm, C. L., Todd, T. C., Sprenkle, D. H., & Morgan, M. M. (2001). Gaps between MFT supervision assumptions and common practice: Suggested best practices. *Journal of Marital and Family Therapy, 27*, 227-239.

Supervision Interest Network, Association for Counselor Education and Supervision. (1990). Standards for counseling supervisors. *Journal of Counseling and Development, 69*, 30-32.

Swenson, L. C. (1997). *Psychology and law for the helping professions.* Belmont, CA: Brooks/Cole, Cengage Learning.

The British Psychological Society (BPS). (2018). *Code of Ethics and Conduct.* Retrieved from https://www.bps.org.uk/news-and-policy/bps-code-ethics-and-conduct

The Hong Kong Psychological Society (HKPS). (2012). *Code of Professional Conduct.* Retrieved from http://www.hkps.org.hk/index.php?fi=code

The Singapore Psychological Society (SPS). (2019). *Code of Professional Ethics.*

Retrieved from https://singaporepsychologicalsociety.org/sps-code-of-ethics/

Thomas, J. T. (2007). Informed consent through contracting for supervision: Minimizing risks, enhancing benefits. *Professional Psychology: Research and Practice, 38*(3), 221-231.

Walden, S. L. (2015). Inclusion of the client's voice in ethical practice. In B. Herlihy & G. Corey (Eds.), *Boundary issues in counseling: Multiple roles and responsibilities* (3rd ed., pp. 59-62). Alexandria, VA: American Counseling Association.

Welfel, E. R. (2015). *Ethics in counseling and psychotherapy: Standards, research, & emerging* (6th. ed). Pacific Grove, CA: Brooks/Cole.

Westefeld, J. S. (2009). Supervision in psychotherapy: Models, issues, and recommendations. *The Counseling Psychologist, 37*(2), 296-316.

Woodworth, C. B. (2002). Legal issues in counseling practice. In H. Hackney (Ed.), *Practice issues for the beginning counselor* (pp. 119-136). Boston, MA: Allyn & Bacon.

Yourman, D. B. (2003). Trainee disclosure in psychotherapy supervision: The impact of shame. *Journal of Clinical Psychology, 59*, 601-609.

國家圖書館出版品預行編目（CIP）資料

督導倫理規範與案例分析／洪莉竹著. --初版.--
新北市：心理出版社股份有限公司，2021.11
面；　公分. --（輔導諮商系列；21131）
ISBN 978-986-0744-46-0（平裝）

1.心理諮商　　2.專業倫理　　3.個案研究

178.4　　　　　　　　　　　　　　110018248

輔導諮商系列 21131

督導倫理規範與案例分析

著作財產權人：國立臺北教育大學
作　　　者：洪莉竹
執行編輯：高碧嶸
總 編 輯：林敬堯
發 行 人：洪有義
出 版 者：心理出版社股份有限公司
地　　　址：231026 新北市新店區光明街 288 號 7 樓
電　　　話：(02) 29150566
傳　　　真：(02) 29152928
郵撥帳號：19293172　心理出版社股份有限公司
網　　　址：https://www.psy.com.tw
電子信箱：psychoco@ms15.hinet.net
排 版 者：辰皓國際出版製作有限公司
印 刷 者：辰皓國際出版製作有限公司
初版一刷：2021 年 11 月
Ｉ Ｓ Ｂ Ｎ：978-986-0744-46-0
定　　　價：新台幣 500 元